KB059681

대학·중용

증자·자사 지음 박삼수 옮김

쉽고 바르게 읽는 고전

대학·중용 大學·中庸

문예출판사

일러두기

1. 이 책의 『대학』·『중용』 역해譯解는 주자의 『대학장구집주大學章句集註』와 『중용장구집주中庸章句集註』를 바탕 판본으로 하면서 고금古今의 여러 통행본을 두루 참고하였다.

2. 이 책의 역해와 편집은 한문에 관심과 조예가 있는 독자는 물론, 어려운 한문은 피하고 한글 위주로 읽고 이해하려는 독자도 아울러 염두에 두었다.

3. 『대학』·『중용』 각 장章의 역해는 우리말 역문譯文을 정점으로 그 바로 아래에 한문 원문을 배치해, 우리말 역문 위주로 읽거나 역문과 원문을 대조해 읽기에 두루 편리하도록 하였다. 또한 원문에는 일일이 독음(두음법칙 적용)을 달아 한자 학습에 편리를 도모하였고, 필요한 경우 '주석'을 달아 원문 자구字句에 대한 이해를 도왔다. 또한 장마다 '해설'을 덧붙여 『대학』·『중용』 각각의 철학 사상에 대한 보다 심층적인 이해와 사색에 도움이 되게 하였다.

4. 한문 원문의 번역은 충실한 축어역逐語譯, 즉 직역을 원칙으로 하여 독자의 한문 문리文理 터득에 도움이 되고자 하였다. 다만 우리말 문맥의 자연스러움을 높이기 위해 적절히 신축성을 가미해 원문에 함축된 의미나 행간에 숨은 뜻을 드러내거나, 우리말 표현에 가능한 한 현대적 감각을 살리기도 하였다.

5. 이 책의 주요 '참고 문헌'은 권말卷末에 열거하였는데, 책의 서술 과정에 필요한 경우 문맥에 따라 참고 문헌의 저작자 이름을 밝히거나 해당 도서명을 밝혔다.

인간의 선한 본성을 되살려
평화로운 세상을 열어가기 위하여

성인聖人 공자孔子의 사상에 따르면, 사람은 천성적으로 선한 덕성을 타고난다. 하지만 후천적으로 물욕物慾에 눈을 뜨고 사심私心을 갖게 되면서 그 본연지성本然之性은 빛이 바래고 점차 세속화되고 만다. 예나 지금이나 물질 가치에 대한 인간의 탐욕은 세상의 온갖 정치 사회적 문제의 근원이다. 공자가 살았던 춘추시대 말엽은 공전空前의 난세였으니, 그 폐해의 고통에 허덕이는 민중의 신음 소리가 성인의 가슴을 파고들었을 것이다. '인仁'의 도덕을 핵심 개념으로 하는 공자 사상은 당시 구세救世의 방편으로 창시됐다. 주지하다시피『논어論語』는 공자의 언행록이자 그 사상의 집체集體요 결정結晶이다. '인간의 선한 본성을 되살려 평화로운 세상을 열어가기 위한' 공자 사상이 후세에 널리 퍼져 영향을 미친 중심에는『논어』가 있지만,『대학大學』과『중용中庸』역시 지대한 공헌을 했음은 두말할 나위가 없다. 그것은 무엇보다 양자兩者가『논어』와 비슷한 시기에 공자 사상의 이론적 체계와 실천적 방안을 확립하고 제시함으로써 일가一家를 이루었기 때문일 것이다.

『대학』과 『중용』은 본디 유가 경전인 『예기禮記』(즉 『소대예기小戴禮記』)에 각각 제42편과 제31편으로 수록된 글월이다. 총 49편에 달하는 『예기』 속 두 편에 불과한 글이었던 만큼 당대唐代 이전까지는 사람들의 주목을 크게 받지 못했다. 그러다 중당中唐 때 문학가이자 사상가인 한유韓愈, 이고李翶 등이 유가의 도통道統을 수호한다는 기치 아래 비로소 이 두 편의 글을 중시하며 더할 나위 없이 훌륭한 '경서經書'로 추앙하기 시작했다. 이어서 북송北宋 때에 이르러 사람들의 관심이 더욱 고조됐는데, 사마광司馬光이 먼저 『중용대학광의中庸大學廣義』를 지어 『예기』 가운데서도 유독 「대학」과 「중용」을 함께 일컫기 시작했다. 그리고 이정二程, 즉 정호程顥·정이程頤 형제 사상가가 「대학」과 「중용」이 위로는 공자의 사상을 잇고 아래로는 맹자孟子의 학설을 엶으로써 유가의 도통을 이어가는 데 중추적 기여를 했다고 높이 평가하며, 족히 『논어』·『맹자孟子』와 병행할 만한 경전으로 극력 창도唱道했다. 하지만 「대학」과 「중용」을 『예기』에서 완전히 독립시킨 이는 바로 남송南宋의 주희朱熹, 즉 주자朱子였다.

주자는 북송 이정의 사상을 계승해 『대학』·『중용』을 '전성지서前聖之書', 즉 전대前代 성인의 저서로 여기며 『예기』에서 분리해 각각 단행본으로 엮어냈다. 그런 다음 『논어』·『맹자』와 함께 '사서四書'로 병칭竝稱하는가 하면, 『사서장구집주四書章句集注』, 『사서혹문四書或問』을 편찬해 판본상의 개정改訂과 의미상의 주석註釋 내지 전석詮釋을 가함으로써 완전히 새로운 생명력을 불어넣었다. 사서는 훗날 과거시험의 필독서가 됐고, 이에 『대학』과 『중용』은 『논어』·『맹자』에 버금가는 유가 경전으로, 유가 학파의 필독 경전이라는 위상을 확고히 하면서 대대로 시대를 풍미하며 후세 사람들의 삶에 막대한 영향을 끼쳤다. 이 두 고전 명저名著는 곧 고대 동양의 윤리관과 인생관의 총결總結로서 오늘날까지 분명 그 유용하고 유익한 인문학적 효용 가치를 주목받고 있으니, 우리 현대인들 또한 열심히 읽고 공부하며 그 자양滋養을 섭취해야 할 당위성이 엄연하다.

『대학』: 수신을 바탕으로 한 제가·치국·평천하를 꿈꾸다

1. 『대학』의 지은이, 증자曾子

『대학』을 지은 사람이 누구인지, 『예기』를 주해註解한 한대漢代 정현鄭玄이나 『예기정의禮記正義』를 편찬한 당대唐代 공영달孔穎達은 아무런 언급을 하지 않았다. 한데 주자의 『대학장구大學章句』에서 인용한 바에 따르면, 정자程子 즉 이정은 『대학』을 "공자께서 남기신 글[孔氏之遺書]"이라고 했다. 그리고 주자 자신은 또 "주周 왕조가 쇠락하면서 현철賢哲하고 성명聖明한 군왕이 더 이상 나오지 않자, 학교 정책이 더 이상 시행되지 않으면서 백성에 대한 교화도 사라지고, 민정民情 풍속도 무너졌다. 그러한 때에는 설령 아무리 공자 같은 성인이 계셨다 하더라도 군사君師(천자天子의 별칭으로 군주는 백성의 스승이라는 뜻)의 지위를 얻어 그 나름의 정치와 교화를 실행할 수가 없었다. 그래서 단지 사학私學을 열어 선대先代 성왕聖王의 법과 도道를 취해 제자들에게

송독誦讀하게 해 전수함으로써 후세에 알리고자 하셨다. …… 공자의 3,000여 제자들은 스승의 강설講說을 듣지 않은 이가 없지만, 그 가운데 오직 증자曾子만이 그 진의眞義를 깊이 터득했다. 그리하여 그 진의를 전하는 글을 지어 스승 공자의 본의本意를 여실히 밝혀내었다[及周之衰, 賢聖之君不作, 學校之政不修, 敎化陵夷, 風俗頹敗. 時則有若孔子之聖, 而不得君師之位以行其政敎. 於是獨取先王之法, 誦而傳之以詔後世. …… 三千之徒, 蓋莫不聞其說, 而曾氏之傳獨得其宗. 於是作爲傳義, 以發其意〕"(「대학장구서大學章句序」)라고 했다. 또한 주자는 『대학』전권全卷은 '경經'과 '전傳'으로 구성돼 있는데, 경문經文은 공자의 말씀을 증자가 기술記述한 것이고, 전문傳文은 증자의 뜻을 그 문인門人이 기록한 것이라고 했다.

명백한 역사 기록이 없어 명확히 말하기는 어려우나, 상술한 바와 같이 남송의 대유大儒 주자가 『대학』은 공자의 제자 증자가 지었다고 고정考定했고, 후세에 많은 사람들이 그 견해를 따르고 있다. 비록 청대淸代에 이르러 이론異論이 제기되기는 했으나, 설득력이 부족한 만큼 우리 또한 다수의 의견을 좇아 주자의 주장을 따르기로 한다.

증자는 이름은 삼參, 자字는 자여子輿로, 춘추시대 말엽 노魯나라 사람이다. 공자 만년의 수제자로, 공자보다 46살이 적고, 공자 제자 가운데 나이가 가장 어렸으며, 아버지 증점曾點도 공자의 제자였다. 효성이 지극한 것으로 유명하며, 『효경孝經』을 저술했다고 전해진다. 공자의 손자로 『중용』을 지었다고 알려진 자사子思가 증자의 제자이고, 맹자가 또 자사를 사숙私淑함으로써 유가 사상의 정통正統을 형성한 것으로 평가된다. 그리하여 증자는 유가 사상의 기틀을 다진 사람 가운데 한 사람으로 후세에 '종성宗聖'으로 존숭을 받는다.

2. 『대학』의 판본

『대학』의 판본은 송대宋代 이전에는 『예기』 주소본註疏本, 곧 고본古本이 유행했다. 하지만 고본은 편차編次(편집 순서)의 혼란 등 적지 않은 문제가 있었던 탓에 송대부터 개정본이 다수 출현했다. 특히 북송의 이정 형제가 각각 편차를 바로잡아 서로 다른 개정본을 펴내어 주목을 받았다. 또한 남송의 주자는 고본과 각종 개정본에 탈간脫簡(죽간竹簡이 유실돼 글자나 글귀가 빠져버린 경우)과 착간錯簡(죽간의 순서가 뒤죽박죽되면서 다른 부분에 있어야 할 글자나 글귀가 잘못 끼어든 경우)이 있어 문제가 있다는 인식하에, 이정의 개정 관점과 사상을 계승 발전시켜 재차 수정 증보해 『대학장구집주大學章句集註』를 편찬했다.

주자의 개정본은 고본과 이정본二程本을 선별적으로 따르기도 하고, 때로는 그 어느 것도 따르지 않고 스스로 고정考定하기도 했다. 특히 '전문傳文' 제5장, 즉 격물치지장格物致知章은 고본에는 원문이 탈간되어 없는데 주자가 "일찍이 여가餘暇에 몰래 정자의 뜻을 취해 보충한(閑嘗竊取程子之意以補之)" 보전補傳이다. 또한 주자는 고본에는 없는 분장分章(장 나눔)을 하는가 하면, 전권의 내용을 '경經'과 '전傳'('경' 한 장과 '전' 열 장) 두 부분으로 나누었다. 그리고 '경'은 다시 삼강령三綱領과 팔조목八條目 두 가지 내용으로 구분했다.

정밀한 수정修訂과 퇴고推敲, 정심精深한 주명註明과 해석에 투영된 주자의 이 같은 개정改訂 관점은 이정의 개정본에서는 찾아볼 수 없는 새로운 것으로, 후세 사람들이 『대학』을 바르게 이해하는 데 결정적인 영향을 끼쳤다. 그것은 물론 주자 자신이 이른 대로, 『대학장구집주』본은 "논리 전개의 순서에 조리가 있고, 의미의 연결이 자연스러워 『대학』의 원래 면모를 되찾은 듯하기(序次有倫, 義理通貫, 似得其眞)"(『회암선생주문공문집晦庵先生朱文公文集』 「기대학후記大學後」) 때문일 것이다. 바로 이러한 이유로 주자의 개정본 『대학』은 최고의 학문적 권위를 확보하면서 사람들에게 가장 널리 읽히고 있다.

3. 『대학』의 고전적 의의와 인문학적 가치

『대학』이 『중용』과 함께 『예기』의 그 수많은 편장篇章 가운데 유독 후세 유학자들의 주목과 존숭을 받게 된 데에는 그만한 이유가 있다. 주자가 말했다. "『대학』은 배움의 자초지종自初至終을 전반적으로 말했다(大學是通言學之初終)." "『논어』와 『맹자』는 특정한 일과 관련해 개별적으로 묻고 답해 그 근본 요지要旨를 포착하기가 어렵다. 하지만 오직 『대학』만은 공자께서 옛사람들이 학문한 큰 이치와 방도를 말씀하신 것을 증자가 기술한 후, 증자의 문인이 다시 전술傳述해 그 기본 논지論旨를 설명했다. 그 때문에 전후의 문맥적 의미가 서로 통하고 이어져 논리의 체계와 조리가 모두 갖추어져 있는 만큼, 이 책의 내용을 깊이 완미하노라면 옛사람들이 학문하며 지향한 바가 무엇인지를 분명히 알게 되면서 오히려 『논어』와 『맹자』를 읽고 이해하는 단계에도 쉽게 들어갈 수가 있다. 그러니 『대학』을 공부한 이후에 학문적으로 정진해야 할 바가 비록 대단히 많기는 하나, 그 학문적 논리의 큰 맥락은 이미 잡은 것이나 다름이 없다(語孟隨事問答, 難見要領. 惟大學是曾子述孔子說古人爲學之大方, 而門人又傳述以明其旨. 前後相因, 體統都具, 翫味

此書, 知得古人爲學所向, 却讀語孟, 便易入, 後面工夫雖多, 而大體已立矣).”(「독대
학법讀大學法」) 『대학』은 그야말로 옛날 유자儒者(유학을 존숭하며 공부하는
선비)의 필독 입문서로서 유가 사상의 기초를 다지고 체계를 세우고
익히는 데 근본적 효용 가치를 가졌다는 것이다.

(1) '대학'의 함의

『대학』은 태평성세太平盛世를 이룩할 수 있는 풍부한 지혜와 심오
한 철리哲理를 담고 있다. 한데 이 '대학'이라는 표제標題에는 무슨 함
의가 있는 것인가? 후한後漢의 대大유학자 정현이 말했다. “편목篇目을
'대학'이라 이름한 것은 그런 표제로 넓고 풍부한 학식을 기술해 사람
들이 위정爲政 치국治國할 수 있도록 하려는 것이다(名曰大學者, 以其記
博學, 可以爲政也).” 이른바 '대학'이란 곧 유자儒者의 위정지학爲政之學을
일컫는다는 것이다. 당대唐代 경학자經學者 공영달 역시 “이『예기』「대
학편」은 사람이 배움을 성취·완성하는 일을 논해 각인各人이 장차 그
나라를 잘 다스리며 자신의 밝은 덕을 천하에 두루 밝혀 드러나게 해
태평한 세상을 이룩할 수 있게 하려는 것이다(此大學之篇, 論學成之事, 能
治其國, 章明其德於天下)”(『예기정의禮記正義』)라고 했으니, 정현과 같은 맥
락의 설명이다.

한편 주자는 “대학이란 곧 대인지학이다(大學者, 大人之學也)”라고 하
는가 하면, “『대학』 책은 옛날 태학太學에서 사람을 가르친 법칙이다
(大學之書, 古之大學所以敎人之法也)”라고 했다. '대학'은 옛날에는 '태학'
으로 읽었다. 주자에 따르면 '대학'은 곧 '소학小學'에 상대해 이른 말
로, '소학' 이후의 교육 단계와 내용을 말한다. 주자가 말했다. “옛날에

는 사람이 태어나 여덟 살이 되면 위로는 왕공의 자제로부터 아래로는 서민의 자제에 이르기까지 모두가 소학에 들어갔는데, 소학에서는 이들에게 마당에 물을 뿌리고 비질을 해 청소하고, 다른 사람을 응대하며, 어른에게 나아가고 물러나는 예절과, 각종 예법·음악, 궁술弓術·마술馬術, 서예書藝·산술算術 등의 문화 상식을 가르쳤다. 그리고 열다섯 살이 되면 위로는 천자의 원자元子(왕위를 계승할 적장자)와 중자衆子(적장자 이외의 모든 아들)로부터 아래로는 삼공三公·구경九卿·대부大夫·원사元士(대부 다음 등급의 벼슬아치)의 적자嫡子와 일반 백성의 우수한 자제에 이르기까지 모두 대학(태학)에 들어갔는데, 대학에서는 이들에게 온갖 사물의 이치를 궁구하고, 스스로 마음을 단정히 하며, 자신을 수양해 만백성을 다스리는 이치를 가르쳤다. 당시에는 이처럼 또 학교교육을 대학과 소학의 절차와 단계로 나눈 것이다(人生八歲, 則自王公以下, 至於庶人之子弟, 皆入小學, 而敎之以灑掃應對進退之節, 禮樂射御書數之文; 及其十有五年, 則自天子之元子衆子, 以至公卿大夫元士之適子, 與凡民之俊秀, 皆入大學, 而敎之以窮理正心修己治人之道. 此又學校之敎大小之節所以分也)."(「대학장구서」) 요컨대 소학은 어린 자제의 계몽啟蒙과 초학初學 단계로 기본 예절과 육예六藝를 가르치고, 대학은 청소년 자제의 고등 학습 단계로 궁리窮理와 수신修身·치국治國의 이치를 가르친 것이다.

『대학』의 내용에 비춰 볼 때, 정현과 주자의 해석은 모두 충분한 근거가 있다. 다만 정현의 이해는 간단명료한 반면, 주자의 이해는 정밀하고 자세하며 구체적이다. 아무튼 '대학'은 사실상 유가 사상의 실천 방법과 이상理想 목표라는 두 측면에서 이해할 수 있다. 우선 그 실천 방법은 '격물格物'에서 '수신', '제가齊家'에서 '치국·평천하平天下'에 이르기까지 그야말로 미치지 않는 바가 없으니, 그야말로 큰(大) 학문(學)이다. 또한 그 이상은 천하의 일을 자신의 소임으로 여기며 '지선至善'을 목표로 삼는 것이니, 분명 큰 학문이다. 한마디로 '대학'은 유가 이상을 실현하기 위한 위대한 학문이다. 주자가 '대학'을 '대인지학'이라고 설명한 것 역시 같은 견지임은 두말할 나위가 없다. 이른바 '대인'은 고대 사회의 엘리트, 즉 국가 사회를 영도하는 핵심 인재를 말하며, '대인지학'이란 곧 수신·제가의 절차와 단계를 거쳐 격물·치지致知와 정심正心·성의誠意의 방법으로 치국·평천하의 자질과 역량을 기르는, '대인'의 학문이다.

(2)『대학』의 사상

『대학』은 유가의 중요 경전으로서 특히 유가 특유의 이른바 '내성외왕內聖外王'(『대학』「경문」 1-1절 '해설' 참조)의 사상 관념을 체계적으로 설파했다. 다시 말하면『대학』은 공자의 인仁 사상에 근거해 인정仁政·덕치德治를 지향하며 '수기이안인修己以安人'(자기 자신을 수양해 가까운 사람들을 편안하게 함)은 물론 궁극적으로 '수기이안백성修己以安百姓'(자기 자신을 수양해 천하 만백성을 편안하게 함)(『논어』「헌문憲問」)할 것을 역설했다. 성인 공자와 유가는 곧 '내성內聖'의 범주에 속하는 '수기'의 노력과 조예의 바탕 위에 '외왕外王'의 범주에 속하는 '안인·안백성'의 실천과 실현으로 태평성세를 이룩함을 꿈과 이상으로 삼은 것이다.『대학』에서는 바로 그러한 꿈과 이상을 실현하기 위한 이상적 기본 원칙과 구체적 실천 방안으로 이른바 '삼강령'과 '팔조목'을 제시해 사람들을 계도啓導하고 면려勉勵했다.

삼강령은 '명명덕明明德·신민親(新)民·지어지선止於至善'으로, 각각 '사람의 밝고 선한 천부적 덕성을 한껏 밝혀 드러나게 함, 사람들로 하여금 낡은 악습을 버리고 선한 본성을 새롭게 발휘하게 함, 사람이 궁극적으로 더할 나위 없이 선한 경지에 이르러 머무르게 함'을 말한다. 이는 곧 '대인' 재목인 태학 학생이 각자 자기 자신이나 다른 사람을 상대로 실천하고 숙달해 가야 할 '대학지도大學之道', 즉 '대인지학'의 근본 원칙을 천명한 것이다. 사람은 천성적으로 밝고 선한 '명덕'을 타고 나지만, 세상을 살아가면서 "기질과 성품에 얽매이고, 사람의 욕심에 눈이 멀며(爲氣稟所拘, 人欲所蔽)" 그 밝은 빛을 잃게 된다. 그렇기 때문에 사람은 반드시 '대인지학'에 매진해 '명덕'의 광휘光輝를 되살려야 한다. '명명덕'은 바로 그처럼 각자가 스스로 도덕 수양을 통해 천성을 회복하는 것이다.

'신민'은 '명명덕'과 달리 다른 사람을 상대로 하는 것으로, "사람이 스스로 자신의 '명덕'을 밝혀 드러나게 한 후에는 또 응당 그것을 미루어 다른 사람에게까지 미치게 하여 그들 역시 지난날에 오염된 더럽고 그릇된 품성을 없애도록 하는 것이다(旣自明其明德, 又當推以及人, 使之亦有以去其舊染之汚也)". 다시 말해 '신민'은 도덕으로 사람들을 교화해 그들도 품성을 새롭게 해 새사람이 될 수 있도록 함이다. 그뿐만이 아니다. 국가 사회의 동량棟梁인 '대인'은 스스로 '명덕'을 밝히고 민덕民德을 새롭게 하는 데에 그쳐서는 안 된다. 오히려 그 바탕 위에 만인과 더불어 모두 함께 궁극적으로 "천리天理의 지극함을 다함은 있으나 추호도 인욕의 사사로움은 없는(有以盡夫天理之極, 而無一毫人欲之私也)" '지선至善', 즉 지극히 선한 경지에 이르러 머물 수 있도록 해야 한다. 그것이 바로 '지어지선'이다. 그야말로 '지선'은 유가의 도덕 수양과 정치 실천의 최고 목표이자 이상 경지이며, '지어지선'은 바로 그런 목표를 달성하고, 그런 경지에 도달하는 것이다. 그러니 '대학지도'는 결국 '지어지선'함에 있는 것이다.

팔조목은 곧 삼강령을 실천할 구체적인 절차와 방안으로, '격물格物·치지致知·성의誠意·정심正心·수신修身·제가齊家·치국治國·평천하平天下'를 말한다. 고대 태학의 교육 목표와 정신의 집약集約인 『대학』은 "초학자가 장차 성인聖人의 덕성과 수양의 경지로 드는 문호〔初學入德之門〕"(정자의 말)로서 이처럼 "배움의 강령綱領과 세목細目〔爲學綱目〕"(주자의 말)을 명확히 제시하며 천명했다. 이른바 '격물'은 온갖 사물의 이치를 궁구해 밝히는 것이요, '치지'는 자신의 지식과 지각을 증진해 명확히 하는 것이다. '성의'는 자신의 뜻과 생각을 참되고 정성스럽게 가지는 것이요, '정심'은 자신의 마음가짐을 바르게 하는 것이다. '수신'은 심신을 수양해 자신의 품성과 덕성을 닦는 것이요, '제가'는 자신의 집안을 잘 다스려 바로잡는 것이다. '치국'은 나라를 잘 다스리는 것이요, '평천하'는 천하를 잘 다스려 태평성세를 이룩하는 것이다.

팔조목은 또한 '수신'을 근본으로 한다. 따라서 앞의 네 항목은 '수신'의 전제요, 뒤의 세 항목은 '수신'의 목적이다. 사람이 기울이는 '수신'의 전제적 노력에서 '격물'과 '치지'가 지적 수양의 범주라면, '성의'와 '정심'은 도덕적 수양의 범주이다. 다시 말해 사람은 지적·도덕적 수양에 모두 정진함으로써 '수신'을 이룰 수 있다. 그런 다음 다시 '제가'의 노력과 단계를 거쳐 '치국'으로 확대해가고, 나아가 마침내 '평천하'라는 그 궁극적 목적과 이상을 달성하고 실현해야 한다. 이처럼 팔조목은 유가의 도덕 실천의 기본 내용과 단계로서, '내성외왕'의 이상을 실현하는 구체적 방안이자 조예이다. '격물'에서 '수신'에 이르기까지는 '내성'의 내용이자 단계요, '제가'에서 '평천하'에 이르기까지는 '외왕'의 내용이자 단계이다. 양자는 밀접히 연관돼 떼놓을 수 없는 관계에 있으니, '외왕'은 '내성' 발전의 자연적 결과요, '내성'은 '외왕' 실현의 필수적 전제이다.

한데 여기서 우리가 분명히 알아야 할 것이 있다. 팔조목의 근본이요 중심인 '수신'은 결코 특정한 사람이나 계층에 한정해 요구되는 것이 아니라는 점이다. 따라서 "천자부터 서민에 이르기까지 사람은 누구나 다 수신을 근본으로 해야 한다(自天子以至於庶人, 壹是皆以修身爲本)". 공자의 이 가르침은 곧 어느 국가 사회에서든 상하가 한마음으로 '수신'에 진력해 모두가 더불어 도덕적인 언행으로 소통하고 교유할 때 비로소 진정한 '평천하'가 이룩될 수 있음을 일깨운다. 이는 또한 『대학』이 '대인지학'일 뿐만 아니라, 세상 모든 사람이 관심하고 공부해야 할 '범인지학凡人之學'임을 웅변하고 있다. 사람은 누구나 『대학』의 가르침을 성실히 배우고 깊이 체화함으로써 뛰어난 지성과 고상한 덕성을 갖춘 '대인'으로 거듭날 수 있다.

『중용』: 성실히 중용을 추구하며 아름다운 삶의 향유를 꿈꾸다

1. 『중용』의 지은이, 자사子思

『중용』은 공자의 손자인 자사가 지었다는 게 통설이다. 그것은 곧 사마천司馬遷이 『사기史記』「공자세가孔子世家」에서 "자사가 『중용』을 지었다(子思作中庸)"라고 명시한 데에 근거한다. 이 견해에 대해서 송대 이전까지는 거의 이론異論이 없었다. 정현을 비롯해 공영달, 육덕명陸德明, 이정, 주자 등이 모두 이를 지지하고 따랐다. 공영달은 『예기정의』에서 정현의 말을 인용해, 『중용』은 "공자의 손자 자사 급伋이 지어서 성명聖明한 조부의 덕을 드러내 밝혔다(孔子之孫子思伋作之, 以昭明聖祖之德)"라고 했다. 주자는 이 주장을 받아들였을 뿐만 아니라 더 나아가 「중용장구서中庸章句序」에서 자사의 저술 의도까지 부연했다. "『중용』은 왜 지은 것인가? 자사 선생님께서 도학道學, 즉 인도仁道에 관한 학설이 후세에 전해지지 않을까 우려해 지으신 것이다(中庸何爲而作也? 子思子憂道學之失其傳而作也)." "공자의 학설은 오직 안회顏回와 증삼曾參만이 그 종지宗旨를 오롯이 터득해 전승했다. 그리고 증삼이 다시 후학에게 전하는 과정에 또다시 공자의 손자 자사에게 전수했다. 한데 자사 당시에는 학계가 이미 공자의 성학聖學과는 한참 멀어져 갖가지 이단 사설이 일어나고 있었다. 이에 자사께서는 세월이 오래되면 될수록 더욱 도학의 진의眞義에서 벗어날 것을 두려워하셨고, 그래서 요堯·순舜임금 이래 대대로 전해진 그 깊은 뜻의 본원本源을 탐구하는가 하면, 평소에 들은 장자長者와 스승의 말씀으로 대조 확인한 후 다시 상호 연역 추론해 이 책을 지어서 후세의 학인學人들을 가르치셨다(惟顏氏曾氏之傳得其宗. 及曾氏之再傳, 而復得夫子之孫子思, 則去聖遠 而異端起矣. 子思懼夫愈久而愈失其眞也, 於是推本堯舜以來相傳之意, 質以平日所 聞父師之言, 更互演繹, 作爲此書, 以詔後之學者)." 주자의 이러한 관점은 후세 에 폭넓은 지지와 호응을 이끌어냈고 후세의 유학자들 대부분이 이를 공인했다.

한편 북송의 저명한 문학가이자 경학자인 구양수歐陽脩를 필두로 사마천의 견해에 반론을 제기하는 이들도 등장했다. 구양수가 『중용』 을 자사의 저술로 보기 어렵다고 주장한 이후, 청대에 이르러서는 원 매袁枚, 유월兪樾 등이 그에 가세했다. 그들은 『중용』 가운데 일부 구절 이 진한秦漢시대 사람들의 상용어라는 이유를 들어, 『중용』은 전국시 대 자사의 저술이 아니라 통일 진秦나라에서 서한西漢에 이르는 시기 에 지어진 것이라고 했다. 하지만 그들의 주장에 허점이 있다고 평가 되면서 『사기』의 기록을 뒤집지는 못했다. 대개 고서古書를 후세 사람 들이 전사傳寫하거나 주석註釋하는 과정에 왕왕 후대의 문구가 잘못 섞여 들어가는 경우가 있다. 그러니 그런 한두 구절을 근거로 해당 전 적典籍 전권全卷을 부정해서는 안 된다.

다른 한편으로 또 『중용』이 어쩌면 유가의 다른 경전, 예를 들면 『논어』나 『효경』과 같이 한 시기 또는 한 사람의 저술이 아니라, 오랜 시간에 걸쳐 점차적으로 완성됐을 가능성을 상정想定할 수 있다. 하지 만 그 경우에도 최초의 저술은 자사가 하고, 나중에 다른 사람이 보충 했을 것이다. 아성亞聖 맹자는 자사의 문인門人에게서 학문을 배우고, 또한 그 학설을 더욱 발전시킴으로써 훗날 사맹학파思孟學派를 형성했 다. 그렇다면 『중용』을 보충한 사람은 필시 자사의 문인과 맹자의 문인이었을 개연성이 있다. 여하튼 자사는 분명 『중용』의 원原저자이자 주主 저자인 만큼, 『사기』의 기록을 따르는 데에는 별 문제가 없어 보인다.

자사는 공자의 손자로, 성은 공孔이고, 이름은 급이며, '자사'는 그의 자이다. 전국시대 초엽 노나라 사람으로, 증자에게 학문을 배웠으며 노 목공穆公의 왕사王師에 오르기도 했다. 일찍이 송나라에서 곤경에 처한 적이 있는데, 바로 그때 『중용』을 지었다고 한다. 만년에는 고국 노나라로 돌아왔으며, 목공의 극진한 예우를 받았으나 직언을 서슴지 않았다. 향년 62세로 세상을 떠났다. 사실 유학 역사상 자사의 지위가 처음부터 현혁顯赫하지는 않았다. 당·송대에 비로소 『중용』이 유가의 핵심 경전으로 위상을 확립했고, 그런 가운데 학자들이 자사야말로 진정 위로는 증자를 계승하고 아래로는 맹자를 계도함으로써 공맹孔孟의 도통道統을 이어가는 과정에 중요한 역할을 했다고 평가하고 인정했다. 요컨대 자사는 『중용』에서 공자의 중용사상을 논리적·체계적으로 밝혀 설명함으로써 공자의 도덕 사상을 나무랄 데 없이 훌륭하게 심화했다. 그리하여 후세에 '술성述聖', 즉 성인聖人의 도덕 정신을 전술傳述한 성현으로 존숭받게 되었다.

2. 『중용』의 판본

『중용』은 본디 『예기』의 제31편이었으나, 양梁 무제武帝 때 일시적으로 단독單獨 유행했다가 송대 이후에 본격적으로 단행본으로 세상에 널리 퍼졌다. 유자는 물론 통치자들까지 『중용』을 높이 받들면서 후세에 다수의 판본이 출현했다. 예컨대『예기』주소본을 비롯해 양 무제의『중용강소中庸講疏』, 북송 조열지晁說之의『중용전中庸傳』, 남 송 주자의『중용장구집주中庸章句集註』·석자중石子重의『중용집해中庸集 解』·왕백王柏의『정고중용訂古中庸』, 청대淸代 이광지李光地의『중용장단 中庸章段』등이 각기『중용』의 전파와 이해에 한몫을 담당해왔다. 그 가 운데 가장 오래된 것은 주소본이고, 송대 이후 가장 널리 전해지면서 오늘날까지 최고最高 통행본으로서 그 영향이 막대한 것은 바로『중 용장구집주』이다.

『중용』의 여러 판본 사이에 나타나는 가장 큰 차이는 바로 그 분장 分章의 상이함이다.『예기』원본은 단지 한 편에 불과했으나, 주소본에 서는 처음으로 상上·하下 두 권으로 나뉘었다. 그러다가 주자의 장구 본章句本에서는 다시 단편單篇이었던 원본의 옛 모습을 회복했다. 다 만 주자는 전문全文을 총 33장으로 나누어 그 각각에 대의大意를 부연 설명했다. 그 후 왕백을 비롯한 여러 사람들이 전현前賢의 개정改訂에 불만하여 각기 자신만의 분장으로 나름의 정본定本을 속속 내놓기도 했다. 하지만『대학』의 경우처럼, 그 어떤 것도 주자 장구본의 막강한 학문적 권위와 영향력에 범접하지는 못했다.

여기서 잠시 장구본을 간략히 살펴보면, 주자는 33장으로 나눈 것을 다시 세 부분으로 나눠 풀이했다. 첫 번째 부분은 제1장에서 제11장 까지 열한 장이다. 이 중 제1장은『중용』전권의 '체요體要', 즉 대체大體 와 강요綱要, 곧 강령綱領으로, 자사가 공자의 뜻을 전술해『중용』의 이 론 체계를 세우는 근거로 삼았다. 그 요지는 곧 중용의 도道는 천부天

賦의 본성으로, "잠시도 떠나서는 안 되는 것이나니(不可須臾離也)" 사람은 일심으로 수신修身해 본성을 되살려 정진함으로써 '지선至善'(『대학』「경문」 1-1절 참조)에 이를 수 있어야 한다는 것이다. 그리고 제2~11장은 자사가 공자의 말을 인용해 제1장의 논지를 부연했다.

두 번째 부분은 제12장에서 제20장까지 아홉 장이다. 이 중 제12장은 자사의 말로, 제1장에서 말한 중용의 도는 "잠시도 떠나서는 안 되는 것"이라는 명제命題를 거듭 강조하는 가운데 "군자가 받드는 중용의 도는 그 작용은 광대廣大하고, 그 본체는 심오함(君子之道費而隱)"을 역설했다. 그리고 제13~20장은 자사가 공자의 말을 인용해 제12장의 뜻을 논증했다.

세 번째 부분은 제21장에서 제33장까지 열세 장이다. 이 중 제21장은 앞 장에서 인용한 '천도天道'와 '인도人道'에 관한 공자의 언론을 이어받아 "무릇 사람의 심성이 성실하면 사리에 밝아지고, 사리에 밝으면 심성이 성실해지는 법(誠則明矣, 明則誠矣)"이라는 논지를 역설했다. 그리고 제22~33장은 모두 자사의 말로, 제21장의 관점을 반복 논술했다.

3. 『중용』의 고전적 의의와 인문학적 가치

『중용』은 기본적으로 '천天·도道·인人' 삼자三者의 관계에 착안하고 근거해 아름다운 삶의 향유를 가능하게 할 '중용의 도'의 고귀한 가치를 부각 역설했다. 청대 전대흔錢大昕과 현대 슝스리熊十力, 평유란馮友蘭을 비롯한 일부 학자들은 『중용』이 '중中'(중정中正·적중適中·중화中和)과 '시時'(언제 어디서나 그 때와 장소에 맞음)의 관념을 역설한 『역전易傳』,

즉『주역周易』전문傳文 '십익+翼'의 사상 맥락과 서로 밀접한 관계에 있다고 했다.『역전』은 공자의 저술이라는 견해가 유력한 만큼, 이는 어쩌면 당연한 주장이다. 다만『중용』이 전적으로 개인의 도덕 수양에 근본 의의를 두면서 실천 윤리의 철리를 설파했다는 견지에서 볼 때, 오히려『대학』과의 관계가 더욱 밀접한 것으로 이해된다.

(1) '중용'의 함의

일찍이 요임금이 순에게 제위를 물려주며 "진실로 중정中正의 원칙을 받들어 행하라(允執其中)"(『논어』「요왈堯曰」)라고 훈계했고, 순임금은 즉위 후 실제로 그 원칙을 충실히 받들어 "문제의 양극단兩極端을 충분히 파악하고 그 장단長短을 따져, 가장 적중함을 채택해 백성들에게 적용했다(執其兩端, 用其中於民)".(『중용』제6장) 이뿐만 아니라『주역』을 통해서도 알 수 있듯이 공자 이전의 선민先民들은 '상중尙中', 즉 '중'의 관념을 숭상하면서 '중정'의 덕을 창도하고 고양高揚했다. 공자는 바로 선대의 이 같은 '중' 전통의 바탕 위에 '용庸' 자를 더한 후, 그 핵심에 '인仁'과 '예禮' 사상을 함축해 '중용' 개념을 창안했다. 이로써 '중용'은 마침내 공자와 유가 사상의 중요한 범주가 됐다.

'중용'이라는 말은 공자가 처음 썼고, 또『논어』에 처음 보인다. 그리고『예기』「중용편」은 바로 공자와『논어』이래로 강조된 유가의 중용사상에 대한 가장 체계적인 논설이다.『논어』「옹야편雍也篇」에서 공자가 말했다. "중용의 덕은 필시 지극한 것이건만, 사람들 가운데 그 덕을 잘 닦고 행하는 이를 찾아보기 힘든 지 이미 오래되었도다!(中庸之爲德也, 其至矣乎! 民鮮久矣)" 이는 또한『논어』에서 '중용'에 대해 논한 유일한 언론이기도 하다. 여기서 공자는 '중용'을 '지덕至德'으로 보았으니, 곧 최고의 도덕적 표준이자 원칙이요, 세상 모든 문제의 해결을 위한 최고의 지혜로 강조한 것으로 보인다.

그렇다면 '중용'이라는 말에 내포된 의미는 무엇일까?

먼저 이른바 '중'의 함의를 살펴보자. 우선 '중'의 본뜻은 단지 사물의 중간·중앙·중심을 이른다. 한데 사물의 중심이 갖는 가장 큰 특징은 바로 평형平衡이요, 불편不偏(한쪽으로 치우치지 않음)·불의不倚(한쪽으로 기울지 않음)이다. 다시 말하면 '중'은 곧 '정正'의 특징을 가지며, '정'과 일맥상통하는 개념인 것이다. 고대인들이 '상중尙中'의 의식하에 '중정中正'(어느 한쪽으로 지나치거나 모자람이 없이 곧고 올바름)의 덕과 사상을 추구한 것은 바로 그 고귀한 의의와 가치를 높이 산 것이다. 이 같은 관념은 필시 후세 학자들에게도 논리적으로 시사하는 바가 있었을 것인바, 후한의 정현은 "편목을 중용이라 이름한 것은 그런 표제로 중화中和의 운용을 기술하려는 것이다(名曰中庸者, 以其記中和之爲用也)"(『예기정의』에서 인용)라고 하여 '중용'의 '중'을 '중화'의 뜻으로 풀이했다. 그리고 북송의 정자는 "한쪽으로 치우치지 않는 것을 중이라고 하는데(不偏之謂中)", "중이란 곧 천하 불편不偏의 올바른 도리이다(中者, 天下之正道)"(『중용장구』에서 인용)라고 하여 '중'을 '불편不偏'과 '중정中正'의 뜻으로 풀이했다. 남송의 주자는 정자의 관점을 계승 발전시켜 "중이란 불편부당不偏不黨하고 과불급過不及이 없음을 일컫는 것이다(中者, 不偏不倚無過不及之名)"(『중용장구』)라고 했고, 육구연陸九淵은 또 "중의 미덕은 그것이 지극히 적중適中하여 마땅하지 않은 바가 없음을 말한다(中之爲德, 言其無適而不宜也)"(『육구연집陸九淵集』)라고 했다.

이상을 종합하면 결국 '중'은 바로 편파偏頗(공정하지 못하고 어느 한쪽으로 치우쳐 있음)나 양단兩端(양극단, 곧 지나침과 모자람)과 상대해 이르는 개념이다. 따라서 하나의 방법으로 보면, 그것은 곧 정도程度에 알맞고(適度) 중도中道에 적합하며(適中) 지나치거나 모자람이 없어(無過無不及) 지극히 적정適正한 것이다. 또 하나의 행위로 보면, 그것은 곧 규범과 표준에 적합하고(合宜) 이론과 이치에 합당하며(合理) 어느 쪽으로도 기울지 아니하여(無所偏倚) 분수나 분별分別(세상 물정에 대한 바른 생각이나 판단)에 딱 맞는 것이다. 그리고 하나의 도덕으로 보면, 그것은 곧 공정公正하고 중정中正하여 천리天理와 인정人情에 부합하는 정도正道이다. 요컨대 '중'이란 곧 하나의 중정한 표준이요 원칙이라고 할 수 있다.

다음으로 이른바 '용'의 함의를 살펴보자. 고대 전적典籍에서 '용'은 모두 '상常'의 의미로 풀이된다. 다만 청대 유보남劉寶楠이 "옛날에 '용'을 '상'의 뜻으로 새겼는데, 이때 '상'은 평상平常의 의미를 말하는 것이 아님(古訓以庸爲常, 非平常之謂也)"(『논어정의論語正義』)을 분명히 했듯이, 여기서 '상'은 평상·통상通常이 아니라 항상·노상, 즉 언제나 변함없이(한 모양으로 줄곧)를 뜻한다. 예를 들면 『상서尙書』 「고요모편皐陶謨篇」에서 "하늘이 규정한 사람의 존비尊卑 등급에는 일정한 예禮가 있나니, 천자·제후·경대부·사士·서인庶人의 다섯 가지 예를 항상 준수해야 할 것이다(天秩有禮, 自我五禮有庸哉)"라고 한 것과 같다. 후세의 풀이 또한 이와 별반 다르지 않다. 위대魏代 하안何晏 역시 "'용'은 '상'의 뜻(庸, 常也)"(『논어집해論語集解』)이라고 했다. 그리고 정자는 더 나아가 "시종始終 변하지 않는 것을 '용'이라고 하는데(不易之謂庸)", "'용'이란 곧 천하 불변不變의 일정한 도리道理이다(庸者, 天下之定理)"(『중용장구』에서 인용)라고 하고, 또 "천지의 조화와 변화는 비록 진실로 광대廣大하고 무궁하지만, 천지 음양의 이치는 해와 달, 추위와 더위, 낮과 밤 등등의 변화가 항상 불변하여 일정하지 않은 게 없나니, 이것이 바로 천지 대도大道의 본질이 '중용'인 까닭이다(天地之化, 雖廓然無窮, 然而陰陽之道, 日月寒暑晝夜之變, 莫不有常, 此道之所以爲中庸)"(『하남정씨유서河南程氏遺書』권 15)라고 했다. 이는 모두 '용'을 '상', 즉 항상·영구 불변의 뜻으로 이해한 것이다. 이는 또한 곧 『중용』에서 말한 "'도'란 사람이 잠시도 떠나서는 안 되는 것이나니, 만약 떠나도 된다면 그것은 '도'가 아니다(道也者, 不可須臾離也, 可離非道也)"(제1장)라는 얘기와 맥락이 닿아 있다. 다시 말해 중용의 도는 항구여일恒久如一한 불변성不變性을 가지기 때문에 비로소 도가 될 수 있다는 것이다.

반면 주자는 고래古來의 전통적인 해석과 달리 "용은 평상의 뜻이다(庸, 平常也)"라고 주장했다. 주자는 '용' 한 글자에 대한 고래의 훈고訓詁에 얽매이지 않은 것이다. 오히려 공자에 의해 새롭게 탄생한 '중용'을 철학 용어의 사상적 의미를 구성하는 개념어로 보아 '용'이 갖는 함의를 풀어냈다. 그것은 곧 '중용'이 내포한 지극히 평상적이고 통상적이며 일상적이고 일반적인 특징에 중점을 둔 풀이다. 이는 또 "중용의 도는 결코 사람에게서 멀리 떨어져 있지 않다(道不遠人)"(『중용』제13장)라는 의미이기도 하다. 다시 말해 '중용'은 결코 높디높아서 아무나 쉽게 올라갈 수 없는 경지가 아니라, 우리의 일상에 깃들어 항상 존재하는 까닭에 더없이 평이하고 비근卑近해 평범하기 그지없는 것이라는 얘기다.

'용'의 함의에 대한 풀이는 이뿐이 아니다. 앞서 '중'을 '중화中和'의 뜻으로 본 정현은 '중용'의 '용'을 '용用', 즉 운용·적용의 뜻으로 풀이했다. 이는 곧 『중용』에서 말한 "문제의 양극단을 충분히 파악하고 그 장단을 따져, 가장 적중함을 채택해 백성들에게 적용한다〔執其兩端, 用其中於民〕"(제6장)는 의미이다.

이상의 '중'과 '용'에 대한 여러 풀이를 종합하면, '중용'의 함의는 다음과 같이 두 측면으로 정리된다. 먼저 '중용'은 불편부당하고 무과불급無過不及한 상도常道, 즉 항구불변하고 또 더없이 평범한 일상적인 도리이자 원칙이다. 그리고 '중용'의 '중'은 또한 지극히 중화·적정·중정한 기본 원칙이며, 따라서 '중용'의 다른 한 측면은 곧 '중지용中之用', 즉 '중'의 이 기본 원칙을 운용하고 적용하는 문제를 이른다. 이 두 측면은 일견 모순되는 듯하지만 결코 그렇지 않다. 단지 전자는 '체體', 즉 본체·본질의 관점에서 말한 것이요, 후자는 '용用', 즉 작용·운용의 관점에서 말한 것일 뿐이다. 그러므로 다시 양자를 총괄하면, '중용'은 바로 누구나 충분히 운용·적용할 수 있는 불편부당하고 무과불급하며 적중適中·적정한 원칙이다. 이러한 원칙은 언제 어디서나 변함이 없으며 우리의 일상생활에 두루 적용되고 통용된다.

(2) 『논어』를 통해 본 '중용'의 경지

공자 사상의 핵심은 '인仁'이며, '인'은 '사람을 사랑하는 것〔愛人〕'(『논어』「안연顔淵」)이다. 또 공자가 '인'의 표현 형식으로서 심층적 의미를 부여한 것이 바로 '예'인데, '인'은 곧 '예'를 통해서 표현되고, '예'로써 조절·절제돼야 하는 것이다. 공자의 사상 체계에서 '중용'은 바로

'인'의 실천 원칙론 내지 방법론으로서의 의의를 띠고 있으며, '예'와 함께 '인'의 참되고 아름다운 실행과 실천을 이끄는 중요한 규범이요 준칙이다. 다시 말해 '중용'의 핵심과 본질은 바로 '인'이며, '중용'이 그 나름의 원칙으로 '인'을 구현하는 과정에서 의거하는 것은 곧 '예'라는 얘기이다. 상술했듯이 공자는 『논어』에서 단 한 차례 '중용'을 언급하면서 지극한 덕, 더할 나위 없이 훌륭한 덕(至德)으로 높디높게 평가했다. 그뿐만이 아니다. 공자는 또 부연하여 '중용'의 다중多重·다의적多義的인 의의와 경지를 실제적·구체적으로 일깨워줬다. 그것은 물론 사람들이 '중용'의 고귀한 의의와 가치를 보다 쉽게 잘 이해하고, 일심으로 정진해 이상적인 삶의 길로 나아갈 수 있기를 바랐기 때문이다. 여기서 우리는 『논어』에 보이는 공자의 그런 가르침을 통해서 상술한 '중용'의 함의를 확인하고 검증하고자 한다. 그렇게 함으로써 '중용'에 대한 이해와 신념을 증진하고, 나아가 성인 공자의 바람에 부응할 수 있을 것이다.

자공子貢이 여쭈었다. "사師(자장子張)와 상商(자하子夏)은 누가 더 현능賢能합니까?" 공자께서 말씀하셨다. "사는 지나친 면이 있고, 상은 모자란 면이 있다." 자공이 말했다. "그렇다면 사가 낫다는 말씀입니까?" 공자께서 말씀하셨다. "지나친 것도 모자란 것과 마찬가지로 좋지 않다."
子貢問: "師與商也孰賢?" 子曰: "師也過, 商也不及." 曰: "然則師愈與?" 子曰: "過猶不及."(『논어』「선진先進」)

주자가 말했다. "자장은 재기才器가 높고 의향意向이 넓어서 구차하면서도 어려운 일 하기를 좋아했으므로 늘 중도中道를 지나쳤고, 자하는 돈독히 믿으며 조심히 지켜서 행위의 규모가 좁고 제한적이었으므로 늘 중도에 미치지 못했다[子張才高意廣, 而好爲苟難, 故常過中. 子夏篤信謹守, 而規模狹隘, 故常不及]." 공자가 "사는 지나친 면이 있고, 상은 모자란 면이 있다"라고 한 것은 바로 그 때문이다. 이에 자공은 자장이 자하보다 낫다고 생각한 것이다. 하지만 공자는 '과유불급'의 논리로 둘 다 중도에 부합치 않기 때문에 좋지 않다는 점을 분명히 했다. 여기서 공자는 바로 '중용'은 기본적으로 '무과불급하며 적중適中한 경지'임을 일깨워줬다.

공자께서 말씀하셨다. "군자는 천하만사에 있어 반드시 어떻게 해야 된다는 것도 없고, 또 절대로 어떻게 하면 안 된다는 것도 없으며, 오직 알맞고 마땅함에 따를 뿐이다."
子曰: "君子之於天下也, 無適也, 無莫也, 義之與比."(『논어』「이인里仁」)

'적適'과 '막莫'의 의미에 대해서는 후세에 의견이 분분하나, 여기서는 주자의 견해를 따랐다. 아무튼 '반드시 어떻게 해야 된다는 것(適)'이나 '절대로 어떻게 하면 안 된다는 것(莫)'은 모두 극단적인 편집偏執(편견을 고집하며 남의 말을 듣지 않음)일 뿐이다. 그러므로 공자는, 사람은 "반드시 어떻게 해야 된다는 것도 없고, 또 절대로 어떻게 하면 안 된다는 것도 없"어야 할 뿐만 아니라 "오직 알맞고 마땅함을 따를" 줄 알아야 함을 역설했다.

인생 만사에 어찌 고정 불변의 철칙이 있겠는가? 그러므로 사람은 처신할 때 주관적인 고정관념에 사로잡혀 고집불통이어서는 안 된다. 오히려 객관적 형세나 사리事理에 알맞고 마땅함을 좇아 융통성 있게 대처해야 한다. 바로 이 같은 인식과 견지에서, 모름지기 사람은 무엇보다 '인의仁義'를 최고의 준칙(행위의 규범이나 윤리의 원칙)으로 삼아 처신해야만 비로소 중용의 도에 부합할 수 있다는 것이 공자의 생각이다. 이는 곧 사람의 외형적인 행위를 내재적인 도덕과 긴밀히 연계시킨 가르침으로, 공자는 이로써 '중용'은 '공정하고 중정해 천리와 인정에 부합하는 정도正道의 경지'임을 일깨워줬다.

또한 '중용'은 결코 절중折中·절충折衷이나 타협이 아니라는 점을 분명히 일깨워준다. 이른바 절충과 타협은 원칙도 시비是非도 없이 서로 다른 사물이나 의견, 관점 따위를 적당히 조절해 어울리게 하거나 서로 양보하고 협의해 이도 저도 아니지만 피차 어느 정도 만족하는 선에서 합의해 맞춰가는 것이다. 하지만 '중용'은 그와는 분명히 달라서 '인의'라는 최고 준칙에 기반하고 있다. 공자가 『논어』 「양화편陽貨篇」에서 "시비 분별도 없이 세속에 영합하면서도 겉으로는 점잖고 성실하고 후덕하게 처신해, 순박한 마을 사람들에게 무한히 인정을 받는 무골호인無骨好人은 도덕을 파괴하는 해충이다(鄕原, 德之賊也)"라고 하며, 위군자僞君子의 전형인 '향원鄕愿'에 대한 극한 반감을 드러낸 것 역시 같은 견지로 이해된다.

예로부터 세상에 버림받고 쓰이지 못한 인재로, 백이伯夷·숙제叔齊·

우중虞仲·이일夷逸·주장朱張·유하혜柳下惠·소련少連이 있었다. 공자께서 말씀하셨다. "그 뜻을 굽히지 않고 그 몸을 욕되게 하지 않은 이는 백이와 숙제로다." 또 평하셨다. "유하혜와 소련은 뜻을 굽히고 몸을 욕되게 하였으나, 말은 법도에 맞고 행동은 인심人心에 부합하였는데, 대체로 그들은 그와 같았을 따름이다." 다시 평하셨다. "우중과 이일은 세상을 피해 은거하며 거리낌 없이 바른말을 하였는데, 처신은 고상하고 순결하였고, 하는 말은 변통變通의 묘안이었다. 하지만 나는 그들과 달라서, 꼭 해야 되는 것도 없고, 절대 하지 않아야 되는 것도 없다."

逸民: 伯夷、叔齊、虞仲、夷逸、朱張、柳下惠、少連. 子曰: "不降其志, 不辱其身, 伯夷、叔齊與!" 謂: "柳下惠、少連, 降志辱身矣, 言中倫, 行中慮, 其斯而已矣!" 謂: "虞仲、夷逸, 隱居放言, 身中淸, 廢中權. 我則異於是, 無可無不可."(『논어』「미자微子」)

여기서 말하는 '예로부터 세상에 버림받고 쓰이지 못한 인재' 일곱 사람은 그 처세 태도에 있어서 '가함'과 '불가함', 즉 꼭 해야 되는 것과 절대 하지 않아야 되는 것의 구분이 분명했다. 그들은 모두 현인賢人 지사志士들이긴 했지만, 시종 각기 자신만의 작은 테두리를 벗어나지 못했다. 반면에 이른바 '무가무불가無可無不可', 즉 꼭 해야 되는 것도 없고, 절대 하지 않아야 되는 것도 없음은 앞서 말한 '무적無適·무막無莫'과도 일맥상통하는 공자의 처세 태도를 단적으로 말해준다. 요컨대 공자는 중용의 도, 다시 말해 '인의'에 부합하는지와 시의에 맞는지를 처세의 기준으로 삼았을 뿐이다. 그리고 그것은 공자에게는 이미

'항구불변하고 또 더없이 평범한 일상적인 도리이자 원칙'으로 자리를 잡아 "하고 싶은 대로 해도 법도에 어긋나지 않는〔從心所欲, 不踰矩〕"(『논어』 「위정爲政」) 경지에 이르렀을 것이다.

이상의 무과불급의 적중함과 '무적·무막', '무가무불가'는 그 등차等差를 명확히 구분해 설명하기는 어려우나, 뭔가 모르게 그 경지가 점진적으로 고도화된다는 느낌을 갖게 한다. 아무튼 그중 어떤 경지이든 사람이 '중용'의 도덕을 잘 실천할 수 있다면 "어찌 기쁘지 않겠으며〔不亦說乎〕", "어찌 즐겁지 않겠는가?〔不亦樂乎〕"(『논어』 「학이學而」) 우리는 '중용'의 도의 다중적인 함의와 경지의 저변에는 무한한 기쁨과 즐거움, 보람과 가슴 뿌듯함이 분출할 태세를 갖추고 있음을 잊지 말아야 할 것이다.

(3) 유가의 사상 체계와 '중용', 그리고 '성誠'

'중용'은 공자와 유가의 도덕 사상 체계의 중심에 자리하고 있다. 중용사상의 현실·현세적 구현은 성실한 마음가짐과 노력이 뒷받침돼야만 비로소 가능하다. 이제 공자와 자사의 이 같은 논지에 착안해 '중용의 도'의 고귀한 의의와 아름다운 가치에 대한 이해에 깊이와 넓이를 더하고자 한다(다만 이는 누구보다도 간명히 정곡正鵠을 짚어낸 쉬루중徐儒宗의 설명에 기꺼이 의지하기로 한다).

철학적 경지의 고도화라는 견지에서 볼 때, '인仁'은 전全 유학儒學의 종지宗旨로서, 다름 아닌 바로 사람을 근본으로 하는 철학 사상이다. 그리고 '예禮'는 '인'의 종지를 실행하기 위해 강구講究하는 구체적인 규범이요, '중용'은 바로 그 '인'과 '예' 사이를 관통하는 방법론이다. 다시 말해 '예'는 반드시 '인'의 종지에 근거하면서 동시에 '중용'의 원칙에 따라야만 비로소 가장 합리적이고, 가장 실용적인 규범을 제정해낼 수가 있다. 그리고 '인'은 오직 '중용'의 원칙에 따르면서 동시에 '예'의 실행을 통해야만 비로소 그 종지를 유효有效히 실현할 수 있다. '인'과 '예'는 서로 표리表裏를 이루는가 하면, 또한 '중용'을 통해서 서로 합쳐져 일체一體를 이루게 된다. 한마디로 '인'과 '예'와 '중용' 이 3요소는 유학의 기본 골격을 구성한다.

그런데 철학적 방법론으로서의 '중용'이 인륜 도덕 방면에서 구현될 때, 그것은 바로 '의義'이다. "'의'란 사람의 처신이 사리事理나 도리道理상 알맞고 마땅한 것(義者, 宜也)"(『중용』제20-2장)이니, '중용'의 정당正當·적의適宜·합리合理함 등등의 함의와 정확히 일치한다. 따라서 '중용'과 '인'과 '예'의 관계는 곧 '의'와 '인'과 '예'의 관계와도 같다. 그런 까닭에 '인·의·예' 3요소는 곧 유가의 인륜 도덕 철학의 기본 골격을 구성한다고 할 수 있다.

그러나 '인'과 '예'와 '중용'이 구성하는 전체 유학의 골격은 무엇보다 '성誠'의 기초 위에 세워진다. '성'은 철학 범주로서는 진실함이요, 도덕 범주로서는 성실함이다. 그런데 내심의 '성'이 실제로 구현되어 한 사람이 다른 사람에게 마음을 다하고 힘을 다할 때, 이를 '충忠'이라고 하고, '성'이 외재적으로 표현되어 다른 사람에게 신뢰를 얻을 때, 이를 '신信'이라고 한다. '충'과 '신'은 모두 유학의 중요한 기본 덕목이며, 양자 간 비록 내재內在와 외현外現(겉으로 나타남)의 상이함이 있으나 그 기본 원칙은 하나같이 '성'에서 나온다. 그러므로 '성'은 '인'을 실행하기 위한 가장 근본적인 소질·자질이라고 할 수 있다. 만약 바탕에 '성'이 없다면 다른 어떤 덕목도 실질적 의미를 갖지 못하며, 오직 '성'의 자질을 갖추고 있어야만 비로소 다른 여러 덕목을 함양하는 데 견실한 기초를 다지게 된다. 그러나 '성'이든 '충'이든 '신'이든 그 모두에는 반드시 '중용'의 방법과 준칙이 관통해야 한다. '성'하지 않음은 물론 '중용'의 덕에 어긋나는 것이지만, 원칙도 없이 단편적인 생각으로 불의不義하게 '성'을 추구하는 것 역시 '중용'의 덕을 벗어나는 까닭에 결국 '인'을 훼손하게 된다.

아무튼 '인'은 전 유학의 강령이요, '성'은 전 유학이 확립되는 기초이며, '중용'은 유학의 모든 덕목을 관통해 지극히 이상적인 방법과 준칙으로 작용한다. 따라서 오직 '성'의 기초 위에서 '중용'의 방법과 준칙을 확실히 터득해야만 비로소 유학이 가장 효과적으로 '수기이안인修己以安人'하고 '수기이안백성修己以安百姓'하며 나아가 "천지의 만물 화육을 돕는(贊天地之化育)"(『중용』 제22장) 위대한 사업에 몰두해 궁극적으로 '인'의 지극한 경지를 실현하도록 이끌 수 있다.

(4) 『중용』의 사상

『중용』은 말 그대로 '중용'의 도를 논술한 책이다. 그리고 그 내용은 한마디로 '인仁'을 근본으로 하고, '성誠'을 기초로 하며 '중용'을 방법으로 하는 인생철학인바, 전권全卷을 관통하는 주요 사상은 대략 다음과 같이 요약된다.

첫째, 천인합일天人合一, 즉 하늘과 사람은 일체一體로서 불가분의 밀접한 관계에 있다는 천도관天道觀이다. 『중용』에 따르면, 인성人性, 즉 사람의 본성은 하늘이 부여한 것이며, 그 천부天賦의 본성을 따라 행동하는 것이 바로 천도의 표현이다. 그리고 천도를 닦고 밝혀서 널리 알려 사람들로 하여금 같은 길로 나아가게 하는 것이 바로 교화教化이다. 또 사람의 희로애락喜怒哀樂의 감정이 밖으로 드러나지 않은 상태를 '중中'이라 하고, 그러한 감정이 밖으로 드러남에 모두가 법도에 맞음을 '화和'라고 하는데, '중'이란 천하 법칙의 큰 근본이요, '화'란 천하 만물의 대원칙이다. 따라서 사람이 본성을 따르고 천도를 지켜서 '중화中和'의 경지에 이른다면, 그것이 바로 인도人道와 천도가 하나 됨이요, 천인합일이다. 그렇기 때문에 사람이 진실로 '중화'의 경지에 이르면 천지 만물이 각기 제자리를 찾아 생장 발육하게 할 수 있다는 것이다.

둘째, 무과무불급無過無不及한 '중용지도中庸之道'의 철학 사상이다. 상술한 바와 같이 '중용'은 무과불급하고 무편무당無偏無黨한 인류 도덕의 이상 경지요, 인간 행위의 이상 준칙이다. 한데 "그 작용은 광대하고, 그 본체는 심오한(費而隱)" 까닭에 "그 천근淺近함으로 말하면 보통 사람의 무능함으로도 일상에서 잘 실행할 수 있지만, 그 지극함으로 말하면 설령 성인聖人 현철賢哲의 현능賢能함으로도 실행하지 못하는 바가 있다(夫婦之不肖, 可以能行焉, 及其至也, 雖聖人亦有所不能焉)".(제12장) '중용'은 우리의 일상에 흔하게 적용되고 운용될 수 있지만, 그 지극히 적중·적정·중정한 지고至高의 덕행을 어느 누가 쉬이 행할 수 있겠는가? 한마디로 '중용'은 말하기는 쉬워도 일상에서 실제로 행하기는 결코 쉽지 않다.

셋째, 수신修身을 근본으로 하는 정치론이다. 『중용』에 따르면, 위정爲政 치국治國의 요체는 현능한 인재를 얻는 것이다. 한데 군왕이 그런 인재를 얻기 위해서는 무엇보다 먼저 수신 정기正己, 즉 자신의 품성을 바르게 닦고 언행을 단정히 해야 한다. 수신 정기는 또한 곧 '인의'를 근본으로 한 중용의 도를 따라서 이루어져야 하는데, 그 구체적인 내용으로는 이른바 '오달도五達道'와 '삼달덕三達德'이 있다. 전자는 천하 만인이 반드시 지켜야 하는 인륜 도리이자 도덕규범으로, 군신·부자·부부·형제·붕우의 도를 말한다. 후자는 전자를 실행하기 위한 전제적 필수 덕성으로, 지智·인仁·용勇의 덕목을 말한다. 공자가 '구경九經', 즉 치국·평천하의 아홉 가지 원칙을 역설하면서도 가장 먼저 '수신'을 강조했으니(제20-4장 참조), 수신에 정진해 진실로 중용의 도를 체득해 나라를 다스린다면 천하를 태평으로 이끌 수 있다는 것이다.

넷째, 중용의 도를 실현하는 데 가장 근본적인 동력動力은 바로 '성誠', 즉 성실이다. 『중용』에 따르면, '성'은 사람의 천부적 본성일 뿐만 아니라 만사만물을 존재할 수 있게 하는 본바탕이다. 한마디로 성실함이 없으면 그 어떤 사물도 온전히 존재할 수가 없다. 천부의 성실함을 오롯이 발휘할 줄 아는 성인聖人이 아니더라도, 누구나 자신의 품성과 덕성을 수양하고 선도善道를 지키며 꿋꿋이 정진한다면 성실함을, 아니 '지성至誠' 즉 지극한 성실함을 갖출 수가 있다. 그리하면 자신의 본성을 잘 발휘할 수 있을 뿐만 아니라, 나아가 다른 사람과 만물의 본성을 발휘하게 하는 가운데 천지의 만물 화육化育을 도울 수 있다. 그러므로 "성실은 사람이 스스로 자신을 완성시키는 데서 그치는 것이 아니며, 또한 나아가 만사만물을 완성시킨다(誠者, 非自成己而已也, 所以成物也)".(제25장) 그러니 "하늘과 땅의 이치는 곧 성실 '성誠' 한 글자로 요약할 수 있다(天地之道, 可一言而盡也)".(제26장) 공자가 역설했다. "이 세 가지 덕성('삼달덕')으로 저 다섯 가지 보편적 인륜 도리('오달도')를 실행하는 것은 오직 한 가지, 곧 성실함에 달렸으며(所以行之者一也)",(제20-3장) "무릇 천하와 국가를 다스림에는 아홉 가지 원칙이 있는데, 그것을 실행하는 것은 오직 한 가지, 곧 성실함에 달렸다(凡爲天下國家有九經, 所以行之者一也)".(제20-4장) 요컨대 성실함이야말로 진정 '자신을 완성시키고(成己)' '만사만물을 완성시킴(成物)'으로써 중용의 도를 실현할 수 있는 원동력이다.

  오늘날 날로 치열해지는 생존경쟁의 세상을 살아가면서, 우리는 어쩔 수 없이 개인 중심의 사고를 하고 그런 의식을 갖게 된다. 그것은 물론 자기 자신의 개인적 이득과 향유를 확보하고 또 지키기 위함일 터이다. 한데 과연 그것이 나를 위한 방편으로서의 순기능을 잘할 수 있을까? 안타깝게도 그것은 오히려 나를 더 힘들게 하고 더 어렵게 하는 역기능을 낳을 개연성이 다분하다. 『대학』과 『중용』은 그 옛날, 이 세상을 살아가면서 세속화되지 않을 수 없는 인간의 천부天賦의 선성善性을 되살려 평화로운 세상을 열고, 개인적으로나 국가 사회적으로 보다 아름다운 삶을 향유할 수 있도록 당시 사람들을 깨우쳤다. 『대학』과 『중용』의 '회초리'가 이제 우리를 일깨우고 있다. 우리 모두가 그 가르침을 오롯이 받아 대승적大乘的 사고를 함께하며 모두가 더불어 개인의 안녕과 행복은 물론, 국가 사회의 평화와 번영을 이룩할 수 있는 길로 나아가야 한다. 열정과 의욕이 넘치는 빠른 걸음이나 큰 걸음이 아니라도 좋다. 소걸음이라도 묵묵히 이상理想을 향해 나아가는 참마음이 있다면 그 의의는 더없이 고귀하고 소중하다. 역자가 천학

비재淺學菲才를 무릅쓰고 나름껏 심력을 다해 졸역을 세상에 내놓는 것은 바로 그 길목에서 미력微力을 보태고자 해서이다. 독자 제현의 가차 없는 질정과 아낌없는 성원을 바란다.

2023년 4월
문수산 기슭에서
박삼수

차례

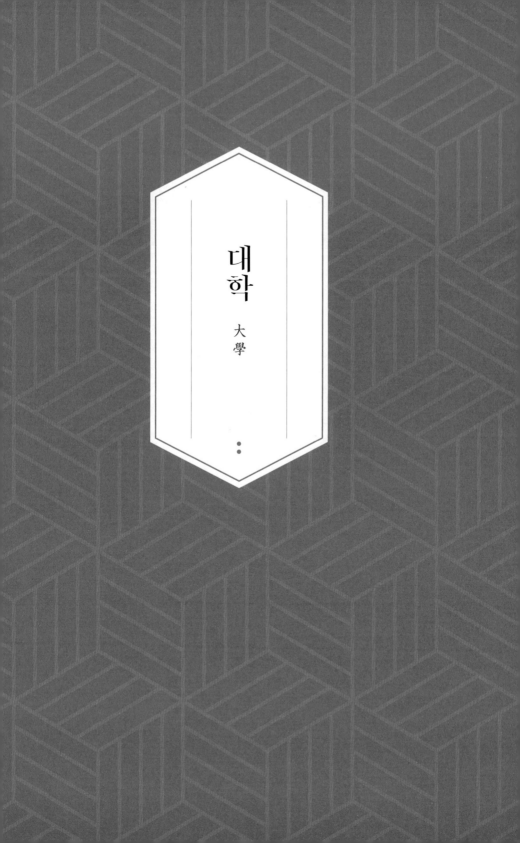

대학

大學

경문 經文

1-1

　대인지학大人之學의 근본이념은 첫째, 사람의 밝고 선한 천부적 덕성을 밝혀 드러나게 함에 있고, 둘째, 사람들로 하여금 낡은 악습을 버리고 본연의 선성善性을 새롭게 발휘하게 함에 있으며, 셋째, 사람이 궁극적으로 더할 나위 없이 선한 경지에 이르러 머무르게 함에 있다.

大學之道,¹ 在明明德,² 在親民,³ 在止於至善.⁴
대 학 지 도　　재 명 명 덕　　재 신 민　　재 지 어 지 선

주석

1 **大學之道**(대학지도): '대학大學'의 근본이념·정신·원칙. '대학'은 옛날에는 '태학太學'으로 읽었으며, '소학小學'에 상대해 이른 말로, 이른바 '대인지학', 즉 유가의 '수신·제가·치국·평천하'의 학문을 말함. '대학'은 또 고대의 최고 학부學府를 일컫기도 하는데, 그 경우 '대학지도'는 곧 '대학'의 건학建學 내지 교육 이념·정신을 이르는 것으로 이해됨. 옛날 사람들은 여덟 살에 소학에 들어가 기초적인 문화 지식과 예절을 배우고, 열다섯 살에는 대학(태학)에 들어가 "온갖 사물의 이치

를 궁구하고 스스로 마음을 단정히 하며, 자신을 수양해 만백성을 다스리는(窮理正心, 修己治人)"(주자, 「대학장구서」) 이치를 배움.

2 明明德(명명덕): 밝은 덕을 밝힘. 앞의 '명'은 동사로, 밝힘. 곧 뚜렷이 드러나며 충분히 발휘되게 함을 이름. '명덕'은 밝은 덕. 곧 사람이 지니고 태어나는, 천부天賦의 명정明淨(밝고 맑음)하고 선량善良(착하고 어짊)한 덕성을 이름.

3 親民(신민): '신민新民'과 같음. 백성들을 새롭게 함. 곧 사람들로 하여금 낡은 악습을 버리고 착한 본성을 새롭게 발휘하게 함을 이름. 또한 사람들로 하여금 낡고 그릇된 자아를 혁신해 새롭고 올바른 자아를 형성하게 함을 이름. 이는 '친'은 마땅히 '신新'으로 써야 한다는 정자와 주자의 견해에 따른 풀이임. 한편 공영달과 왕양명王陽明은 '친'을 글자 그대로 친애함으로 풀이함. 하지만 전후 문맥적 의미와 논리적 맥락을 감안할 때 결코 적절치 않으며, 특히 다음 「전문傳文」제2장에서 "작신민作新民"이라고 한 것을 보면 더더욱 그러함.

4 止於至善(지어지선): '지止'는 그침, 머무름. 곧 특정한 경지에 이르러 머무름, 특정한 경지를 이룸(成)을 말함. '지선'은 지극한 선. 곧 더할 나위 없이 선한 경지를 이름. 유가에서는 '선'의 주요 덕목으로 대개 인仁·의義·예禮·지智·신信을 강조함.

해설

주자에 따르면, 『대학』첫 장章은 대개 공자의 말씀을 증자가 기술한 것으로, 곧 신성한 '경문經文'이다. 반면 그다음 열 장은 증자의 뜻과 생각을 그 문인門人이 기록한 것으로, 곧 경문의 의미를 부연 설명한 '전문傳文'이다.

「경문」은 『대학』전권全卷의 총론總論으로, 이른바 삼강령과 팔조목을 천명했다. 이는 곧 유가 정치사상의 핵심 내용으로, 구세救世의 일념으로 평생을 헌신한 공자가 역설한, 자기 자신을 수양해 천하 만백성을 편안하게 해줘야 한다는 '수기이안백성修己以安百姓'(『논어』「헌문」)의 3대 원칙과 그 실현을 위한 여덟 가지 구체적 절차와 방법이다.

공자는 먼저 이 「경문」의 첫머리 1-1절節에서 삼강령을 분명히 제시하고, 적극적으로 고양했다. 삼강령은 바로 '명명덕明明德·신민新民·지어지선止於至善'을 두고 하는 말로, 공자가 '대학지도大學之道', 즉 '대학(태학)'의 건학 이념이자 '대인지학大人之學'의 근본이념으로 강조한 것이다. '대인'이란 학문적으로 최고의 단계와 경지에 올라 장차 나라를 잘 다스리고 온 세상을 평안하게 하는 데에 일익을 담당할 인재를 말한다.

유가 사상의 창시자인 공자에 따르면, 사람은 천성적으로 밝고 맑으며 착하고 어진 덕성, 즉 '명덕'을 타고난다(맹자의 '성선설性善說' 또한 이와 같은 맥락의 주장임). 하지만 후천적으로 물질적 욕망과 편협한 품성品性, 천단淺短한 안목으로 말미암아 '명덕'이 혼탁해지면서 그 본연의 순기능을 적잖이 상실하게 된다. 그러므로 사람은 반드시 학문에 매진해 자아의 인격적·도덕적 수양을 증진함으로써 천부의 밝고 맑은 덕성을 되살려 다시 빛나게 해야 한다. 예컨대 먼지가 자욱이 낀 거울을 말끔히 닦아서 그 본연의 광채를 되찾아 빛나게 하듯이, 바로 그렇게 말이다. 이것이야말로 진정 근본적·본질적 의의가 있는 배움이요 가르침이라 할 것이며, 따라서 '대학지도'는 '명명덕'에 있는 것이다.

사람은 스스로 '명명덕'해야 함은 물론이거니와 한 걸음 더 나아가 추기급인推己及人, 즉 자신의 마음을 미루어 남에게까지 미쳐서 그 마음과 처지를 헤아리고 배려해, 뭇사람들도 낡고 그릇된 자아를 혁신해 새롭고 올바른 자아를 형성하게 해야 한다. 예컨대 때가 타고 얼룩이 져 더러운 옷을 깨끗이 세탁해 그 본연의 산뜻함을 되살리듯이, 바로 그렇게 말이다. 이것이야말로 진정 실용성과 유용성이 있는 배움이요 가르침이라 할 것이며, 따라서 '대학지도'는 '신민'에 있는 것이다.

사람은, 특히 '대인'은 또 스스로 '명덕'을 밝히고, '민덕民德'을 새롭게 하는 데 그쳐서는 안 된다. 자신의 덕이 조금도 밝게 드러나지 않음이 없게 할 뿐만 아니라, 만백성·뭇사람의 덕이 어느 한 사람도 새로워지지 않음이 없도록 끊임없이 노력해, 궁극적으로 온 세상 모든 사람이 인仁·의義·예禮·지智·신信의 더할 나위 없이 선한 덕성을 돈독히 닦아 성실히 발휘하는 경지에 이르러 머무름으로써 천하태평을 구가할 수 있도록 해야 한다. 예컨대 사람이 이리저리 밖을 떠돌다 자신의 집에 이르러서야 비로소 평안을 찾아 머무를 수 있듯이, 바로 그렇게 말이다. 이것이야말로 진정 배움과 가르침의 궁극적 지향이요 이상이라 할 것이며, 따라서 '대학지도'는 '지어지선'에 있는 것이다.

이상의 삼강령은 곧 유가가 극력 창도한 이른바 '내성외왕內聖外王'의 원리·원칙 바로 그것이다. '내성'이란 안으로는 심신 수양에 정진해 성인의 품성과 재덕才德을 갖추는 것이요, '외왕'이란 밖으로 현실 사회에서 왕도王道(인덕仁德을 근본으로 천하를 다스리는 도리)를 적극 행함으로써 '치국·평천하'의 이상을 실현하는 것이다. 요컨대 『대학』은 '대인'의 재목들, 즉 국가 사회의 동량지재棟梁之材(기둥과 들보로 쓸 만한 재목이라는 뜻으로, 집안이나 나라를 떠받치는 중대한 일을 맡을 만한 인재를 이르는 말)들로 하여금 '명명덕'으로 '내성'의 경지에 이르고, 또한 그 같은 품성과 덕성으로 추기급인해 '신민'하고, 나아가 '지어지선'함으로써 '외왕'의 이상을 이룩할 수 있도록 교도敎導함을 핵심 내용으로 한다. 이는 곧 유가가 추구하는 이상적인 인격 형상이자 인생 지향으로, 사람들에게 수덕修德과 경세經世를 결합하고 병행할 것을 요구하고 있다.

결국 '대학지도'는 바로 '치국지도治國之道' 내지 '치국평천하지도治國平天下之道'나 다름이 없다.

참고 여기서 '덕德'의 함의를 한번 살펴보자. 옛날에는 '덕'을 오늘날과 비교해 훨씬 광범한 의미로 이해했다. 『설문해자說文解字』를 비롯해 『광아廣雅』나 『경전석문經典釋文』과 같은 고대 문자학文字學과 훈고학訓詁學 전적들에서는 모두 '덕'을 '득得', 즉 얻는다는 뜻으로 풀이했다. 더욱이 『설문해자』에서는 "밖으로는 다른 사람에게 선善을 베풀어 그들로 하여금 그 은덕을 얻게(입게) 하는 것이요, 안으로는 스스로 선덕善德을 닦아서 자신의 심신이 그 이득을 얻게 하는 것이다(外得於人, 內得於己也)"라고 부연했다. 다시 말해 옛날 사람들이 말하는 '덕'은 '도덕'과 '은덕'의 두 가지 함의를 아울러 가지고 있다. 그렇다면 여기서 말하는 '명명덕'은 결국 다음 절에서 말하는 '명명덕어천하明明德於天下', 즉 밝은 덕을 천하에 두루 밝혀 드러나게 해 태평한 세상을 이룩하는 것이나 다름이 없다.

1-2

사람은, 궁극적으로 이르러야 하는 더할 나위 없이 선한 경지를 안
후에야 비로소 일정한 지향志向을 갖게 되고, 일정한 지향을 가진 후
에야 비로소 그 마음이 평정平靜해지며, 마음이 평정해진 후에야 비로
소 처處하는 바에 편안해지고, 처하는 바에 편안해진 후에야 비로소
사려가 깊어 처사處事가 주밀周密해지며, 사려가 깊어 처사가 주밀해
진 후에야 비로소 궁극적 이상理想 경지에 다다를 수 있다.

知止[1]而後有定,[2] 定而後能靜,[3] 靜而後能安,[4] 安而後能慮,[5] 慮而後
지 지 이 후 유 정   정 이 후 능 정   정 이 후 능 안   안 이 후 능 려   려 이 후
能得.[6]
능 득

주석

1 止(지): 여기서는 명사로, 이르러야 하는, 다다라야 하는 경지를 이름. 곧 '지선至
善'의 경지를 가리킴.

2 定(정): 정향定向. 여기서는 곧 지향志向(어떤 목표로 뜻이 쏠려 향함. 또는 그 방향이나 그쪽으로 쏠리는 의지)을 정함, 지향에 일정한 방향성을 가짐을 이름.

3 靜(정): 평정平靜·영정寧靜함. 곧 마음이 평안하고 고요해 망령되이 격동하지 않음을 이름.

4 安(안): 편안함. 여기서는 특히 처하는 바에 한껏 편안함을 느낌을 이름.

5 慮(려): 사려思慮함. 여기서는 특히 사려가 깊어 처사가 주밀함을 이름.

6 得(득): 획득함, 성취함. 곧 궁극적 이상인 '지선至善'의 경지에 다다름을 이름. •이상의 '지지知止·정정·정靜·안安·려慮·득得'은 유가에서 말하는 심성 또는 품성 도야와 수양의 주요 과정이자 단계임.

해설

여기서 공자는 사람이 '명명덕'하고 '신민'해 마침내 '지어지선'할 수 있는 방도를 일러준다. 사람은 심신을 수양하면서 무엇보다 먼저 궁극적으로 이르러야 할 더할 나위 없이 선한 '지선至善'의 경지에 대해 분명히 알고, 마음 깊이 공감해야 한다. 그런 다음에야 비로소 '지선'의 덕목과 경지에 대한 지향성志向性이 두드러지면서 보다 명확한 목표 의식을 갖게 된다. 사람은 목표 의식이 확고할수록 그 어떤 세속적인 외물外物의 유혹과 방해에도 흔들리지 않고 마음의 평정을 찾을 수 있다. 그리고 그것은 또한 부귀나 빈천, 일이 뜻대로 되거나 뜻대로 되지 않는 그 어떤 상황과 처지에도 편안히 처하면서 보다 깊은 사려로 처신·처사에 어설픔이나 서투름 없이 한껏 주밀함을 발휘하게 한다. 그리하여 만사가 다 이치에 부합하며 알맞고 마땅한 가운데 공정公正무사無私할 수 있으니, 마침내 궁극적 이상인 '지선'의 경지에 다다를 수 있음은 두말할 나위가 없다.

1-3

만물에는 근본과 말단이 있고, 만사에는 시작과 종국終局이 있으니,
그 선후 완급을 맞출 줄 알면 대인지학의 이념과 정신에 가까이 다가
갈 수가 있다.

物有本末,[1] 事有終始.[2] 知所先後,[3] 則近道[4] 矣.
물 유 본 말   사 유 종 시   지 소 선 후   즉 근 도   의

주석

1 **本末**(본말): 근본과 말초末梢, 즉 나무의 뿌리와 가지 끄트머리. 여기서는 이로써
  사물의 본말(근본과 말단), 선후先後, 주차主次(주된 것과 부차적인 것) 등의 층차層差
  (층이 지게 서로 높고 낮은 차이)를 비유해 이름.
2 **終始**(종시): 시종始終. (일의) 처음과 끝, 시작과 마무리.
3 **先後**(선후): 여기서는 곧 도덕 수양의 주차主次·선후와 경중輕重·완급緩急을 이
  름. 앞에서 말한 '본本'과 '시始'는 주된 것으로 먼저(先) 해야 하고, '말末'과 '종終'
  은 부차적인 것으로 나중에(後) 해야 함.
4 **道**(도): 여기서는 '대학지도', 즉 대인지학의 이념과 정신을 말함.

공자는 이제 앞 두 절의 의미를 총결總結하면서, '군자무본君子務本'(『논어』「학이」), 즉 군자는 근본에 힘쓴다는 논리에 입각해 대인지학에 뜻을 두고 공부를 시작한 사람들에게 학문의 정도正道를 일깨우고 있다. '만물(物)'은 '명명덕'과 '신민'을 두고 하는 말이다. 사람은 '명명덕'한 후에야 비로소 '신민'할 수가 있다. 곧 전자는 근본이요, 후자는 말단이라는 얘기이다. 또 '만사(事)'는 '지지知止'와 '능득能得'을 두고 하는 말이다. 사람은 '지지'한 후에야 비로소 '능득'할 수가 있다. 곧 전자는 시작이요, 후자는 종국이라는 얘기이다. 여기서 근본과 시작은 일차적인 중요성을 가진 만큼 응당 먼저 심혈을 기울여야 하고, 말단과 종국은 이차적인 중요성을 가진 만큼 응당 나중에 심력을 다해 마무리해야 한다. 따라서 사람이 심신을 수양하면서 본말이 도치되고 주객이 전도되지 않도록 이 같은 선후 완급의 경중과 순서에 맞춰 진행한다면, 머지않아 '대학지도'를 터득하고 구현할 수 있을 것이다.

2

옛날에 자신의 밝고 선한 덕성을 온 천하에 두루 밝혀 평천하平天下
하려는 사람은 먼저 자신의 나라를 다스려 부강富强하게 하고, 자신의
나라를 다스려 부강하게 하려는 사람은 먼저 자신의 집안을 가지런히
해 평안하게 하며, 자신의 집안을 가지런히 해 평안하게 하려는 사람
은 먼저 자신의 심신을 수양해 품성을 도야하고, 자신의 심신을 수양
해 품성을 도야하려는 사람은 먼저 자신의 마음을 바루어 맑고 밝게
하며, 자신의 마음을 바루어 맑고 밝게 하려는 사람은 먼저 자신의 뜻
을 참되고 정성스럽게 가지고, 자신의 뜻을 참되고 정성스럽게 가지
려는 사람은 먼저 자신의 지식과 지각을 지극히 했는데, 지식과 지각
을 지극히 함은 곧 온갖 사물의 이치를 궁구해 밝히는 데 달려 있다.

온갖 사물의 이치를 궁구해 통달한 후에야 비로소 지식과 지각이
지극해지고, 지식과 지각이 지극해진 후에야 비로소 뜻이 참되고 정
성스러워지며, 뜻이 참되고 정성스러워진 후에야 비로소 마음이 바루
어져 맑고 밝아지고, 마음이 바루어져 맑고 밝아진 후에야 비로소 심

신이 수양되어 품성이 닦이며, 심신이 수양되어 품성이 닦인 후에야
비로소 집안이 가지런히 평안 화목해지며, 집안이 가지런히 평안 화
목해진 후에야 비로소 나라가 다스려져 부강해지고, 나라가 다스려져
부강해진 후에야 비로소 온 천하가 태평하게 다스려질 수 있다.

따라서 천자부터 서민에 이르기까지 사람은 누구나 다 심신을 수양
해 품성을 도야함을 근본으로 해야 한다. 근본이 바로 서지 않고도 말
단이 다스려지는 경우는 있을 수 없으며, 우선시해야 할 바를 부차시
副次視하고, 부차시해야 할 바를 우선시하고도 일을 올바르게 이룬 경
우 또한 일찍이 없었다.

古之欲明明德於天下[1]者, 先治其國[2]; 欲治其國者, 先齊其家[3]; 欲
고 지 욕 명 명 덕 어 천 하 자　선 치 기 국　욕 치 기 국 자　선 제 기 가　욕
齊其家者, 先修其身[4]; 欲修其身者, 先正其心[5]; 欲正其心者, 先誠
제 기 가 자　선 수 기 신　욕 수 기 신 자　선 정 기 심　욕 정 기 심 자　선 성
其意[6]; 欲誠其意者, 先致其知[7]; 致知在格物.[8]
기 의　욕 성 기 의 자　선 치 기 지　치 지 재 격 물
物格而後知至, 知至而後意誠, 意誠而後心正, 心正而後身修, 身
물 격 이 후 지 지　지 지 이 후 의 성　의 성 이 후 심 정　심 정 이 후 신 수　신
修而後家齊, 家齊而後國治, 國治而後天下平.
수 이 후 가 제　가 제 이 후 국 치　국 치 이 후 천 하 평
自[9]天子以至於庶人,[10] 壹是[11]皆[12]以修身爲本. 其本[13]亂[14]而末[15]治
자 천 자 이 지 어 서 인　일 시 개 이 수 신 위 본　기 본 란 이 말 치
者, 否[16]矣; 其所厚者[17]薄, 而其所薄者[18]厚, 未之有也[19]!
자 부 의　기 소 후 자 박　이 기 소 박 자 후　미 지 유 야

주석

1　明明德於天下(명명덕어천하): 밝은 덕을 천하에 두루 밝혀 드러나게 함. 곧 평천
하平天下, 즉 천하를 태평하게 다스림을 이름. 주대周代의 이른바 '천하'는 천자의

통치하에 있는 전체 영토로, 모든 제후국諸侯國을 포함함.

2 國(국): 주대의 이른바 '국'은 천자가 형제나 친족 또는 공신功臣에게 분봉分封(천자가 땅을 나누어서 제후를 봉함)한 제후국을 일컬음. 예컨대 노나라, 제齊나라, 정鄭나라 등을 이름.

3 齊其家(제기가): 자신의 집안을 잘 다스려 바로잡음. '제'는 정제整齊, 즉 정돈하여 가지런히 함. 곧 (모든 구성원이) 평안 화목하고 단합하게 함을 이름. '가'는 혈연관계에 있는 일가一家. 주대의 이른바 '가'는 제후가 경대부卿大夫에게 분봉해준 영지領地, 즉 채읍采邑으로, 곧 혈연관계로 연결 결합된 대가족 집단을 말함. •이상에서 보았듯이 주대의 이른바 '국가'는 제후의 봉지封地와 경대부의 채읍을 통칭하는 말로, 오늘날의 개념과는 다름.

4 修其身(수기신): 자신의 심신을 수양함. 곧 자신의 품성과 덕성을 닦음을 이름.

5 正其心(정기심): 자신의 마음을 단정히 함, 마음가짐을 바르게 함. 곧 그릇된 생각을 버리고 마음을 맑고 밝게 가짐을 이름.

6 誠其意(성기의): 자신의 뜻을 성실하게 함. 곧 자신의 뜻과 생각을 참되고 정성스럽게 가지도록 함을 이름.

7 致其知(치기지): 자신의 앎을 다함, 지극히 함. 곧 자신의 지식과 지각을 증진함, 또 명확히 함을 이름.

8 格物(격물): 온갖 사물의 이치를 궁구해 밝힘. '격'은 이른다(至)는 뜻으로, 여기서는 궁구함, 즉 속속들이 파고들어 깊이 연구함, 또 그렇게 밝혀내 알고 깨달음을 이름.

9 自(자): ~로부터.

10 庶人(서인): 서민庶民, 즉 아무 벼슬이나 신분적 특권을 갖지 못한 일반 백성이나 평민.

11 壹是(일시): 일체一切, 즉 모두, 전부.

12 皆(개): 모두, 다.

13 本(본): 근본. 곧 '수신'을 가리킴.

14 亂(란): 혼란함, 어지러움. 곧 근본이 바로 서지 않음을 이름.

15 末(말): 말단. 곧 '제가·치국·평천하'를 가리킴.

16 否(부): 아님. 곧 그렇지 않음, 그런 일은 없음(불가능한 일임)을 이름.

17 所厚者(소후자): 우선시해야 할 것. 공영달에 따르면(아래 주석 19 참조), 이는 앞에

서 말한 '본本', 곧 '수신'을 이름. 반면 주자와 장거정張居正은 집안 내지 집안사람을 두고 이르는 것이라고 했는데, 문맥상 이론의 여지가 있음. '후'는 후대厚待함. 곧 중시함, 우선시함을 이름.

18 所薄者(소박자): 부차시副次視(어떤 사물이나 현상을 근본적·중심적인 것에 비해 부수적인 처지나 관계에 있는 것으로 여김)해야 할 것. 공영달에 따르면, 이는 앞에서 말한 '말末', 곧 '제가·치국·평천하'를 두고 이름. 한편 장거정은 나라와 천하 사람을 이른다고 했는데, 그 또한 의미상 크게 다르지 않음. '박'은 박대薄待함. 곧 경시함, 부차시함을 이름.

19 未之有也(미지유야): '미유지야未有之也'의 도치. 일찍이 그런 일은 없었음. •공영달이 이른 대로, 이상의 "기소후자其所厚者…"3구句는 곧 앞 "기본란其本亂…"2구의 의미를 거듭 말한 것임.

해설

공자는 이제 앞에서 말한 삼강령을 무난히 구현하기 위해, '대인'을 꿈꾸는 사람이 기울여야 하는 구체적이고 실질적인 노력과 그 단계적 절차를 일러준다. 그것은 곧 '격물·치지·성의·정심·수신·제가·치국·평천하'로, 주자가 이른 '대학'의 여덟 가지 조목條目, 즉 팔조목이다.

앞 절에서 삼강령을 '내성외왕'의 관점에서 분석 고찰했는데, 이 팔조목 역시 같은 맥락에서 두 부분으로 나뉜다. 앞의 '격물·치지·성의·정심·수신' 다섯 단계는 '명명덕'의 조목으로, 자아를 수양하는 '내성'에 해당한다. 뒤의 '제가·치국·평천하' 세 단계는 '신민'의 조목으로, 자아 수양으로 함양된 덕성을 주변 사람을 넘어 천하 만인에게까지 베풀어가는 '외왕'에 해당한다. 무릇 '대인'이라면 이 같은 단계적 절차를 알고, 순차적인 노력을 기울여나가야 한다.

여기서 한 가지 분명히 알아야 할 것이 있으니, 팔조목의 중심 사상은 바로 '수신'을 근본으로 한다는 것이다. 그래서 일차적으로 '격물·치지·성의·정심'의 방법과 단계를 통해 '수신'을 이룬다. 그리고 유가적 관점에서 모름지기 '대인'은 '평천하'의 원대한 포부를 실현하기 위해 일로매진해야 하는 만큼, '수신' 이후에는 다시 그 재덕才德의 바탕 위에 순차적으로 '제가·치국·평천하'를 이뤄나가야 한다. 대인지학에 정진하는 사람은 반드시 '수신'을 근본으로 해야 하며, 절대로 본말을 도치시켜 근본을 간과하고 말단을 좇아서는 안 된다. 그리하여 '명명덕'과 '신민'의 조목과 단계를 완성한다면 '지어지신'은 바로 그 가운데에 있으니, 마침내 "더할 나위 없이 선한 경지에 이르러 머무르게" 될 것이다. 한마디로 '내성'과 '외왕'의 고차원적인 결합과 통일이야말로 진정한 '지선至善'의 경지라는 것이 공자의 가르침이다.

여기서 또 한 가지 분명히 알아야 할 것은 '수신'을 근본으로 해야 함은 대인지학에 뜻을 둔 사람에게만 해당하는 일이 아니라는 것이다. 손뼉도 마주쳐야 소리가 난다고 하지 않았던가? 윗사람이 아무리 덕성이 넘치더라도 아랫사람이 전혀 그에 호응하고 부응하지 못한다면 어찌 되겠는가? 일찍이 공자가 이른 대로, 치세治世를 이루려면 "임금은 임금답고 신하는 신하다우며, 부모는 부모답고 자식은 자식다워야 한다(君君, 臣臣, 父父, 子子)".(『논어』「안연」) 그러기 위해서는 두말할 나위 없이 "천자부터 서민에 이르기까지 사람은 누구나 다 심신을 수양해 품성을 도야함을 근본으로 해야 한다". 국가 사회의 모든 구성원이 상하 간에 서로 도덕적인 언행으로 교화教化·감화感化하고 소통할 수 있다면, 그것이야말로 진정 아름다운 치세요 성세盛世가 아니겠는가?

공자가 『대학』에서 주창한 삼강령과 팔조목은 하나의 완정完整한 사상 체계를 형성했고, 후세에 지대한 영향을 끼쳤다. 수많은 세월 동안 동양 사회의 지도층과 지식인은 물론이거니와 심지어 일반 서민에 이르기까지 수많은 사람들의 가슴속 깊이 자리 잡으면서 그들의 인생관과 가치관의 중요한 내용이 되기도 했다. 한데 오늘날 우리 사회는 이미 삼강령과 팔조목의 가르침을 잊은 듯해 안타깝기 그지없다. 한 국가 사회의 성쇠盛衰가 어찌 특정한 계층이나 사람들만의 책임이겠는가? 우리 모두가 우리 사회의 무궁한 평화와 번영을 위해 다시 근본으로 돌아가 스스로를 다잡아야 할 것이다.

전문 傳文

제1장 명명덕明明德

『상서』「강고편康誥篇」에서 말했다. "크게 드러나 빛나신 아버지 문왕께서는 천부의 덕성을 한껏 밝혀 만백성에게 널리 은덕을 베푸셨도다." 「태갑편太甲篇」에서 말했다. "탕왕湯王께서는 항시 이 하늘이 내린 밝고 빛나는 사명使命을 생각하셨소이다." 「요전편堯典篇」에서 말했다. "요임금께서는 능히 그 위대하고 숭고한 덕성을 밝혀 널리 은덕을 베푸셨도다." 이는 모두 각기 스스로 자신의 '명덕明德'을 밝혀 널리 베풀어야 함을 일깨운 것이다.

康誥[1]曰: "克[2]明德.[3]" 大甲[4]曰: "顧[5]諟[6]天之明命.[7]" 帝典[8]曰: "克明
강고 왈   극 명 덕   태 갑 왈   고 시 천 지 명 명   제 전 왈   극 명
峻德.[9]" 皆自明[10]也.
준 덕   개 자 명 야

주석

1 **康誥**(강고): 『상서』「주서周書」의 편명篇名. 『상서』는 중국 최고最古의 역사 문헌

으로, 『서書』 혹은 『서경書經』이라고도 하며, 「우서虞書」·「하서夏書」·「상서商書」·「주서」로 엮어져 있음. 「강고편」은 주나라 건국 초기에 나이 어린 성왕成王을 대신해 섭정한 주공周公이 아우 강숙康叔을 위衛나라 제후에 봉하며 경계하고 훈계한 말을 기록한 글로, 나라를 다스릴 때 마땅히 경천보민敬天保民(천명을 공경히 받들며 만백성을 성심으로 보호해 편히 살게 함)·명덕신벌明德愼罰(밝고 선한 천부의 덕성을 한껏 밝혀서 형벌을 신중히 행함으로써 죄 없는 사람을 함부로 벌하지 않도록 함)해야 함을 강조함.

2 克(극): 능能과 같음.

3 明德(명덕): 덕(명덕)을 밝힘. 곧 만백성에게 널리 은덕을 베풂을 이름. '명'은 여기서는 동사로 쓰임.

4 大甲(태갑): 즉 태갑太甲으로, 『상서』「상서商書」의 편명. 상商나라 개국 군주인 탕왕 사후死後에 왕위를 이어받은 태갑이 무도한 처사를 일삼자, 재상宰相 이윤伊尹이 태갑을 탕왕의 능이 있는 동궁桐宮으로 쫓아내 근신하게 함. 3년 후 태갑이 크게 뉘우치고 새사람이 되자, 이윤은 그를 도성으로 맞이해 다시 왕좌에 오르게 함. 「태갑편」은 바로 이윤이 태갑을 훈계한 말임.

5 顧(고): 생각함, 마음에 새김.

6 諟(시): 시是의 옛글자. 이(此).

7 明命(명명): 광명光明한·광휘光輝한 명령·사명使命. 이는 또한 곧 「경문」에서 말한 '명명덕明明德'의 '명덕'을 가리키기도 함.

8 帝典(제전): 즉 「요전」으로, 『상서』「우서」의 편명. '요', 즉 요임금은 상고上古 원시시대 부족 연맹의 수령首領으로, 성군聖君이었다고 함. 「요전편」은 요임금이 천하를 다스린 일을 기록함.

9 峻德(준덕): 대덕大德과 같은 말로, 곧 요임금의 '명덕'을 한껏 높여 일컬은 것임. '준'은 높고 크다는 뜻으로, 곧 위대하고 숭고함을 이름.

10 自明(자명): '자명기덕自明己德', 즉 스스로 자신의 '명덕'을 밝혀 널리 베풂.

해설 ——————————————————————————————

이 장을 비롯한 열 장은 모두 증자가 '경문'의 함의를 풀이한 '전문'이다. 주자가 이른 대로 앞 넉 장은 삼강령의 종지宗旨와 의의를 총괄적으로 논술했고, 뒤 여섯 장은 팔조목의 단계적 노력을 세세하게 논술했다.

먼저 이 장은 『상서』의 세 구절을 인용해 삼강령의 첫 번째 항목인 '명명덕'의 의의와 그 중요성을 역설했다. 『상서』에 보이듯이 옛 성현들은 모두 나라를 다스릴 때는 반드시 도덕을 숭상해 통치자 자신의 덕성으로 사람들을 감화하며 가르치고 이끌어야 함을 강조했다. 그것은 곧 유가에서 창도한 덕치德治의 역사적 근원이나 다름없다. 예컨대 은殷나라 주왕紂王은 포학무도하여 나라를 잃은 반면, 주나라 무왕武王은 주왕을 정벌한 후 그 망국의 뼈아픈 경험을 타산지석으로 삼았으니, 후세의 위정자들은 '위정이덕爲政以德'(『논어』「위정」), 즉 나라는 덕으로 다스려야 한다는 역사적 교훈을 명심해야 할 것이다.

공자가 『논어』에서 말했다. "인을 행하는 것은 순전히 자기 자신에게 달린 것이거니, 어찌 다른 사람에게 의지하겠느냐?(爲仁由己, 而由人乎哉)"(「안연」) "사람이 능히 도를 널리 떨쳐 일으켜 빛나게 하는 것이며, 도가 사람을 널리 떨쳐 일으켜 빛나게 하는 것은 아니다(人能弘道, 非道弘人)."(「위영공」) 다시 말하면 밝고 아름다운 도덕을 닦아서 쌓아가는 것은 사람의 자각적이고 능동적인 자기 노력을 통해 가능하다. 이에 증자는 이른바 '명명덕' 역시 그와 같은 근원적 의의를 띤 가르침임을 깊이 인식하고, 사람들이 스스로 도덕 수양에 온 힘을 다할 것을 권면했다.

제2장 신민新民

상 탕왕의 청동 욕조에 다음과 같이 새겨져 있다. "진실로 하루하루 나 자신을 새롭게 할 수 있다면, 나날이 새로워지고, 또 날로 새로워질 것이다." 『상서』 「강고편」에서 말했다. "백성들을 고무해 그들이 스스로를 새롭게 하도록 하라." 『시경』에서 말했다. "주 왕조가 비록 오래된 나라이지만/그 천명天命은 오히려 새로운 시대를 열라는 것이로다." 그러므로 군자는 언제 어디서나 스스로 밝은 덕을 새롭게 할 뿐만 아니라 나아가 백성들을 새롭게 하여 마침내 더할 나위 없이 선한 경지에 이르러 머무르려고 하지 않는 경우가 없다.

湯¹之盤銘²曰: "苟³日新,⁴日日新, 又日新." 康誥曰: "作⁵新民.⁶" 詩⁷
탕 지 반 명 왈　구 일 신　일 일 신　우 일 신　　강 고 왈　　작 신 민　　시
曰: "周⁸雖舊邦, 其命維新.⁹" 是故¹⁰君子¹¹無所不用其極.¹²
왈　　주 수 구 방　기 명 유 신　　시 고　군 자　무 소 불 용 기 극

1 湯(탕): 탕왕. 상나라(나중에는 나라 이름을 은으로 바꿈) 개국 군주로, 흔히 상탕商湯
이라 일컬음. 하夏나라 말에 폭군 걸왕桀王을 쳐서 멸하고 상나라를 세움. 유가
에서 받드는 고대 성왕聖王 중 한 사람.

2 盤銘(반명): 청동 욕조에 새겨 스스로 경각심을 일깨운 명문銘文. '반'은 상고시대
에 청동으로 만든 욕조, 즉 목욕통. 여기서는 탕왕의 욕조를 가리킴. '명'은 옛날
기물器物에 새긴 글로, 대개 공덕功德을 칭송하거나 교훈으로 삼아 스스로를 경
계한 내용이 주를 이룸. 후세에는 하나의 문체文體가 됐는데, 이른바 '명문·금문
金文'이 바로 그것임.

3 苟(구): 만약, 진실로 ~한다면.

4 日新(일신): 하루하루(그날그날의 날) 나 자신을 새롭게 함. '신'은 자신自新, 즉 자기
자신을 새롭게 한다는 말로, 본디 몸의 때를 말끔히 씻어내어 한없이 맑고 깨끗
하게 일신一新(아주 새로워짐)함을 이름. 여기서는 품성과 덕성 수양을 통해 기구
도신棄舊圖新, 즉 낡고 그릇된 것을 버리고 새롭고 올바른 방향으로 나아감으로
써 자아를 일신함을 아울러 이름.

5 作(작): 진작振作함. 곧 고무함, 격려함을 이름.

6 新民(신민): 백성들로 하여금 스스로를 새롭게 하도록 함. 이 '신민'이라는 말은
곧 「경문」의 '재신민在親民'을 마땅히 '재신민在新民'으로 써야 한다는 주장을 뒷
받침함. 「경문」 1-1절 주석 3 참조.

7 詩(시): 『시경』. 주나라 때의 시가詩歌 총집總集으로, 당시 열국列國 사대부들이
지은 시와 민간 가요로 엮어져 있음. 공자가 손수 정리했고, 또 제자를 가르칠 때
에도 교재로 활용했다고 전해짐. 고대에는 '시'라고만 일컫다가, 전국시대 말기
에 이르러 비로소 유가에서 '경經'의 명칭을 붙여 경서經書로 존숭함.

8 周(주): 주나라. 상고시대에 후직后稷이 중원中原 서방西方에 나라(왕조)를 연 후,
하·상(즉 은) 왕조를 거치면서 줄곧 제후국으로 존립했는데, 문왕文王 희창姬昌 때
에 이르러 국력이 점차 강성해지면서 훗날 은나라를 멸할 수 있는 기반을 다짐.
그 후 문왕의 아들 무왕 희발姬發이 은나라를 무너뜨리고 통일 왕국 주나라를
세움. 아래에서 '구방舊邦', 즉 오래된 나라라고 한 것은 바로 주나라의 유구한 역
사를 두고 한 말임. '방'은 옛날에 제후국을 일컬음.

9 其命維新(기명유신): '기명'은 주 왕조가 받은 천명. 곧 은 왕조를 멸하고 주 왕조

를 열라는 하늘의 명령을 말함. '유신'은 쇄신·혁신과 같음. 곧 낡은 것을 고쳐 새
롭게 함, 낡은 것을 없애고 새로운 것을 엶을 이름. '유'는 어조사로, 특별한 뜻은
없음. • 이상의 "주수周雖…" 2구는 주 문왕의 공덕을 찬미한 『시경』 「대아大雅
문왕편文王篇」의 구절임.

10 **是故**(시고): 시이是以와 같음. 그러므로.

11 **君子**(군자): 유가에서 말하는 '군자'는 두 가지 의미가 있으니, 하나는 도덕 수
양이 높은 사람을 일컫고, 다른 하나는 정치적 지위나 신분이 높은 사람을 일컬
음. 다만 여기서는 대개 유덕有德한 통치자·군주, 즉 성군聖君을 이르는 것으로
이해됨.

12 **無所不用其極**(무소불용기극): '지선至善'에 이르는 방법을 쓰지 않는 경우가 없
음. 곧 언제 어디서나 그렇게 하려고 한다는 말. '기극'은 그 지극한 경지로, 곧
군자는 그야말로 스스로 '명명덕'함은 물론, 나아가 '신민'까지 함으로써 마침
내 '지어지선'하고자 함을 이름.

해설

이 장은 삼강령의 두 번째 항목인 '신민'의 의의와 중요성을 역설했다.
상 탕왕은 새로운 왕조를 개창開創한 만큼, 무엇보다 낡고 그릇된 것
을 새롭고 올바르게 고쳐가는 데 심혈을 기울였다. 하 왕조 멸망에서
교훈을 얻어, 군주 스스로 날로 새로워지면서 정치 사회적 혁신을 반
드시 이뤄야 함을 절감했기 때문이다. 여기서 탕왕이 자신의 욕조에
새겨 스스로 '일신日新'의 노력을 게을리하지 않겠다는 각오를 다진
명문을 인용한 것은, 증자가 탕왕의 뜻을 빌려 후대後代를 경계코자
한 것이다.

『상서』 「강고편」의 글 역시 은 왕조 멸망의 교훈을 가슴 깊이 새긴
주공이 아우 강숙에게 '신민'을 성실히 실행하기를 주문한 것이다. 특
히 "작신민作新民"이라는 표현은 이른바 '신민'의 진정한 의미가 무엇

인지를 명확하게 말해준다. 즉, '신민'이란 결코 유신維新과 혁신에 대한 통치자의 의지를 억지로 백성들에게 가加하고 관철하는 것이 아니라, 올바른 영도領導와 훈훈한 고무 및 격려를 통해 백성들로 하여금 스스로 자신의 덕을 새롭게 해 낡은 데서 벗어나 새로운 자아를 형성하도록 하는 것이다.

『시경』에서 이른 대로, 주나라는 상·은 왕조까지만 해도 역사는 오래됐으나 한낱 제후국에 지나지 않았다. 하지만 유덕한 문왕이 능히 자신의 덕을 새롭게 해 널리 세상을 밝히면서, 마침내 천명을 받아 새로운 시대를 열게 됐다. 여기서 새로운 시대라 함은 곧 앞 시대와는 달리 통치자가 천명을 받들어 덕을 숭상하며 백성들이 사람답게 편히 살 수 있는 새 세상을 만들어가는 것을 이른다. 한마디로 주 왕조의 천명은 애민愛民·보민保民을 실현하라는 하늘의 명령이나 다름이 없었다. 무왕이 말했다. "하늘은 우리 백성들이 본 것을 통해 보고, 하늘은 우리 백성들이 듣는 것을 통해 듣는다(天視自我民視, 天聽自我民聽)."(『상서』「태서 중泰誓中」) 주공이 말했다. "통치자는 물을 거울로 삼아 자신을 비춰 볼 것이 아니라, 마땅히 민의民意를 거울로 삼아 자신을 비춰 보아야 할 것이다(人無於水監, 當於民監)."(『상서』「주고酒誥」) 이는 모두 천명을 충실히 받들어 민본民本 정치, 즉 백성을 나라의 근본으로 여기고, 백성을 위주로 하는 정치를 행해야 함을 깨닫고, 또 일깨운 것이다.

증자는 이상과 같은 선대先代 성군들의 역사 전통을 실증적 가르침으로 제시하면서 훌륭한 통치자는 어김없이 '지어지선止於至善'을 추구한다는 사실을 확인시켜줬다. '지어지선'은 곧 '명명덕'의 바탕 위에 '신민'을 성실히 실천함으로써 이르게 되는 경지이다. 다시 말해 통치

자가 자신의 덕을 밝혀 새롭게 함은 궁극적으로 백성들을 원만히 이
끌어 그들이 스스로를 새롭게 하도록 하는 데 그 뜻이 있다. 증자는
바로 이 같은 견지로 '신민' 사상의 중차대한 의의를 설명했다. 이는
사실상 유가가 창도한 윤리 도덕의 의식과 관념을 통해 사람들의 사
상 관념을 쇄신해 '지선'에 이르기를 기대한 것이다.

제3장 지어지선止於至善

『시경』에서 말했다. "천자의 도성都城과 교외의 천 리 강토疆土는/ 백성들이 편히 머물러 사는 곳이로다."『시경』에서 말했다. "꾀꼴꾀꼴 우는 꾀꼬리가/산언덕 모퉁이 숲속에 자리를 잡고 사누나." 공자께 서 말씀하셨다. "오, 머물러 살 때에 꾀꼬리도 자신이 살기에 최적最適 한 곳을 알거늘, 사람이 오히려 새만도 못해서야 되겠느냐?"

『시경』에서 말했다. "위엄이 넘치고 도덕 또한 높으신 문왕이시여/ 오, 그 아름다운 덕이 길이 빛나노니 경건히 지선至善에 이르러 머무 르셨도다!" 그러므로 임금 된 이는 신민臣民을 인애仁愛함에 이르러 머무르고, 신하 된 이는 임금을 공경함에 이르러 머무르며, 자식 된 이 는 부모를 효경孝敬함에 이르러 머무르고, 부모 된 이는 자식을 자애 함에 이르러 머무르며, 그리고 모든 사람은 다른 사람과 교류할 때에 신의를 지킴에 이르러 머물러야 한다.

『시경』에서 말했다. "저 기수淇水 언덕 굽이를 바라보노라니/푸른 대나무가 아름답고도 울창하누나/아름다운 광채가 빛나는 군자여/

뼈와 뿔을 자르고 가는 것 같고/옥과 돌을 쪼고 가는 것 같이 학덕學德을 닦았도다/태도는 근엄하면서도 마음은 관대寬大하나니/아름다운 광채가 성대히 빛나도다/아름다운 광채가 빛나는 군자여/당신을 끝내 잊을 수가 없나이다." 여기서 '뼈와 뿔을 자르고 가는 것 같고'라 함은 학문에 정진함이요, '옥과 돌을 쪼고 가는 것 같이'라 함은 자아를 수양함이다. '태도는 근엄하면서도 마음은 관대하나니'라 함은 엄숙하고 신중하며 겸손함이요, '아름다운 광채가 성대히 빛나도다'라 함은 풍모에 한껏 위엄이 넘침이다. '아름다운 광채가 빛나는 군자여/당신을 끝내 잊을 수 없나이다'라 함은 그 크고 훌륭한 덕과 더할 나위 없이 선함을 사람들이 결코 잊을 수 없음을 말한다.

『시경』에서 말했다. "오, 문文·무武 선왕先王의 공덕은 영원히 잊히지 않으리라!" 이는 곧 후대의 현군賢君은 선왕이 숭상한 현덕賢德을 숭상하고 또 선왕이 친애한 친족을 친애하며, 후대의 백성은 선왕이 이룬 안락을 즐기고 또 선왕이 남긴 이익을 누리는 까닭에 선왕은 이미 세상을 떠나고 없는데도 그 공덕은 영원히 잊히지 않는다는 말이다.

詩云: "邦畿[1]千里, 惟[2]民所止.[3]" 詩云: "緡蠻[4]黃鳥,[5] 止[6]于[7]丘隅.[8]"
시 운   방기 천리   유 민 소 지   시 운   면만 황조   지 우 구 우

子[9]曰: "於[10]止, 知其所止, 可以[11]人而[12]不如[13]鳥乎[14]?"
자 왈   오 지 지 기 소 지 가 이 인 이   불 여   조 호

詩云: "穆穆[15]文王,[16] 於[17]緝熙[18]敬止[19]!" 爲人君,[20] 止於仁[21]; 爲人
시 운   목목 문왕   오 집 희 경 지   위 인 군   지 어 인   위 인

臣, 止於敬; 爲人子, 止於孝; 爲人父, 止於慈; 與國人交, 止於信.
신 지 어 경 위 인 자 지 어 효 위 인 부 지 어 자 여 국 인 교 지 어 신

詩云: "瞻[22]彼淇澳,[23] 菉竹[24]猗猗.[25] 有斐君子,[26] 如切如磋, 如琢如
시 운   첨 피 기 욱   녹 죽 의 의   유 비 군 자   여 절 여 차 여 탁 여

磨.[27] 瑟兮僩兮[28] 赫兮喧兮.[29] 有斐君子, 終[30]不可諠[31]兮!" 如切如
마   슬 혜 한 혜   혁 혜 훤 혜   유 비 군 자 종 불 가 훤 혜   여 절 여

磋者, 道學[32]也; 如琢如磨者, 自修[33]也; 瑟兮僩兮者, 恂慄[34]也; 赫
차 자　도 학　야　여 탁 여 마 자　자 수　야　슬 혜 한 혜 자　순 율　야　혁

兮喧兮者, 威儀[35]也; 有斐君子, 終不可諠兮者, 道[36]盛德至善,[37] 民
혜 훤 혜 자　위 의　야　유 비 군 자　종 불 가 훤 혜 자　도　성 덕 지 선　　민

之不能忘也.
지 불 능 망 야

詩云: "於戲[38]! 前王[39]不忘!" 君子[40]賢其賢[41]而親其親,[42] 小人[43]樂
시 운　오 호　　전 왕 불 망　군 자　현 기 현　이 친 기 친　　소 인　락

其樂[44]而利其利,[45] 此以[46]沒世[47]不忘也.
기 락　이 리 기 리　　차 이　몰 세　불 망 야

주석

1 **邦畿**(방기): 옛날 천자天子가 지내던 도성과 그 주변 지역으로, 천자의 직속 관할지. '방'은 도성. '기'는 교외郊外.

2 **惟**(유): 위爲와 같음. ~이다.

3 **止**(지): 머무름. 곧 거주居住함을 이름. • 이상의 "방기邦畿…" 2구는 은 고종高宗 무정武丁의 중흥中興 대업大業을 찬미한 『시경』「상송商頌 현조편玄鳥篇」의 구절임.

4 **緜蠻**(면만): 면만綿蠻과 같음. 새(꾀꼬리)가 우는 소리.

5 **黃鳥**(황조): 꾀꼬리.

6 **止**(지): 머무름. 여기서는 서식함. 곧 새가 자리를 잡고 삶을 이름.

7 **于**(우): 어於와 같음. ~에.

8 **丘隅**(구우): 주자는 이를 '잠울지처岑蔚之處', 즉 산봉우리에 초목이 우거진 곳이라고 함. 하지만 '구'는 구릉·산언덕을 이르고, '우'는 구석·모퉁이를 이르니, '구우'는 곧 산언덕 모퉁이 숲속을 이르는 것으로 이해됨. • 이상의 "면만緜蠻…" 2구는 『시경』「소아小雅 면만편綿蠻篇」의 구절임.

9 **子**(자): 공자.『대학』에서 "자왈子曰"의 '자'는 모두 공자를 지칭함. 공자(기원전 551~기원전 479)는 지금으로부터 2,500여 년 전인 중국 춘추시대 말엽 노나라 추읍鄹邑 사람으로, 성은 공孔, 이름은 구丘, 자는 중니仲尼. 유가 학파를 창시한 위대한 사상가이자 교육가로, 후세에는 인류 역사상 동서고금에 으뜸가는 사대성인四大聖人 중 한 사람으로 존숭받고 있음.

10 於(오): 감탄사. 오, 아. 일설에는 어조사로, ~에(서)의 뜻이라고 함.

11 可以(가이): ~할 수 있음, ~이 가可함·됨. 이는 혹 '하이何以'의 잘못이 아닌가 하는 생각이 드나 확실치는 않음. 다만 '하이', 즉 어찌하여·어떻게·설마의 뜻이 행간에 함축됨은 분명한 것으로 이해됨.

12 而(이): 오히려, 도리어.

13 不如(불여): ~만 못함.

14 乎(호): 의문의 어조사.

15 穆穆(목목): 의표儀表(풍채·풍모)가 단장端莊(단정하고 장중함)하고, 도덕이 심원深遠한 모양. 곧 위의威儀(위엄이 있고 엄숙한 풍채·풍모)가 넘치고, 도덕 수양이 높은 모양을 이름.

16 文王(문왕): 주 문왕 희창. 제2장 주석 8 참조.

17 於(오): 감탄사. 오, 아. 여기서는 찬미·찬탄의 어기語氣를 나타냄.

18 緝熙(집희): 길이길이 빛나는 모양. '집'은 계속해서, 끊임없이, 길이길이. '희'는 광명함, 빛남.

19 敬止(경지): 경건히(공경하며 삼가고 엄숙하게) 더할 나위 없이 선한 경지에 이르러 머무름. 주자가 이를 "문왕은 공경히 삼가지 아니함이 없는 까닭에 스스로 이르러 머무르는 바를 편안히 여김(言其無不敬而安所止也)"을 말한다고 한 것 역시 같은 맥락의 부연으로 이해됨. '지'는 '지어지선止於至善'함. 일설에는 어조사로, 특별한 뜻은 없다고 함. •이상의 "목목穆穆…" 2구는 『시경』「대아 문왕편文王篇」의 구절임.

20 人君(인군): (다른) 사람의 군주·제왕. 곧 국군國君, 임금을 이름.

21 仁(인): 공자 사상의 핵심 개념으로, '애인愛人', 즉 사람을 사랑하는 마음을 이름. 공자와 유가에서는 이를 최고의 도덕적 인격 형상으로 받듦. 다만 여기서는 인애仁愛함을 이름.

22 瞻(첨): 멀리 바라봄.

23 淇澳(기욱): '기'는 기수淇水. 곧 당시 위衛나라 경내境內, 지금의 하남성 북부에 있는 강. '욱'은 욱奧과 같음. 강 언덕 굽이, 모퉁이.

24 菉竹(녹죽): 푸른 대나무. '녹'은 녹綠과 같음.

25 猗猗(의의): 초목이 아름답고 무성한 모양.

26 有斐君子(유비군자): 문채文彩(아름다운 광채)가 빛나는 군자. 또 재화才華(빛나는

재주)가 넘치는 군자. '유'는 허사虛辭로, 특별한 뜻은 없음. '비'는 비연斐然과 같음. 문채가 한없이 아름다운 모양. 재화 내지 재덕才德이 넘치는 모양. 또 문질빈빈文質彬彬, 즉 문채와 질박함이 고르게 어울려 조화로운 모양. '군자'는 여기서는 위衛 무공武公을 가리키는데(아래 주석 31 참조), 그는 일찍이 주 평왕平王의 경상卿相을 지낸 적이 있음.

27 "如切(여절)…" 2구: 이는 곧 오늘날까지 널리 쓰이는 '절차탁마'라는 성어의 출처로, 후세의 풀이는 두 가지로 나뉨. 첫째, 네 가지 재료의 가공 방법으로, '절'은 뼈, '차磋'는 상아象牙, '탁琢'은 옥玉, '마磨'는 돌을 다듬는 방법인데, 이 네 가지 재료는 각각 걸맞은 방법으로 가공하지 않으면 유용한 기물器物로 만들 수 없다는 데서, 대개 이로써 학문이나 성정性情 도야를 위한 각고의 노력을 비유함. 둘째, 네 가지 재료의 가공 공정으로, 뼈와 뿔을 다듬을 때는 먼저 자르고 다시 갈아서 매끄럽게 하며, 옥과 돌을 다듬을 때는 먼저 쪼고 다시 갈아서 반드럽게 함을 이르는데, 이는 다듬은 것이 이미 정교한데도 다시 더욱 정교함을 추구하는 것으로, 대개 학문이나 덕행을 부단히 닦음을 비유함. 여기서는 두 가지 풀이가 다 통하나, 후자가 보다 적극적이고 진취적인 의미임. '절'은 자름. '차'는 갊. '탁'은 쫌(뾰족한 끝으로 쳐서 찍음). '마'는 갊.

28 瑟兮僩兮(슬혜한혜): 근엄하면서도 관대寬大한 모양. 곧 태도가 근엄하고 정중하면서도 마음이 넓고 커서 너그러운 모양을 이름. '슬'은 근엄함, 정중함. '혜'는 옛날 시가詩歌에 쓰인 어조사로, 감탄의 어기를 나타냄. '한'은 너그러움. 일설에는 굳셈, 위풍당당함.

29 赫兮喧兮(혁혜훤혜): 광채가 성대盛大히 빛나는 모양. '혁'은 빛남. '훤'은 훤烜과 같음. 성대함.

30 終(종): 끝내, 끝까지.

31 諠(훤): 잊음. •이상의 "첨피瞻彼…" 9구는 위나라 임금 무공의 학덕과 풍모를 찬미한 『시경』 「위풍衛風 기욱편淇奧篇」의 구절임.

32 道學(도학): 학문에 정진함. 주자는 '도'는 말한다(言)는 뜻이고, '학'은 연구하고 토론하는 일을 이른다고 했는데, 그 또한 같은 말임.

33 自修(자수): 자아를 수양함.

34 恂慄(순율): 두려워함. 여기서는 전의轉義되어, 즉 본래의 뜻에서 다른 뜻으로 바뀌어 엄숙하면서도 신중하고 겸손함을 이름.

70

35 威儀(위의): 위의 주석 15 참조. '위'는 위엄威嚴, 즉 존경할 만한 위세가 있어 점 잖고 엄숙함. '의'는 의표·의용儀容, 즉 몸을 가지는 태도. 또는 차린 모습. 곧 풍 모·풍채를 이름.

36 道(도): 말함.

37 盛德至善(성덕지선): 크고 훌륭한 덕과 더할 나위 없이 선함. 곧 덕성이 성대하 고, 선성善性이 지극함을 이름.

38 於戲(오호): 오호嗚呼와 같음. 감탄사. 오호, 오.

39 前王(전왕): 선왕先王, 즉 선대先代·전대前代의 임금. 여기서는 곧 주 문왕·무왕 을 이름. • 이상의 "오호於戲…" 2구는 문·무왕의 공덕을 잊지 말 것을 권면한 『시경』「주송周頌 열문편烈文篇」의 구절임.

40 君子(군자): 여기서는 후대後代의 군주, 특히 현군賢君을 이름.

41 賢其賢(현기현): 선왕이 숭상한 현덕과 현인賢人을 숭상함. 앞의 '현'은 동사로, 존중·중시·숭상함. '기'는 앞에서 말한 '전왕前王'을 가리킴. 뒤의 '현'은 명사로, 현덕 또는 현인.

42 親其親(친기친): 앞의 '친'은 동사로, 친애함. 뒤의 '친'은 명사로, 친족親族 또는 혈친血親.

43 小人(소인): 유가에서 말하는 '소인'은 두 가지 의미가 있으니, 하나는 도덕 수양 이 낮아 덕성과 품성이 떨어지는 사람을 일컫고, 다른 하나는 정치적 지위나 신 분이 낮은 사람, 곧 평민·일반 백성을 일컬음. 여기서는 후자로, 곧 후대의 백성 을 이름.

44 樂其樂(낙기락): 앞의 '낙'은 동사로, 즐김, 향유함, 누림. '기락'은 선왕이 이룬 안락安樂을 말함.

45 利其利(이기리): 앞의 '이'는 동사로, 이익을 얻어 누림. '기리'는 선왕이 남긴 이 익을 말함.

46 此以(차이): 이(그) 때문에. '이'는 인因과 같음.

47 沒世(몰세): 몰세歿世. 세상을 떠남. 이는 주자가 "(그들이) 이미 세상을 떠나고 없 는데도 사람들이 그들을 사모한다(旣沒世而人思慕之)"라고 풀이한 데에 따른 것 임. 다만 여기서 '몰세'는 종신終身토록, 평생토록, 영원히의 뜻으로 풀이될 수 도 있음.

이 장은 삼강령의 세 번째 항목인 '지어지선'의 의의와 그 중요성을 역설했다. 공자가 말한 '지어지선'은 '대인'이 추구해야 하는 심신 수양의 이상 경지이자 정치적으로 도달해야 하는 최종 목표이다. 모름지기 사람은 도덕 수양을 인생의 기본 목표로 삼아 정진해야 한다. 더욱이 국가 사회의 정치적 책임을 짊어진 통치자·위정자라면 천하 만민이 '지선'에 이를 수 있도록 가르치고 이끄는 것을 인생 궁극의 목표, 최고 목표로 삼아 분투해야 한다. 이는 곧 유례가 없는 난세를 살며 시종始終 구세救世의 일념을 불태웠던 공자의 일관된 생각이다.

이에 증자는 먼저 백성은 도성과 교외에서 살고 새는 산모퉁이 숲속에서 산다는 『시경』 구절과 그에 대한 공자의 독후감을 인용해, 만물은 각기 마땅히 머물러야 하는 처소와 경지가 있는 만큼, 만물 가운데서도 영장인 사람은 더더욱 이를 명심하고 최선·최적의 경지를 지향하고 그에 머무를 줄 알아야 함을 일깨웠다. 유가적인 관점에서 볼때, 사람은 국가 사회라는 공동체를 이루고, 또한 그에 걸맞고 필요한 인륜 도덕을 지키며 살아야 한다. 따라서 사람은 만물의 영장으로서 응당 인간의 존엄성과 존귀성을 스스로 알고 깨달아야 하며, 도덕 수양을 부단히 증진해야 한다. 요컨대 사람은 결국 '지어지선'을 인생 궁극의 목적과 목표로 삼아 일로매진해야 한다.

이어서 증자는 주 문왕의 공덕, 즉 업적과 덕성을 찬미한 『시경』 구절을 인용해 '지어지선'의 실제 사례를 제시하는가 하면, 또 그 구체적인 내용을 부연했다. 문왕의 공덕은 한마디로 말하면 '경지敬止', 즉 공경하며 삼가고 엄숙하게 '지선'에 이르러 머무름이니, 그야말로 '지어지선'의 이상 경지이다. 문왕은 임금으로서는 인애를, 신하로서는 공경을, 자식으로서는 효경을, 부모로서는 자애를, 또한 뭇사람을 대함에는 신의를 다했다. 증자는 이처럼 문왕이 '경지'한 내용을 구체적으로 제시하면서 사람들이 마땅히 본받고 실천하기를 요구한 것이다.

다음으로 증자는 위 무공의 학덕과 풍모를 찬미한 『시경』 구절을 인용해 '지어지선'할 수 있는 수양의 노력과 방도를 설명하면서 사람들의 적극적 실천을 면려했다. 무공은 누구보다도 학덕 증진과 수양에 절차탁마했다. 그리하여 마침내 근엄하면서도 관대해 아름다운 광채를 발하는 "그 크고 훌륭한 덕과 더할 나위 없이 선함을 사람들이 결코 잊을 수가 없"는 경지에 이르렀다. 무공에 대한 만백성의 경모敬慕(깊이 존경하고 사모함)의 정이 이와 같으니, 그야말로 유가에서 말하는 인정仁政 덕치의 은근하면서도 강력한 교화敎化와 감화感化 작용의 전형典型을 보여준다.

끝으로 증자는 주 성왕이 선왕께 제사하며 여러 제후들에게 선왕의 공덕을 잊지 말 것을 권면한 『시경』 구절을 인용해, '명명덕'과 '신민'을 통한 '지어지선'의 지대한 효과와 영향을 설명했다. 여기서 말하는 선왕은 주 문왕과 무왕으로, 두 임금은 모두 뛰어난 현덕과 선정善政으로 모범을 보였다. 그것은 결국 한편으로는 후대의 임금들이 그 치국治國의 도道를 본받고 실행해 태평성대를 구가하는 복록福祿을 누리게 하고, 다른 한편으로는 후대의 백성들이 그 선정의 은택을 두터이 입어 안거낙업安居樂業, 즉 편안히 살며 즐겁게 일하게 해준다. 바로 그같은 연유로 두 "선왕은 이미 세상을 떠나고 없는데도 그 공덕은 영원히 잊히지 않는다"는 것이 증자의 생각인바, 두 선왕이 이룩한 '지어지선'의 영향이 얼마나 깊고도 큰지를 여실히 말해준다.

제4장 본말本末

공자께서 말씀하셨다. "다투어 송사訟事하는 말을 듣고 판결하는 것은 나도 다른 사람만큼 하겠으나, 무엇보다 반드시 송사 자체가 없도록 해야 할 것이다!" 그러기 위해서는 진실을 숨기고 거짓을 말하는 사람들로 하여금 감히 다른 사람을 속이는 거짓말을 함부로 하지 않도록 해야 한다. 그것은 바로 통치자의 덕화德化가 백성들의 마음에 크게 경외감을 불러일으켜 진심으로 따르게 하는 것이니, 이야말로 진정 근본을 아는 것이라 할 것이다.

子曰: "聽訟,¹ 吾猶²人也, 必也³使無訟乎⁴!" 無情者⁵不得⁶盡其辭,⁷
자왈   청송   오유 인야 필야 사무송호   무정자부득 진기사
大畏民志,⁸ 此謂知本.⁹
대 외 민 지   차 위 지 본

주석

1 **聽訟**(청송): 소송 당사자 쌍방의 주장을 들음. 곧 소송 안건을 심리해 판결함을

이름. '송'은 소송·쟁송爭訟함.

2 猶(유): 같음(若). 곧 그와 같이, 그만큼 함을 이름.

3 也(야): 휴지休止의 어조사. •이상의 공자 말은 『논어』 「안연편」에도 보임.

4 乎(호): 어조사로, 긍정과 감탄의 어기를 나타냄.

5 無情者(무정자): 진실을 숨기고 거짓을 말하는 사람. 곧 진실성이 없는 사람을 이름. '정'은 실정實情, 즉 실제의 진실한 정황.

6 不得(부득): 불능不能과 같음. 여기서는 불감不敢, 즉 감히 ~할 수 없음, 하지 못함의 뜻을 함축함.

7 盡其辭(진기사): 그 말을 다함. 곧 거짓말을 거리낌 없이 함을 이름. '기사'는 그 말이라는 뜻이니, 곧 '무정자'가 남을 속이는 거짓된 말을 이름.

8 大畏民志(대외민지): 백성들의 마음에 크게 경외감을 불러일으켜 따르게 함. '외'는 외복畏服, 즉 두려워서 복종함. 여기서는 곧 성인(훌륭한 위정자·영도자)의 현덕賢德과 진정眞情에 경외감을 느끼면서 그 가르침과 이끎을 그대로 따른다는, 즉 송사를 일으키지 않는다는 말임. '민지'는 민심民心.

9 本(본): 근본, 또는 근본 이치. 여기서는 통치자가 스스로 '명명덕'한 후에 다시 나아가 백성을 덕으로 교화·감화함을 두고 이름.

해설

공자는 「경문」에서 만물은 '본말', 즉 근본과 말단이 있으며, 사람은 그 선후 완급에 맞춰서 할 줄 알아야 함을 강조한 바 있다. 여기서 증자는 바로 그 본말의 의의를 부연 설명했는데, 특히 공자가 『논어』에서 소송 문제에 대해 직접 한 말을 인용해 예증例證하고 있어 눈길을 끈다. 공자는 일찍이 노나라 대사구大司寇, 즉 조선시대의 형조판서나 오늘날의 법무부장관에 해당하는 벼슬에 올라 형옥刑獄(형벌과 감옥) 업무를 관장한 적이 있으니, 증자가 인용한 이 말은 당시 공자가 사법부 수장으로서 해당 업무의 기본 방침을 밝힌 것으로 보인다.

세상만사를 다스리는 데는 치본治本과 치표治表, 즉 근본을 다스리는 방법과 표층表層을 다스리는 방법 두 가지가 있을 것이다. 전자는 문제의 근원을 찾아 악惡의 원인이 되는 요소를 발본색원拔本塞源(좋지 않은 일의 근본 원인이 되는 요소를 완전히 없애 다시는 그런 일이 생길 수 없도록 함)함은 물론이거니와, 도덕적 품성의 함양과 올바른 가치관의 형성을 도와 사람들이 근본적으로 악으로 향하지 않고 기꺼이 선善을 향하고 행할 수 있도록 선도하고 다스리는 것이다. 반면 후자는 전자와 달리 겉으로 드러난 현상만을 임시방편으로 다스리고 마는 것이니, 그 천단淺短한 안목이 초래하는 부작용과 폐해가 결코 만만치 않음은 주지하는 바이다.

군자는 무본務本이라. 곧 군자는 근본에 힘쓴다고 했으니, 당시 사회의 소송 문제와 관련해 치본에 주력하겠다는 것이 공자의 생각이었음은 두말할 나위가 없다. 세상의 모든 사물(일(事)과 물질(物))에는 본말과 선후가 있으며, 먼저 근본적 의의가 있는 사물, 즉 모순과 문제의 근원을 포착해 다스리면, 여타의 사물은 저절로 술술 풀린다는 것을 공자는 누구보다도 잘 알고 있었다. 송사를 심리해 시비와 잘잘못을 분명히 가리고, 형량을 적절히 정하는 것은 당연히 중요한 일이다. 하지만 그보다 더 중요한 것이 있다. 첫째, 사람들의 올바른 인성을 기르고, 도덕적 품성을 높여서 송사가 줄어들게 하는 것이다. 그러면 설사 송사가 있더라도 원만히 해결되고, 또 궁극에는 송사 자체가 없게 될 것이다. 둘째, 통치자·위정자가 스스로 도덕 수양을 높여서 자신의 광명정대光明正大한 품성과 덕성으로 사람들을 감화해 그들 마음에 경외심이 일어나게 해서 "감히 다른 사람을 속이는 거짓말을 함부로 하지 않도록 하여" 마찬가지로 송사가 줄고, 또 원만히 해결되거나 아예 없어지게 하는 것이다. 남송 진순陳淳(주자의 제자)이 이른 대로, "'청송聽訟'(송사를 듣고 판결함)은 말단이요 '명명덕'이 근본이나니, 위정자가 자신의 덕을 밝혀 드러내지 못하고 오로지 지혜와 재능으로 송사를 판결하는 것은 오히려 말단에 지나지 않는다(聽訟末也, 明德本也. 不能明己之德, 而專以智能決訟者, 抑末矣)".(『대학구의大學口義』)

앞서 보았듯이 공자는 '대인지학'을 논하며 모든 사람은 반드시 '수신'을 근본으로 해야 함을 강조했다. '제가·치국·평천하'라는 대업大業도 결국은 '수신'의 바탕 위에 단계적으로 전개돼야 한다. '수신'은 실질적으로 '명명덕'이요, '제가·치국·평천하'는 실질적으로 '신민新民'이다. 그러므로 '명명덕'과 '신민'의 관계에서 보면, '명명덕'이 근본이고 '신민'은 말단이다. 그리고 '신민'과 '청송'의 관계에서 보면, '신민'이 근본이고 '청송'은 말단이다. 그렇기 때문에 만약 소송·송사라는 하나의 사회문제를 근본적으로 다스리고자 한다면, '신민'이라는 치국治國의 근본을 포착해 착수해야 하고, 또 그보다 '명명덕'이라는 근본 중의 근본이 선행되어야 한다. 이것이 바로 소송 문제를 다스리고 궁극에는 송사 자체가 없도록 하는 '치본'의 비법이 될 수 있다. 증자가 "이야말로 진정 근본을 아는 것"이라 함은 바로 이러한 논지의 말이다.

제5장 격물格物·치지致知

이야말로 진정 근본을 아는 것이라 할 것이다. 이야말로 진정 지식과 지각이 지극한 것이라 할 것이다.

〈주자가 보충한 전문傳文〉

이른바 지식과 지각을 지극히 함이 곧 온갖 사물의 이치를 궁구해 밝히는 데에 달려 있다는 것은, 우리의 지식과 지각을 지극히 하고자 한다면, 진실로 다양한 사물에 나아가 그 이치를 깊이 탐구하는 것이 관건이라는 말이다. 대개 사람의 마음은 대단히 민감해 사물을 인지하고 지각하는 능력을 가지지 않은 경우가 없으며, 천하의 사물에는 각기 일정한 이치가 내재하지 않은 경우가 없다. 다만 사람들이 다양한 사물의 이치에 대해 미처 깊이 탐구하지 않는 바가 있기 때문에 그 지식과 지각이 완정完整하지 않은 경우가 있는 것이다. 그러므로 '대학'에서 교육을 처음 시작할 때에는 반드시 모든 학생들로 하여금 천하 만사만물에 대해 자신이 이미 알고 있는 이치에 근거해 더욱 깊이

탐구함으로써 그 지식과 지각이 지극함에 이를 수 있도록 힘쓰게 한
다. 그리하여 힘쓰는 날이 오래되어 어느 날 문득 환히 통해 깊이 깨
닫게 되면, 뭇 사물의 현상과 본질, 정밀함과 거칢의 이치를 두루 알
고 이해하지 못하는 것이 없으면서, 마침내 우리의 마음이 가진 인지
능력의 모든 본체本體와 거대한 작용을 통달하게 될 것이다. 이야말로
진정 온갖 사물의 이치를 궁구해 밝히는 것이라 할 것이요, 이야말로
진정 지식과 지각이 지극한 것이라 할 것이다.

此謂知本.[1] 此謂知之至也.[2]
차 위 지 본　　차 위 지 지 지 야

〈朱子補傳〉[3]
주 자 보 전

所謂致知在格物者, 言欲致吾之知, 在卽[4]物而窮[5]其理[6]也. 蓋人心
소 위 치 지 재 격 물 자　　언 욕 치 오 지 지　　재 즉 물 이 궁 기 리 야　　개 인 심

之靈[7]莫[8]不有知, 而天下之物莫不有理. 惟於理有未窮, 故其知有
지 령 막 불 유 지　　이 천 하 지 물 막 불 유 리　　유 어 리 유 미 궁　　고 기 지 유

不盡[9]也. 是以[10]大學始敎, 必使學者卽凡天下之物,[11] 莫不[12]因其已
부 진 야　　시 이　 대 학 시 교　　필 사 학 자 즉 범 천 하 지 물　　막 불　　인 기 이

知之理而益[13]窮之, 以求至乎[14]其極. 至於用力之久, 而一旦[15]豁然
지 지 리 이 익　궁 지　　이 구 지 호　기 극　　지 어 용 력 지 구　　이 일 단　활 연

貫通[16]焉,[17] 則衆物之表裏[18]精粗[19]無不到,[20] 而吾心之全體[21]大用[22]
관 통　언　　즉 중 물 지 표 리　정 조　무 부 도　　이 오 심 지 전 체　　대 용

無不明矣. 此謂物格, 此謂知之至也.
무 불 명 의　차 위 물 격　차 위 지 지 지 야

주석

1 此謂知本(차위지본): 이는 앞 장의 마지막 구절이 중복 수록된 것으로, 정자가 연

문衍文, 즉 글 가운데에 쓸데없이 잘못 들어간 군더더기 글귀라고 했고, 주자 역시 그에 동의함. 따라서 이 장에서는 이를 삭제하는 것이 옳음.

2 此謂知之至也(차위지지지야): 주자에 따르면, 이 구절 앞에는 궐문闕文, 즉 문장 가운데 빠진 글귀가 있으며, 그것은 곧 '격물·치지'의 의의를 설명한 글인데, 후세에 전해지는 과정에 유실遺失되고 말았다고 함. 그리고 이 구절은 그 어기와 『대학』 전권의 체제에 비춰 볼 때, 분명 한 단락의 글을 마무리하는 맺음말로 추정됨. 그 때문에 주자는 정자의 논지와 앞뒤의 문맥적 의미에 근거해 유실된「전문」을 보충해「경문」에서 말한 '격물·치지' 문제를 설명함. 그러면서 이 구절을 바로 그 '보충한 전문'의 맺음말에 위치시킴.

3 朱子補傳(주자보전): 주자가 보충한「전문」. 이는 비록 후세에 보충한 글이지만, 원래의「전문」을 현재 알 수가 없는 데다 『대학』에 대한 주자의 깊디깊은 조예를 감안할 때, 후세 사람들이 『대학』을 읽고 이해하는 데 큰 도움이 되는 대단히 중요한 '보전'임. 따라서 여기에 덧붙여 함께 공부하기로 함.

4 卽(즉): 나아감, 다가감. 곧 ~에 대하여.

5 窮(궁): 다함(盡). 곧 궁구함, 깊이 탐구함을 이름.

6 理(리): 이치, 도리道理. 다만 여기서는 동양철학 용어로서 '리'의 개념 또한 내포된 것으로 이해됨. '리'는 '기氣'와 함께 신유학新儒學, 즉 송명이학宋明理學의 핵심 개념임. 주자의 설명에 따르면, '리'는 사물을 형성하는 원리原理로, 추상적이고 정신적인 것이요, '기'는 사물을 구성하는 원료原料로, 형질形質이 있는 것이니, 곧 흔히 말하는 물질을 가리킴. 양자는 상호의존적이며, 공동으로 세상의 모든 사물을 조성造成함. 다만 '리'와 '기' 가운데 근본적이고 주요한 것은 '리'인데, '리'는 형이상적形而上的인 것으로, 생물의 '본체'인 반면, '기'는 형이하적形而下的인 것으로, 생물의 '구체具體'임. •이상의 '즉물이궁기리卽物而窮其理'는 곧 '격물'을 말함.

7 人心之靈(인심지령): 사람의 마음이 민감함. 이에는 사람의 머리가 명민明敏하다는 의미 또한 아울러 내포된 것으로 이해됨. '지'는 어조사로, 주어와 술어 사이에 쓰여서 양자의 연결을 강화함. 곧 이는 형태는 소유격이나 의미는 주격으로 풀이됨. ~은, 는, 이, 가. '령'은 영민靈敏·영민英敏함, 영명靈明·영명英明함. 또 민감·예민함.

8 莫(막): 없음(無).

9 盡(진): 다함. 곧 지극함, 완전함, 완정完整함을 이름.

10 是以(시이): 그러므로.

11 凡天下之物(범천하지물): 천하의 모든 사물, 곧 만사만물. '범'은 모든, 일체의.

12 莫不(막불): ~하지 않는 사람이 없음. 곧 모든 사람이 ~함을 이름.

13 益(익): 더욱, 가일층.

14 乎(호): 어於와 같음. ~에.

15 一旦(일단): 만일 한번, 어느 날 문득.

16 豁然貫通(활연관통): 환하게 통해 깊이 깨달음. '활연'은 환하게 뚫린 모양.

17 焉(언): 어조사. 여기서는 사실 확인과 가정의 어기를 아울러 나타냄.

18 表裏(표리): 겉과 속. 곧 사물의 표면 현상과 내면 실정(곧 실질·본질)을 이름.

19 精粗(정조): 정밀함과 거칢. 또 그런 것.

20 到(도): 이름至, 도달함. 곧 파악함, 앎, 이해함을 이름.

21 全體(전체): (사람 마음의 인지·감지 능력의) 모든 본체本體(사물의 정체). '체'는 본체, 본질.

22 大用(대용): (사람 마음의 인지·감지 능력의) 거대한 작용. '용'은 작용, 공용功用.

해설

이 장 두 구절은 『예기』에서는 본디 「경문」 말미에 배열되어 있었다. 하지만 주자가 그것은 필시 「경문」의 팔조목 가운데 '격물·치지'의 의의를 설명한 「전문」이라는 판단하에 「전문」 제5장으로 엮어 넣었다. 한데 문제는 원래의 「전문」 대부분은 유실되고, 그 맺음말만 남아 있는 상태라서 자세한 내용을 알 수 없다는 것이었다. 이에 주자는 또 정자의 논지와 상하 문맥에 근거해 유실된 「전문」을 보충해 '격물·치지' 문제를 설명했다. 그 내용이 『대학』의 본의에 전적으로 부합해 후세 사람들의 『대학』 공부에 크게 기여하고 있다.

이 장의 '보충한 전문'은 『대학』에 대한 주자의 이해와 그 핵심 사상을 여실히 보여준다. 우선 모든 사람이 가진 인지와 지각 능력은 '격물·치지'를 위한 인식과 인지의 주체이며, 모든 사물에 각기 내재하고 있는 일정한 이치, 즉 형성 원리는 '격물·치지'를 위한 인식과 인지의 대상이다. 그리고 '격물'은 바로 그 인식과 인지의 방법이며, '치지'는 바로 그 인식과 인지의 목표이자 목적이다. 다시 말하면 사람이 지식을 습득하고 지각을 증진해 지극히 하는 길은 "온갖 사물의 이치를 궁구해 밝히는" 것이다. 전통적으로 사람들은 주로 책을 통해서 지식을 습득하고 지각을 증진한다는 의식이 강했다. 물론 '독서'를 통해 '치지'하는 것도 필요하고 또 중요하다. 하지만 더욱 필요하고 더욱 중요한 것은 바로 세상의 다양한 사물에 적극적으로 다가가 실제적으로 접촉 교감交感하고, 실천적으로 탐구 감지感知하는 가운데 "온갖 사물의 이치를 궁구해 밝"힘으로써 '치지'하는 것이다. 이 같은 『대학』의 사상 관념은 분명 전통적인 의식을 뛰어넘는 진보요 혁신이다.

한데 여기서 말하는 '물物', 즉 사물은 객관적으로 존재하는 물질현상이라기보다는 오히려 사람들이 종사하고 참여하는 사회적 활동이라고 할 수 있다. 그리고 '격물'의 '격'은 사람들이 일상적 실천과 활동 속에서 자연과 사회의 '물'에 대해 고찰하고 탐구하는 것이라기보다는 오히려 '성의誠意'와 '정심正心'을 내용으로 하는 심리적 체험이요 체득體得이라고 할 수 있다. 따라서 '치지'의 '지'는 결코 자연과 사회의 객관적 법칙에 대한 인식과 인지, 지각이 아니라, 궁극적으로 사람의 천부적인 도덕 본성을 회복하는 것이다. 요컨대 『대학』의 본의는 '격물·치지'를 창도하고 권면함으로써 사람들이 스스로 감정과 욕망의 오류와 편향을 방지하고, 심성과 품성品性에 불선不善한 요소의 영향을 차단하며, 도덕적 수양을 증진해 완미完美한 자아를 형성해 국가 사회의 발전에 이바지하도록 가르치고 이끄는 것이다.

제6장 성의誠意

이른바 자신의 뜻을 참되고 정성스럽게 가지는 것은 곧 스스로를 속이지 않는 것이다. 예컨대 악을 싫어하기를 악취를 싫어하듯이 하고, 선을 좋아하기를 미색을 좋아하듯이 하는 것이니, 이를 일러 순리順理에 맞아 마음이 편안하고 스스로 만족하는 것이라고 한다. 그러므로 군자는 혼자 있을 때에도 반드시 도리에 어긋남이 없도록 몸가짐을 바로 하고 언행을 삼간다.

소인은 혼자 있을 때에는 불선不善한 짓을 마구하여 온갖 나쁜 짓을 다한다. 한데도 군자를 만나면 슬금슬금 눈치를 보며 어떻게든 자신의 불선함은 덮어 가리고, 애써 자기 나름의 선함을 드러내 떠벌린다. 하지만 다른 사람이 그런 소인 자신의 행태를 꿰뚫어 보는 것이 마치 그 폐부肺腑를 들여다보는 것과 같거늘, 그 같은 가식假飾이 무슨 소용이 있겠는가? 이를 일러 사람은 마음속에 실재하는 성정性情이 그대로 밖으로 나타난다고 한다. 그러므로 군자는 혼자 있을 때에도 반드시 도리에 어긋남이 없도록 몸가짐을 바로 하고 언행을 삼간다.

증자가 말했다. "내가 혼자 있을 때에도 사실 수많은 눈동자가 나를 주시하고, 또 수많은 손가락이 나를 지적하고 있거니, 이 얼마나 두려운 일인가!"

사람이 재부財富가 있으면 그 집을 화려하게 꾸밀 수 있지만, 도덕이 있으면 그 몸을 고결하게 닦을 수가 있나니, 무릇 마음이 넓고 도량이 커 너그럽고 편안하면 몸 또한 절로 쾌적하고 편안해지는 법이다. 그러므로 군자는 반드시 자신의 뜻을 참되고 정성스럽게 가진다.

所謂誠其意者, 毋[1]自欺[2]也, 如惡[3]惡臭,[4] 如好[5]好色,[6] 此之謂自謙.[7]
소 위 성 기 의 자   무 자 기 야   여 오 악 취   여 호 호 색   차 지 위 자 겸
故君子必愼其獨[8]也!
고 군 자 필 신 기 독 야
小人閒居[9]爲不善, 無所不至,[10] 見君子而后厭然,[11] 揜[12]其不善, 而
소 인 한 거 위 불 선   무 소 부 지   견 군 자 이 후 염 연   엄 기 불 선   이
著[13]其善. 人之視己,[14] 如見其肺肝[15]然,[16] 則何益[17]矣? 此謂誠於
저 기 선   인 지 시 기   여 견 기 폐 간 연   즉 하 익 의   차 위 성 어
中,[18] 形[19]於外. 故君子必愼其獨也.
중   형 어 외   고 군 자 필 신 기 독 야
曾子曰: "十[20]目所視, 十手所指, 其[21]嚴[22]乎!"
증 자 왈   십 목 소 시   십 수 소 지   기 엄 호
富潤屋,[23] 德潤身,[24] 心廣[25]體胖.[26] 故君子必誠其意.
부 윤 옥   덕 윤 신   심 광 체 반   고 군 자 필 성 기 의

주석

1 毋(무): ~하지 마라.
2 自欺(자기): 스스로를 속임. 곧 자신의 양심을 속임을 이름.
3 惡(오): 미워함, 싫어함, 혐오함.
4 惡臭(악취): 나쁜 냄새, 고약한 냄새.
5 好(호): 좋아함, 애호愛好함.

6 好色(호색): 미색美色과 같음. 여인의 아리따운 용색容色(용모와 안색).

7 自謙(자겸): 스스로 만족함, 흡족함. '겸'은 慊겸과 같음.

8 愼其獨(신기독): 홀로 있을 때에도 도리에 어긋나지 않도록 몸가짐을 바로 하고 언행을 삼감. '신'은 근신謹愼, 즉 삼가고 조심함. '독'은 여기서는 독처獨處, 즉 주변에 아무도 보는 사람 없이 혼자 있을 때를 이름.

9 閒居(한거): 여기서는 독거獨居·독처와 같음.

10 無所不至(무소부지): 이르지 않는 바가 없음. 여기서는 곧 불선한 일을 하지 않는 게 없음을 이름.

11 厭然(염연): (뭔가 잘못했을 때) 슬금슬금 눈치를 보며 덮어 가리거나 감추어 숨기는 모양.

12 揜(엄): 掩엄掩과 같음. 덮어 가림, 가리어 숨김.

13 著(저): 밖으로 드러냄, 나타냄. 여기서는 곧 떠벌림, 과시함을 이름.

14 己(기): 자기, 그 자신. 곧 소인 자신을 말함.

15 肺肝(폐간): 폐(허파)와 간. 곧 폐부肺腑와 같은 말로, 마음의 깊은 속, 속마음을 비유해 이름.

16 如(여)~然(연): 마치 ~처럼 그러함, 마치 ~와 같음.

17 何益(하익): 무슨 이익, 도움, 소용.

18 誠於中(성어중): 마음속에 실재實在하는 성정·성품. '성'은 참(진실), 즉 사실에 조금도 어긋남이 없는 것. 여기서는 곧 심중心中의 실재 성정·성품을 이름. '중'은 심중.

19 形(형): 밖으로 드러남, 나타남.

20 十(십): 열. 다만 여기서는 실수實數가 아니라, 수의 많음을 강조해 이른 말임.

21 其(기): 그, 그것. 이, 이것. 다만 여기서는 이에 얼마나·어찌의 뜻이 함축된 것으로 이해됨. 일설에는 기豈와 같다고 함.

22 嚴(엄): 엄격함, 엄준嚴峻(매우 엄하고 세참)함. 또 심히 두려워할 만함.

23 富潤屋(부윤옥): 부유하면 집을 화려하게 꾸밈. '부'는 재부, 즉 재물이 많음. 곧 부유함. 또 그런 사람. '윤'은 윤택하게 함. 곧 수식修飾함, 장식함이니, 여기서는 집을 고대광실高臺廣室로 화려하고 웅장하게 꾸밈을 이름.

24 德潤身(덕윤신): 유덕하면 몸을 고결하게 닦음. '덕'은 유덕함. 또 그런 사람. '윤'은 여기서는 몸(풍채·풍모)을 고결하게 보이도록 함을 이름.

25 **心廣**(심광): 마음이 넓음. 주자에 따르면, 이는 대략 속마음에 부끄러운 바가 없어 마음이 넓고 너그러우며 편안함을 이름.

26 **體胖**(체반): 몸이 펴짐. 주자에 따르면, 이는 대략 몸이 쾌적하고 편안함을 이름. '반'은 서舒와 같은 뜻으로, 폄, 펴짐. 곧 몸이 편안해진다는 말.

해설

이 장은 팔조목 가운데 '성의'의 의의를 설명했다. 이른바 '성의'는 자신의 뜻을 참되고 정성스럽게 가지는 것이니, 그 생각이 순정純正함이요, 기본적으로 스스로를 속이지 않음이다. 예컨대 선을 좋아하고 악을 싫어하는 것은 인지상정이다. 하지만 사람이 사사로운 욕망에 얽매여 뜻이 참되지 못하고 생각이 순정하지 못하면, 오히려 순리를 거슬러 악을 좋아하고 선을 싫어하기도 하는데, 그야말로 스스로를 속이는 것이다. 따라서 사람이 선을 좋아하고 악을 싫어하기를 마치 미색을 좋아하고 악취를 싫어하듯이 할 수 있다면, 진정 순리에 맞아 마음이 편안하고 스스로 만족하게 됨은 두말할 나위가 없다.

사람은 스스로를 속이지 않을 때 비로소 다른 사람을 속이지 않을 수 있다. 또 사람이 스스로를 속이거나 남을 속이는지 여부는 다른 누구보다 자기 자신이 가장 잘 안다. 그러므로 군자는 언제 어디서나 누가 지켜보든 보지 않든 알아주든 주지 않든 항시 자신의 뜻을 참되고 정성스럽게 가지려고 한다. 요컨대 사람이 스스로를 속이지 않음으로써 '성의'하기 위해서는 무엇보다 '신독愼獨', 즉 자기 혼자 있어서 다른 사람은 아무도 모르는 상황에서도 반드시 도리에 어긋나지 않도록 몸가짐을 바로 하고 언행을 삼갈 수 있어야 한다. 일찍이 안연顏淵

이 인仁을 어떻게 행해야 하는지를 여쭸을 때, 공자가 "자신의 사사로운 욕망을 이기고, 모든 언행을 예의禮儀 규범에 맞게 하는 것이 바로 인을 행하는 것이다(克己復禮爲仁)"라고 한 후, 덧붙여 "예가 아니면 보지도 말고, 예가 아니면 듣지도 말며, 예가 아니면 말하지도 말고, 예가 아니면 행동하지도 말아야 한다(非禮勿視, 非禮勿聽, 非禮勿言, 非禮勿動)"(『논어』「안연」)라고 답한 말을 새겨볼 일이다. 아무튼 어떤 사람이 진정으로 '성의'한지를 검증코자 한다면, 그가 '신독'하는지를 살펴보면 된다. '신독'함은 곧 군자가 스스로를 속이지 않음이요, '신독'하지 못함은 곧 소인이 자신도 속이고 남도 속임이다. 따라서 '신독' 여부는 바로 '성의' 여부를 판단하는 시금석이요, '성의' 여부는 바로 군자와 소인을 구별하는 기준이다.

공자의 제자 자하가 말했다. "소인은 잘못을 하면 반드시 그럴듯하게 꾸며서 가린다(小人之過也必文)."(『논어』「자장子張」) 사실 잘못은 근본적으로 꾸며서 가릴 수 있는 게 아니거늘, 소인은 그 같은 가식이 그다지 효과가 없음을 모른다. 그러니 그들은 잘못을 하면 드러내놓고 솔직히 인정하고 고치는 군자와 상반된 행태를 보인다. 무릇 "사람은 마음속에 실재하는 성정이 그대로 밖으로 나타남"을 알아야 한다. 자신의 악행을 다른 사람이 모르게 하고 싶다면, 그 악행을 하지 않는 것이 상책이다. 내가 혼자 있을 때는 어떤 일을 해도 남이 모를 것 같지만, 하늘이 알고 땅이 알며, 어디에선가 "수많은 눈동자가 나를 주시하고 또 수많은 손가락이 나를 지적하고 있"음을 명심해야 한다.

증자는 이상의 논리로 사람에게 '성의'가 얼마나 필요하고 중요한지 역설했다. 한마디로 '성의'는 도덕 수양의 기초인바, 증자는 그러한

'성의'를 위한 기초적이고 기본적인 노력으로 '신독'을 강조한 것이다. 그리고 이제 재부는 그 집을 화려하게 꾸미고, 도덕은 그 몸을 고결하게 닦는다는 비유로 '성의'의 효과를 설명했다. 사람이 '신독'과 '성의'를 통해 도덕을 수양하여 체득한다면 필시 그 몸은 고결하게 닦여 군자다운 풍모가 넘칠 것이다. 또한 그에 걸맞게 일상의 처신·처사는 도리와 순리에 어긋나지 않아 하늘을 우러러보나 땅을 굽어보나 부끄러울 게 없으니, 그 마음과 도량은 한없이 넓고 커져 더없이 너그럽고 편안할 것이다. 일찍이 공자가 "군자는 마음이 평온하고 너그럽지만, 소인은 늘 불안하고 근심 걱정에 싸여 있다(君子坦蕩蕩, 小人長戚戚)"(『논어』「술이」)라고 한 것은 바로 그런 말이다. 아무튼 마음속에 실재하는 바는 필시 그대로 몸 밖으로 나타나는 법이니, 사람의 마음이 넓고 도량이 커 너그럽고 편안하면 그 몸은 절로 쾌적하고 편안해질 것이다. 군자는 바로 이 같은 '성의'의 효과를 익히 아는 만큼, 반드시 자신의 뜻을 참되고 정성스럽게 가진다는 것이 증자의 설명이다.

제7장 정심正心·수신修身

이른바 자신의 심신을 수양해 품성을 도야함이 먼저 자신의 마음을 바루어 맑고 밝게 함에 달렸다는 것은, 곧 마음에 분노가 이는 바가 있으면 그 마음을 바룰 수 없고, 마음에 두려워하는 바가 있으면 그 마음을 바룰 수 없으며, 마음에 향락享樂하는 바가 있으면 그 마음을 바룰 수 없고, 마음에 근심하는 바가 있으면 그 마음을 바룰 수 없기 때문이다.

무릇 마음이 그 대상對象에 있지 않으면, 보아도 보이지 않고, 들어도 들리지 않으며, 먹어도 그 맛을 알지 못한다. 이런 연유로 자신의 심신을 수양해 품성을 도야함은 먼저 자신의 마음을 바루어 맑고 밝게 함에 달렸다고 하는 것이다.

所謂修身在正其心者, 身¹有所忿懥² 則不得其正; 有所恐懼,³ 則不
소 위 수 신 재 정 기 심 자 신 유 소 분 치   즉 부 득 기 정   유 소 공 구   즉 부

得其正; 有所好樂,⁴ 則不得其正; 有所憂患, 則不得其正.
득 기 정 유 소 호 요   즉 부 득 기 정   유 소 우 환   즉 부 득 기 정

心不在焉,⁵ 視而不見, 聽而不聞, 食而不知其味. 此謂修身在正其
심 부 재 언   시 이 불 견   청 이 불 문   식 이 부 지 기 미   차 위 수 신 재 정 기

心.
심

주석

1 身(신): 이는 정자가 응당 '심心' 자로 써야 한다고 했듯이, 마음, 생각 또는 심신
心身의 뜻으로 이해됨.

2 忿懥(분치): 분노함, 성남, 화남.

3 恐懼(공구): 두려워함.

4 好樂(호요): 애호함, 좋아함. 여기서는 특히 향락에 빠짐을 이르는 것으로 이해할
수 있음.

5 心不在焉(심부재언): 마음이 그 대상에 있지 않음. 이는 곧 '심부정心不正', 즉 마음
이 바루어져 맑고 밝아지지 않아 '수신'에 안정적으로 집중하지 못함을 비유함.
'언'은 지시대명사 '지之'와 같음. 그것, 그곳. 곧 특정한 대상을 이름.

해설

이 장은 '정심'이 '수신'의 기초요 전제로서 대단히 중요한 의의를 가
짐을 역설했다. 사람의 마음(心)은 사유思惟의 중추로서 몸(身)의 모든
행위를 지배하는 주체이자 주재主宰이다. 그러니 먼저 '정심'해야만 비
로소 '수신'할 수 있다는 것은 사실 너무나 당연한 논리다.

사람은 감정의 동물이다. 사람이 분노하거나 두려워하거나 향락하
거나 근심하는 감정이 솟구치고 쌓여 그 마음에 분심分心이 일고, 사
유의 방향성과 품성의 중정무사中正無私(어느 한쪽으로 지나치거나 모자람
이 없이 곧고 올바르며 사사로움이 없음)함을 잃는다면, '정심' 즉 자신의 마
음을 바루어 맑고 밝게 함은 근본적으로 불가능할 것이다. 또한 그로

말미암아 '수신'에 전심전력할 수 없을 것은 뻔한 노릇이니, 필시 "마음이 그 대상에 있지 않으면, 보아도 보이지 않고, 들어도 들리지 않으며, 먹어도 그 맛을 알지 못"하듯 하여 '수신'에 진전을 기대하기 어려울 것이다.

『중용』에서 말했다. "기쁘고 화나고 슬프고 즐거운 감정이 밖으로 드러나지 않은 상태를 '중中', 즉 적중適中함이라 하고, 그러한 감정이 밖으로 드러났는데 각기 모두 자연법칙과 도덕규범에 부합함을 '화和', 즉 조화調和함이라 한다[喜怒哀樂之未發, 謂之中; 發而皆中節, 謂之和]." (제1장) 사람이 이처럼 늘 '중화中和'의 마음과 정신 상태를 유지해 외물外物(신외지물身外之物과 같은 말로, 사람의 몸 이외의 사물, 예컨대 세속적인 부귀공명 따위를 이르는데, 사람(몸)이 죽고 나면 의미를 잃고 마는 것들이니, 결코 중시할 것이 못 된다는 함의를 가짐)의 방해나 감정의 충동에 휘둘리지 않고, "자신의 사사로운 욕망을 이기고, 모든 언행을 예의 규범에 맞게 함[克己復禮]"(『논어』「안연」)으로써 능히 '정심'하고, 나아가 '수신'에 전심한다면, 자신의 심신을 수양해 도덕적 품성을 도야함이 분명 가능할 것이다. 그뿐이 아니다. 장차 '지어지선'의 궁극적 목표를 향해서도 힘차게 나아갈 수 있음은 두말할 나위가 없다.

제8장 수신修身·제가齊家

이른바 자기 집안을 가지런히 해 평안하게 함이 먼저 자신의 심신을 수양해 품성을 도야함에 달렸다는 것은, 곧 사람은 자신이 친밀히 사랑하는 이에 대해서는 편향이 있어 그를 지나치게 편애하고, 자신이 업신여기며 미워하는 이에 대해서는 편향이 있어 그를 지나치게 혐오하며, 자신이 두려워하며 공경하는 이에 대해서는 편향이 있어 그를 지나치게 숭배하고, 자신이 불쌍하고 가련히 여기는 이에 대해서는 편향이 있어 그를 지나치게 동정하며, 자신이 거만하게 푸대접하는 이에 대해서는 편향이 있어 그를 지나치게 경시하기 때문이다. 그러므로 어떤 사람을 좋아하면서 그 사람의 단점을 알고, 어떤 사람을 싫어하면서 그 사람의 장점을 아는 이는 이 세상에서 찾아보기 힘들다.

또한 그렇기 때문에 옛 속담에 이런 말이 있다. "사람은 자기 자식의 결점을 알지 못하고, 자기 볏모의 생장生長을 알지 못한다." 이런 연유로 먼저 자신의 심신을 수양해 품성을 도야하지 않으면, 자신의 집안을 가지런히 해 평안하게 할 수 없다고 하는 것이다.

所謂齊其家在修其身者, 人之¹其所親愛而辟²焉,³ 之其所賤惡⁴而
소 위 제 기 가 재 수 기 신 자   인 지 기 소 친 애 이 벽 언   지 기 소 천 오 이

辟焉, 之其所畏敬⁵而辟焉, 之其所哀矜⁶而辟焉, 之其所敖惰⁷而辟
벽 언 지 기 소 외 경 이 벽 언 지 기 소 애 긍 이 벽 언 지 기 소 오 타 이 벽

焉. 故好⁸而知其惡,⁹ 惡¹⁰而知其美¹¹者, 天下鮮¹²矣!
언 고 호 이 지 기 악   오 이 지 기 미   자 천 하 선 의

故諺¹³有之曰: "人¹⁴莫知其子之惡, 莫知其苗¹⁵之碩.¹⁶" 此謂身不
고 언 유 지 왈   인 막 지 기 자 지 악   막 지 기 묘 지 석   차 위 신 불

修, 不可以齊其家.
수   불 가 이 제 기 가

주석

1 之(지): 어於와 같음. ~에 대하여.

2 辟(벽): 벽僻과 같음. 편벽됨, 치우침[偏]. 곧 편파偏頗, 편향偏向, 편견, 편심偏心 등
과 같이 공정하지 못하고 어느 한쪽으로 치우쳐 극단적인 경향을 보임을 이름.

3 焉(언): 지시대명사. 지之와 같음. 곧 앞의 '기소친애其所親愛'를 가리킴.

4 賤惡(천오): 천시賤視하고 혐오嫌惡함. 곧 천하게 여겨 싫어하고 미워함을 이름.

5 畏敬(외경): 두려워하며 공경함.

6 哀矜(애긍): 애처로이 여겨 동정同情함.

7 敖惰(오타): 오만傲慢하고 게으름. 곧 거만하게 푸대접함을 이름. '오'는 오만함,
거만함. '타'는 게으름, 소홀함.

8 好(호): 좋아함.

9 惡(악): 결점, 단점, 모자란 점.

10 惡(오): 싫어함, 미워함.

11 美(미): 미점美點, 장점, 뛰어난 점.

12 鮮(선): 적음, 드묾.

13 諺(언): 속담, 예로부터 민간에 전하는 쉬운 격언이나 잠언을 이름.

14 人(인): 사람. 여기서는 사람은 누구나 자기 자식을 몹시 귀여워하고 사랑한다는 것을 전제함. 아래 구句에는 주어 '인'이 생략되어 있는데, 사람(농부)은 누구나 자기 농작물이 빨리 자라기를 바라는 욕심이 끝없다는 것을 전제함.

15 苗(묘): 화묘禾苗, 즉 볏모.

16 碩(석): 큼(大). 곧 (볏모의) 생장 발육을 이름.

해설

이 장은 '수신'이 '제가'의 기초요 전제로서 대단히 중요한 의의를 가짐을 역설했다. 앞에서 『대학』의 팔조목을 이른바 '내성'과 '외왕' 관점에서 두 부분으로 나눠 고찰했는데(「경문」 2절 '해설' 참조), 전반의 '격물·치지·성의·정심'은 '명명덕'의 '내성' 단계로, 곧 '수신'의 완성을 위한 노력이요, 후반의 '제가·치국·평천하'는 '신민'의 '외왕' 단계로, 곧 '수신'의 확대 전개이다. 다시 말해 '수신'은 바로 내향적 수양과 외향적 발전의 중심이자 근본으로서 '수신'이 돼야만 비로소 '제가'는 물론 '치국·평천하'를 할 수 있다. '수신'이 얼마나 중요한 의의를 가지는지 쉽게 짐작하고도 남음이 있다. 훗날 맹자가 "사람들이 흔히 하는 말에 너나없이 '천하 국가'라고들 한다. 그것은 곧 천하의 근본은 나라에 있고, 나라의 근본은 집에 있으며, 집의 근본은 우리 자신에게 있음을 말해준다(人有恒言, 皆曰'天下國家'. 天下之本在國, 國之本在家, 家之本在身)"(『맹자』「이루 상」)라고 한 것 역시 같은 맥락으로 이해된다.

사람이 '수신', 즉 심신을 수양해 품성을 도야하지 않은 상태에서는 왕왕 다른 사람에 대한 편파적인 감정과 마음을 갖기 십상이다. "어떤 사람을 좋아하면서 그 사람의 단점과 부족한 점을 알고, 어떤 사람을 싫어하면서 그 사람의 장점과 뛰어난 점을 아는 이는 이 세상에서 찾아보기 힘들다"는 것은 바로 그 때문이다. 아무튼 '수신'과 거리가 먼 편파적인 마음으로는 결코 '제가', 즉 자신의 집안을 가지런히 해 평안하게 할 수 없음은 자명한 일이다.

제9장 제가齊家·치국治國

이른바 자신의 나라를 다스려 부강하게 하려면 먼저 자신의 집안을 가지런히 해 평안하게 해야 한다는 것은, 곧 자신의 집안사람을 가르치고 이끌지 못하면서 나라 사람을 가르치고 이끌 수 있는 경우는 없기 때문이다. 그러므로 군자는 집 밖으로 나가지 않고도 온 나라 사람들을 가르치고 이끌 수가 있는데, 그것은 곧 집안에서의 부모에 대한 효도는 집 밖에서는 임금을 섬기는 도리요, 집안에서의 형에 대한 공경은 집 밖에서는 윗사람을 받드는 도리이며, 집안에서의 자녀에 대한 자애는 집 밖에서는 민중을 부리는 도리이기 때문이다.

『상서』「강고편」에서 말했다. "백성을 돌보기를 마치 어머니가 갓난아기를 돌보듯이 하라." 사람이 마음 깊이 진실로 그와 같이 하기를 추구한다면, 설령 이상적인 수준에 꼭 들어맞지는 않을지라도 그 차이가 결코 크지 않을 것이다. 세상에 아이를 기르는 방법을 배우고 나서 시집가는 이는 없나니, 자식을 사랑하는 진실한 마음만 있으면 족하다.

군왕의 한 집안이 서로 인애仁愛하면 온 나라에 인애하는 기풍이 일 것이요, 군왕의 한 집안이 서로 겸양하면 온 나라에 겸양하는 기풍이 일 것이며, 군왕 한 사람이 탐욕스럽고 포학하면 온 나라에 동란動亂이 일어날 것이다. 군왕의 역할과 작용이 이처럼 중요하다. 이런 연유로 군왕의 한마디 말이 대사大事를 그르칠 수 있고, 군왕 한 사람의 품행이 나라를 안정시킬 수 있다고 하는 것이다.

요임금과 순임금은 인의仁義로 천하 만민을 영도했으므로 백성들은 그런 임금들을 따라 인의로 나아갔고, 걸왕과 주왕은 포학으로 천하 만민을 호령했으므로 백성들은 그런 임금들을 따라 흉포해졌다. 폭군들도 백성들에게는 선하고 바르게 살라는 영令을 내리지만, 그것은 폭군 자신들이 좋아하는 포학함과 상반되므로 백성들은 그런 영을 따르지 않는다. 그러므로 군자는 자신이 선한 품성을 갖춘 다음에야 다른 사람에게 선할 것을 요구하며, 자신이 악한 습성을 버린 다음에야 다른 사람의 악습을 나무란다. 무릇 자기 자신의 품성과 의식이 추기급인推己及人의 '서도恕道'를 중시하지도 않으면서 능히 다른 사람이 '서도'를 중시하고 행하도록 깨우쳐줄 수 있는 사람은 일찍이 없었다. 그러므로 나라를 다스려 부강하게 함은 먼저 그 집안을 가지런히 해 평안하게 함에 달렸다는 것이다.

『시경』에서 말했다. "복숭아꽃 곱고도 아름답고/그 이파리 무성도 하여라/이 여인이 이제 시집을 가면/그 집안사람들을 화목하게 하리라." 무릇 그 집안사람들을 화목하게 한 후에야 비로소 온 나라 사람들을 교화할 수 있는 것이다. 『시경』에서 말했다. "마치 아우가 형을 공경하고, 형이 아우를 우애하듯 하도다." 무릇 아우는 형을 공경하고, 형은 아우를 우애하며 화목한 후에야 비로소 온 나라 사람들을 교화할 수 있는 것이다. 『시경』에서 말했다. "그 풍모는 추호의 어그러짐 없이 위엄과 방정함이 넘치나니 / 저 사방 여러 나라 제후들의 본보기로다." 무릇 통치자는 부모나 자녀로서, 또 형이나 아우로서 두루 사람들이 본받을 만한 후에야 비로소 백성들이 그를 본받게 되는 것이다. 이런 연유로 나라를 다스려 부강하게 함은 먼저 그 집안을 가지런히 해 평안하게 함에 달렸다고 하는 것이다.

所謂治國必先齊其家者, 其家不可敎, 而能敎人者, 無之. 故君子
소위치국필선제기가자   기가불가교   이능교인자   무지   고군자

不出家而成敎於國[1]: 孝者, 所以事[2]君也; 弟[3]者, 所以事長[4]也; 慈
불출가이성교어국   효자   소이사군야   제자   소이사장야   자

者, 所以使[5]衆也.
자   소이사중야

康誥曰: "如保赤子."[6] 心誠[7]求之,[8] 雖不中,[9] 不遠[10]矣. 未有學養子
강고왈   여보적자   심성구지   수부중   불원의   미유학양자

而后嫁者也!
이후가자야

一家[11]仁, 一國興[12]仁; 一家讓,[13] 一國興讓; 一人[14]貪戾,[15] 一國作
일가인   일국흥인   일가양   일국흥양   일인탐려   일국작

亂.[16] 其[17]機[18]如此. 此謂一言僨[19]事, 一人定國.
란   기기여차   차위일언분사   일인정국

堯舜[20]帥[21]天下以仁, 而民從之; 桀紂[22]帥天下以暴, 而民從之. 其
요순   솔천하이인   이민종지   걸주솔천하이포   이민종지   기

所令,[23] 反其所好,[24] 而民不從. 是故君子有諸己[25]而后求諸人,[26] 無
소령   반기소호   이민부종   시고군자유저기   이후구저인   무

諸己[27]而后非[28]諸人. 所藏乎身[29]不恕,[30] 而能喩諸人者[31], 未之有也.
저기   이후비저인   소장호신불서   이능유저인자   미지유야

故治國在齊其家.
고치국재제기가

詩云: "桃[32]之夭夭,[33] 其葉蓁蓁,[34] 之子[35]于歸,[36] 宜[37]其家人." 宜其
시운   도지요요   기엽진진   지자우귀   의기가인   의기

家人, 而后可以敎國人. 詩云: "宜兄宜弟."³⁸ 宜兄宜弟, 而后可以
가인　이후가이교국인　시운　　의형의제　　　의형의제　　이후가이

敎國人. 詩云: "其儀³⁹不忒,⁴⁰ 正⁴¹是⁴²四國.⁴³" 其爲父子兄弟足⁴⁴
교국인　시운　　기의　불특　　정　시　사국　　　기위부자형제족

法,⁴⁵ 而后民法之也. 此謂治國在齊其家.
법　　　이후민법지야　차위치국재제기가

주석

1 成敎於國(성교어국): 온 나라에 가르침을 이룸. 곧 온 나라 사람들을 잘 가르치고 이끎을 이름. '성교'는 교화敎化·교도敎導를 이룸, 완성함.

2 事(사): 섬김, 받들어 모심.

3 弟(제): 제悌와 같음. 아우가 형을 공경함.

4 長(장): 존장尊長, 장자長者. 곧 웃어른, 윗사람을 이름. 또 높은 벼슬아치를 이름.

5 使(사): 부림, 즉 다른 사람을 시켜 일을 하게 함.

6 如保赤子(여보적자): 『상서』「주서 강고편」에서는 원래 "약보적자若保赤子"라고 함. 이는 주공이 위衛나라 제후에 오르는 강숙을 훈계한 말로, 백성을 보호하기를 마치 부모가 갓난아기를 돌보듯이 하라는 뜻임. '적자'는 갓난아이를 일컫는데, 그 피부색이 붉은 데서 이같이 이름.

7 誠(성): 성심으로, 진심으로, 진실로.

8 之(지): 지시대명사. 곧 앞에서 말한 '갓난아기를 돌보는 것과 같이 함'을 가리킴.

9 中(중): 적중的中함. 곧 이상적인 기준이나 목표에 꼭 들어맞음을 이름.

10 不遠(불원): (이상적인 기준에서) 멀지 않음. 곧 이상적인 수준과 격차가 크지 않음을 이름.

11 一家(일가): 여기서는 군주·군왕의 집안을 이름.

12 興(흥): 흥기興起함, 흥성興盛함.

13 讓(양): 겸양謙讓·손양遜讓·예양禮讓, 즉 겸손한 태도로 예의 바르게 남에게 양보하거나 사양함.

14 一人(일인): 여기서는 군주 한 사람을 이름.

15 貪戾(탐려): 탐욕스럽고 포학함.

16 作亂(작란): 혼란을 야기함, 난을 일으킴. 곧 (온 나라에) 동란이 일어남을 이름.

'작'은 (어떤 일을) 행함, 일으킴.

17 **其**(기): 그. 곧 군왕을 가리킴.

18 **機**(기): 계기契機, 즉 어떤 일이 일어나거나 변화하도록 만드는 결정적인 원인이
나 기회. 또 동인動因, 즉 어떤 사태를 일으키거나 변화시키는 데 작용하는 직접
적인 원인. 여기서는 대략 역할과 작용을 이르는 것으로 이해됨.

19 **僨**(분): (일을) 그르침.

20 **堯舜**(요순): 요임금과 순임금. 두 임금 모두 원시시대 부족 연맹의 수령으로, 유
가에서 존숭하는 성군聖君 가운데 가장 대표적인 인물임. '요'는 제1장 주석 8
참조.

21 **帥**(솔): 솔率과 같음. 통솔함, 영도함.

22 **桀紂**(걸주): 걸왕은 하나라 마지막 임금. 주왕은 은나라 마지막 임금. 두 임금
모두 역사상 대표적인 망국亡國의 폭군으로 이름남.

23 **其所令**(기소령): 걸왕과 주왕 같은 폭군들이 내리는 영, 명령. 곧 그들도 백성들
에게는 바르게 살라고 영을 내린다는 뜻을 함축함.

24 **其所好**(기소호): 폭군들이 좋아하는 것. 곧 포학함을 이름.

25 **有諸己**(유저기): 자기 자신에게 선덕善德이 있도록 함. 곧 자신이 먼저 선덕을
갖춤을 이름. '저'는 지어之於의 합음자合音字. '지'는 지시대명사로, 곧 선덕, 미
덕美德을 이름.

26 **求諸人**(구저인): 다른 사람에게 선덕을 (갖추도록) 요구함.

27 **無諸己**(무저기): 자기 자신에게 악습이 없도록 함. 곧 자신이 먼저 악습을 버림
을 이름. '저'는 지어之於의 합음자로, '지'는 악습, 악행을 이름.

28 **非**(비): 비난함, 질책함, 나무람.

29 **所藏乎身**(소장호신): 자신에게 간직하고 있는 것. 곧 자신의 품성 내지 의식 관
념을 이름. '장'은 저장함, 간직함. '호'는 어於와 같음.

30 **恕**(서): 서도恕道. 일찍이 공자는 누구나 평생토록 받들어 행해야 할 덕목으로
'서', 즉 "자기가 하기 싫은 것은 다른 사람에게도 하게 하지 않는 것(己所不欲, 勿
施於人)"(『논어』「위영공」)을 강조한 바 있음. 다시 말해 그것은 추기급인推己及人,
즉 자기 자신으로부터 미루어 남에게 미쳐가는 인애仁愛의 마음으로, 곧 자기
마음으로 남의 마음을 헤아리고 처지를 바꾸어 생각하고 배려하는 역지사지易
地思之라 할 것임. 이것이 바로 '서도'로, 공자와 유가가 창도한 주요 도덕 개념

중 하나임. 여기서는 동사로 쓰여 '서도'를 중시함, '서도'에 유의留意함을 이름.

31 喩諸人者(유저인자): 다른 사람에게 그것('서도恕道')을 깨우쳐주는 사람. '유'는 효유曉喩/曉諭, 즉 깨달아 알아듣도록 타이름. 곧 일깨움, 깨우침을 이름. '저'는 지어之於의 합음자로, '지'는 앞에서 말한 '서도'를 가리킴.

32 桃(도): 복숭아나무. 여기서는 도화桃花, 즉 복숭아꽃을 이르며, 또한 혼례를 앞 둔 아가씨, 곧 신부新婦를 비유함.

33 夭夭(요요): 초목이 무성한 모양, 곱고 아름다운 모양. 또 나이가 젊고 용모가 어여쁜 모양.

34 蓁蓁(진진): 나뭇잎이 무성한 모양. 여기서는 복숭아나무 잎의 무성함으로 신부의 집안이 장차 번성함을 비유함.

35 之子(지자): 이 여자. 곧 시집가는 처녀를 이름. '지'는 지시대명사. 이[此], 그[其]. '자'는 여자. 옛날에는 남자와 여자를 공히 '자'라고 함.

36 于歸(우귀): 출가出嫁, 즉 처녀가 시집감.

37 宜(의): 적의適宜함, 즉 알맞고 마땅함. 여기서는 화목함을 이르며, 사역동사로 쓰임. •이상의 "도지桃之…" 4구는 여인의 출가를 축하하며 그 미모와 현숙賢淑함을 찬미한 『시경』「주남周南 도요편桃夭篇」의 구절임.

38 宜兄宜弟(의형의제): 여기서 앞의 '의'는 (형을) 공경함, 뒤의 '의'는 (아우를) 우애함. 이는 제후가 주왕周王을 알현하며 그 공덕에 대한 존숭과 칭송의 정을 노래한 『시경』「소아小雅 육소편蓼蕭篇」의 구절임.

39 儀(의): 의표儀表, 의용儀容, 위의威儀. 곧 위엄이 넘치는 풍모와 예법에 맞는 몸가짐을 이름.

40 忒(특): 어긋남, 어그러짐, 흐트러짐, 틀림.

41 正(정): 모범, 본보기, 귀감. 일설에는 바로잡는다는 뜻이라고 함.

42 是(시): 차此와 같음. 이, 저.

43 四國(사국): 사방 여러 나라. 여기서는 곧 각국의 제후들을 이름. •이상의 "기의其儀…" 2구는 '숙인군자淑人君子', 즉 현능賢能하고 고결한 군자의 덕행을 찬미한 『시경』「조풍曹風 시구편鳲鳩篇」의 구절임.

44 足(족): 족히, 충분히 ~할 만함.

45 法(법): 본받음.

이 장은 '제가'가 '치국'의 기초이자 전제로서 대단히 중요한 의의를 가짐을 역설했다. 이른바 '국가'라는 말에서 우리는 '국'과 '가', 즉 나라와 가정 사이의 밀접한 연계성을 감지하게 되는데, 한 나라는 수많은 가정의 집합체이다. 가정은 나라의 축소판이요, 나라는 가정의 확대판이다. 그런 만큼 '제가'는 곧 '치국'을 위한 기초요, 본보기가 된다.

일찍이 어떤 사람이 공자에게 왜 직접 벼슬자리에 올라 정치를 하지 않는지 여쭙자, 공자가 말했다. "『상서』에 '효도할 것이로다! 오직 부모에게 효도하고, 나아가 형제간에 우애함으로써 정치에까지 영향을 미친다'고 했는데, 이 또한 정치를 하는 것이거늘 어찌하여 벼슬자리에 올라 하는 것만 정치를 하는 것이겠소?(書云: '孝乎惟孝, 友于兄弟, 施於有政.' 是亦爲政, 奚其爲爲政)"(『논어』 「위정」) 이는 곧 가정 윤리를 사회 윤리와 정치 윤리로 확대해나갈 수 있음을 설명한 것이다. 예컨대 '제가'의 주요 덕목인 부모에 대한 효도, 형에 대한 공경, 자녀에 대한 자애는 각각 '치국'의 주요 덕목인 임금을 섬기고, 윗사람을 받들며, 민중을 애호하고 부리는 도리로 확대 적용할 수가 있다. 통치자는 무엇보다 갓난아기를 애지중지 돌보는 어머니처럼 백성을 진실로 아끼고 사랑하는 마음을 가져야 하며, 그러면 무난히 나라를 평화와 안정으로 이끌 수 있다.

앞 장에서 설명한 대로, '제가'의 원만한 완성을 위해서는 '수신修身'이 전제돼야 한다. 그 때문에 증자는 여기서 특히 군왕이 일가의 가장으로서 '제가' 과정에 보여주는 품성과 언행이 어떠하냐에 따라 국가 사회 전반에 호영향을 끼칠 수도 있고, 악영향을 끼칠 수도 있음을 일깨웠다. 예컨대 요임금과 순임금은 본받아야 할 군왕이요, 걸왕과 주왕은 경계해야 할 군주이다. 그리고 끝으로 증자는 『시경』의 관련 구절들을 인용해 '제가'가 '치국'의 전제임을 다시 한번 강조했다.

제10장 치국治國·평천하平天下

10-1

이른바 온 천하를 태평하게 다스림은 먼저 자신의 나라를 다스려 부강하게 함에 달렸다는 것은, 윗자리의 통치자가 노인을 공경하면 백성들도 부모를 효경하는 바람이 일 것이요, 윗자리의 통치자가 연장자를 존중하면 백성들도 손윗사람을 존중하는 바람이 일 것이며, 윗자리의 통치자가 의지가지없는 고아를 돌봐주면 백성들도 그런 공덕公德을 저버리지 않고 고아를 돌볼 것이기 때문이다. 그러므로 군자는 '혈구지도絜矩之道', 즉 자기의 마음으로 남의 마음을 헤아리며 솔선해 모범을 보임으로써 사람들을 바르게 이끄는 영도領導 원칙을 실천한다.

윗사람이 나에게 하는 태도나 행동이 증오스러우면 같은 식으로 아랫사람을 부리지 말고, 아랫사람이 나에게 하는 태도나 행동이 증오스러우면 같은 식으로 윗사람을 섬기지 말며, 앞사람이 나에게 하는 태도나 행동이 증오스러우면 같은 식으로 뒷사람을 대하지 말고, 뒷

사람이 나에게 하는 태도나 행동이 증오스러우면 같은 식으로 앞사람을 대하지 말고, 오른편 사람이 나에게 하는 태도나 행동이 증오스러우면 같은 식으로 왼편 사람을 대하지 말고, 왼편 사람이 나에게 하는 태도나 행동이 증오스러우면 같은 식으로 오른편 사람을 대하지 말아야 한다. 이를 일러 '혈구지도'라고 한다.

所謂平天下在治其國者, 上¹老老²而³民興孝, 上長長⁴而民興弟,⁵ 上
소위평천하재치기국자 상 노로 이 민흥효 상장장 이민흥제 상

恤孤⁶而民不倍.⁷ 是以君子有絜矩之道⁸也.
휼고 이민불배 시이군자유혈구지도 야

所惡於上,⁹ 毋以使下¹⁰; 所惡於下, 毋以事上; 所惡於前, 毋以先後¹¹;
소오어상 무이사하 소오어하 무이사상 소오어전 무이선후

所惡於後, 毋以從前¹²; 所惡於右, 毋以交¹³於左; 所惡於左, 毋
소오어후 무이종전 소오어우 무이교 어좌 소오어좌 무

以交於右. 此之謂絜矩之道.
이 교 어 우 차 지 위 혈 구 지 도

주석

1 上(상): 윗자리에 있는 사람. 곧 군왕 내지 통치자를 이름.

2 老老(노로): 노인을 공경함. 앞의 '노'는 동사로, 노인을 노인으로 대접함, 곧 공경·존중한다는 뜻임. 뒤의 '로'는 명사로, 노인 또는 부모 연배의 어른을 뜻함.

3 而(이): 즉則과 같음.

4 長長(장장): 연장자를 존중함. 앞의 '장'은 동사로, 연장자를 연장자로 대접함, 곧 존중한다는 뜻임. 뒤의 '장'은 명사로, 연장자를 뜻함.

5 弟(제): 제悌와 같음. 아우가 형을 공경함. 또 손아랫사람이 손윗사람을 공경함.

6 恤孤(휼고): 고아를 구휼救恤함. '휼'은 구휼, 즉 가엾게 여겨 구제함, 돌봐줌. '고'는 어려서 부모를 여의고 의지가지없는 아이.

7 倍(배): 배背와 같음. 배반함, 저버림.

8 絜矩之道(혈구지도): 혈구의 도. 이는 아래 단락의 설명에 따르면, 곧 자기의 마음으로 남의 마음을 헤아리며 도덕규범에 맞는 행동을 해 다른 사람으로 하여금 언행을 바르게 하도록 하는 솔선수범의 원칙을 이르는 것으로 이해됨. '혈'은 잼, 측량함. '구'는 곡척曲尺·곱자, 즉 'ㄱ' 자 모양의 자로, 방형方形을 그리는 도구임. 이는 또 법도, 규범을 비유함.

9 所惡於上(소오어상): 윗사람의 태도나 행동에 증오를 느낀다면. '소'는 약若과 같은 뜻으로, 만약, 만일. 또 이 '소'를 원의대로 '~하는 바'의 뜻으로 이해할 수도 있음. 곧 윗사람에게 증오를 느낀 바, 태도나 행동을 이름. '오'는 증오함. '상'은 상사, 윗사람.

10 毋以使下(무이사하): 그러한 태도나 행동으로 아랫사람을 대하고 부리지 말라. '무'는 ~하지 마라. '이'는 '이지以之'의 생략으로, '지'는 앞에서 말한 '오어상惡於上'의 태도나 행동을 가리킴. '사'는 사람을 부림, 즉 사람을 시켜 일하게 함.

11 先後(선후): 앞사람이 뒷사람에게 앞사람 노릇을 함. 또는 앞사람으로서 뒷사람을 대함, 뒷사람에게 어떤 행동을 함. '선'은 앞섬. '후'는 뒷사람.

12 從前(종전): 뒷사람이 앞사람에게 뒷사람 노릇을 함. 또는 뒷사람으로서 앞사람을 대함, 앞사람에게 어떤 행동을 함. '종'은 뒤따름. '전'은 앞사람.

13 交(교): 줌, 가加함. 곧 상대방에게 어떤 행동을 함, 상대방을 대함을 이름.

해설

『대학』에서 공자가 역설한 '대학지도大學之道'의 궁극적 이상과 목표는 바로 '평천하'이다. 증자는 이제 「전문」의 마지막 장인 이 장에서 '치국'이야말로 '평천하'의 기초요 전제로서 막대한 의의를 가진다는 관점에 입각해, 나라를 잘 다스려 천하 만민이 태평을 누리게 해야 한다는 원칙과 그 구체적인 방법을 논술했다. 다만 그 편폭篇幅이 상당히 길어 편의상 네 절節로 나누어 살펴본다.

증자는 먼저 이 첫 절에서는 통치자가 철저히 준수해야 할 원칙으로 이른바 '혈구지도'를 제시했다. '혈구지도'는 곧 "자기의 마음으로 남의 마음을 헤아리며 솔선해 도덕적이고 규범적인 행동으로 모범을 보임으로써 사람들을 바르게 이끄는 영도 원칙"이다. 그것은 또한 곧 앞 장에서 말한 '추기급인'의 '서도恕道'나 다름이 없다. "자기가 하기 싫은 것은 다른 사람에게도 하게 하지 않는(己所不欲, 勿施於人)"(『논어』「위영공」) '서도'는 진실로 사람을 인애하는 마음의 표현이다. 그런 만큼 통치자가 '혈구지도'를 실천한다면 사람들이 분명 심열성복心悅誠服, 즉 마음속으로 기뻐하며 성심을 다해 따를 것이니, 천하가 태평하게 다스려짐은 두말할 나위가 없다. 일찍이 공자가 "높은 벼슬아치의 덕은 흡사 바람과 같고 일반 백성의 덕은 흡사 풀과 같나니, 풀은 그 위로 바람이 불면 반드시 바람이 부는 대로 눕게 마련이다(君子之德, 風; 小人之德, 草. 草上之風, 必偃)"(『논어』「안연」)라고 한 것은 바로 『대학』에서 말하는 이 같은 상행하효上行下效(윗사람의 모범적인 행동을 아랫사람이 본받아 행함)의 의의를 형상적으로 잘 설명해준다.

10-2

『시경』에서 말했다. "기껍고 즐거우신 군자여 / 만백성의 어버이로
다." 무릇 백성들이 좋아하는 것을 좋아하고, 백성들이 싫어하는 것을
싫어하는, 그런 군왕을 일러 만백성의 어버이라고 한다.

『시경』에서 말했다. "험준하기 그지없는 저 남산이여 / 돌들이 험하
게도 우뚝 솟아 있구나 / 위엄과 명망의 광휘가 빛나는 태사太師 윤씨
尹氏여 / 백성들이 모두 당신을 지켜보나이다." 나라의 정권을 잡은 이
는 그 처신·처사를 삼가지 않을 수 없나니, 혹여 공정치 못하고 도덕
규범을 벗어난다면 천하 만민에게 죽임을 당할 것이다.

『시경』에서 말했다. "은나라가 민심을 잃지 않았을 때는 / 그래도 하
느님의 뜻을 받들 수 있었나니 / 후세의 임금들은 응당 은나라를 거울
로 삼아야 할지니 / 천명을 받들어 지키기는 결코 쉽지 않으니라." 이
는 곧 민중의 마음을 얻으면 나라를 얻지만, 민중의 마음을 잃으면 나
라를 잃는다는 말이다. 그러므로 군자는 무엇보다 먼저 도덕 수양에
주의를 기울인다.

무릇 덕이 있어야 비로소 사람들의 지지를 받을 수 있고, 사람들의 지지가 있어야 비로소 넓은 영토를 차지할 수 있으며, 넓은 영토가 있어야 비로소 넉넉한 재부를 가질 수 있고, 넉넉한 재부가 있어야 비로소 나라의 재정 비용을 댈 수 있다. 요컨대 도덕은 치국治國의 근본이요, 재부는 치국의 말단이다. 한데 만약 치국의 근본인 도덕을 외적 형상으로 삼고, 치국의 말단인 재부를 내적 실질로 삼는다면, 급기야 백성들과 이익을 다투며 그들의 재물을 수탈收奪하기를 일삼게 될 것이다. 그러므로 재부가 군왕의 수중에 쌓이면 민심은 군왕을 떠나고, 재부가 백성들에게 나누어지면 민심은 군왕에게로 모인다. 또한 그러므로 군왕이 정리情理에 어긋난 말을 하면 그로 인해 또한 백성들로부터 정리에 어긋난 말을 들을 것이요, 군왕이 도리에 어긋난 방식으로 재화財貨를 긁어모으면 그로 인해 또한 장차 백성들에 의해 도리에 어긋난 방식으로 그것을 탈취당할 것이다.

『상서』「강고편」에서 말했다. "유독 천명天命은 무상無常한 것이다." 이는 곧 군왕은 덕을 쌓고 선을 행하면 천명을 받고, 덕을 쌓고 선을 행하지 않으면 천명을 잃는다는 말이다.

詩云: "樂只[1]君子, 民之父母." 民之所好, 好之; 民之所惡, 惡之.
시 운   낙지군자   민지부모   민지소호   호지   민지소오   오지
此之謂民之父母.
차지위민지부모
詩云: "節[2]彼南山,[3] 維[4]石巖巖.[5] 赫赫[6]師尹,[7] 民其[8]爾[9]瞻.[10]" 有國者[11]
시 운   절피남산   유석암암   혁혁사윤   민구이첨   유국자
不可以不愼, 辟[12]則爲天下僇[13]矣.
불가이불신 벽 즉위천하륙 의
詩云: "殷之未喪師,[14] 克配上帝[15]; 儀監[16]于殷, 峻命[17]不易.[18]" 道[19]
시 운   은지미상사   극배상제   의감 우은   준명 불이   도

得衆則得國, 失衆則失國. 是故君子先愼^{20}乎^{21}德.
득 중 즉 득 국　실 중 즉 실 국　시 고 군 자 선 신　호　덕

有德此^{22}有人, 有人此有土, 有土此有財, 有財此有用. 德者, 本也;
유 덕 차　유 인　유 인 차 유 토　유 토 차 유 재　유 재 차 유 용　덕 자　본 야

財者, 末也. 外本內末,^{23} 爭民施奪.^{24} 是故財聚^{25}則民散,^{26} 財散^{27}則
재 자　말 야　외 본 내 말　쟁 민 시 탈　시 고 재 취　즉 민 산　재 산　즉

民聚. 是故言悖^{28}而出^{29}者, 亦悖而入^{30}; 貨悖而入者, 亦悖而出.^{31}
민 취　시 고 언 패　이 출　자　역 패 이 입　화 패 이 입 자　역 패 이 출

康誥曰: "惟^{32}命^{33}不于常^{34}!" 道善則得之, 不善則失之矣.
강 고 왈　유　명　불 우 상　도 선 즉 득 지　불 선 즉 실 지 의

주석

1 只(지): 구절 가운데 쓰이는 어조사로, 특별한 뜻은 없음. 일설에는 감탄의 어조사 재哉와 같다고 함. •이 "낙지樂只…" 2구는 현인군자賢人君子를 찬송한 『시경』「소아 남산유대편南山有臺篇」의 구절임.

2 節(절): 높고 험준한 모양.

3 南山(남산): 종남산終南山.

4 維(유): 구절 첫머리에 쓰인 발어사로, 특별한 뜻은 없음.

5 巖巖(암암): 암석·바위가 험하게 우뚝 솟은 모양.

6 赫赫(혁혁): 빛나는 모양, 성盛한 모양. 곧 위엄과 명망名望이 크게 두드러짐을 두고 이름.

7 師尹(사윤): 태사 윤씨. '사'는 태사로, 주대周代 최고最高의 관직인 삼공三公, 즉 삼정승三政丞 중 하나임.

8 具(구): 구俱와 같음. 다함께, 다같이, 모두.

9 爾(이): 제이인칭대명사. 너, 그대, 당신.

10 瞻(첨): 봄[看]. 여기서는 특히 주시注視함을 이름. •이상의 "절피節彼…" 4구는 주周 유왕幽王 때의 대부大夫 가보家父가 당시 집정執政 대신大臣 태사 윤씨의 폭정을 풍자하면서, 임금이 그를 벌하고 새로이 현인賢人을 등용해 백성들이 편하게 살 수 있도록 해달라는 뜻을 노래한 『시경』「소아 절남산편節南山篇」의 구절임. 따라서 위의 '혁혁赫赫'은 태사 윤씨의 포학을 풍자한 반어적 표현으로

이해됨.

11 有國者(유국자): 국가의 정권, 통치권을 소유한 사람. 곧 국가 영도자, 즉 군왕이
나 집정 대신을 이름.

12 辟(벽): 벽僻과 같음. 사벽邪辟/邪僻, 즉 간사奸邪히 한쪽으로 치우쳐 있음. 여기
서는 곧 유가의 도덕규범을 벗어남을 이름.

13 僇(륙): 륙戮과 같음. 주륙誅戮, 즉 죄인을 죽임. 곧 (나라를) 전복시킴, 뒤집어엎
음을 이름.

14 喪師(상사): 민중, 민심을 잃음. '사'는 뭇사람, 중인衆人, 민중. 여기서는 곧 민심
을 이름.

15 克配上帝(극배상제): 하느님의 뜻에 부합할 수 있음. 곧 천명을 받들어 천자 노
릇을 할 수 있음을 이름. '극'은 능能과 같음. '배'는 짝함, 어울림. 여기서는 곧
(하느님의 뜻에) 부합함, (하느님의 뜻을) 받듦을 이름. '상제'는 하느님.

16 儀監(의감): 『시경』에는 본디 '의감宜鑑'으로 되어 있음. 응당 거울로 삼아야 함.
'의'는 의宜와 같음. 마땅히 ~해야 함. '감'은 감鑑과 같음. 거울에 비춰 봄. 곧 거
울로 삼음을 이름.

17 峻命(준명): 대명大命. 곧 천명天命을 이름. '준'은 큼(大).

18 不易(불이): 쉽지 않음. 곧 (천명을) 보지保持하기 어려움을 이름. • 이상의 "은지
殷之…" 4구는 『시경』 「대아 문왕편」의 구절임.

19 道(도): 말함(言).

20 愼(신): 신중을 기함, 주의를 기울임.

21 乎(호): 어於와 같음. ~에.

22 此(차): 즉則과 같음. 또 비로소의 뜻으로도 이해됨.

23 外本內末(외본내말): 치국의 근본인 도덕을 외적 형상으로 삼고, 치국의 말단인
재부를 내적 실질로 삼음. 곧 본말, 주객이 전도됨을 말함. '외'는 외형으로 삼음
으로, 경시한다는 뜻을 함축함. '내'는 본바탕으로 삼음으로, 중시한다는 뜻을
함축함.

24 爭民施奪(쟁민시탈): 백성들과 이익을 다투며 겁탈劫奪(위협하거나 폭력을 써서 빼
앗음)·수탈하기를 일삼음. '시'는 시행施行, 즉 실지로 행함. 곧 일삼음을 이름. 일
설에는 이 구절을 백성들을 서로 다투게 해 그들이 서로 겁탈하도록 가르친다
는 뜻으로 풀이함. 하지만 아래 구절의 문맥적 의미에 비춰 볼 때, 일설의 풀이

는 설득력이 떨어짐. 아무튼 이때 '쟁'은 사역동사로 쓰였고, '시'는 '시교施敎', 즉 가르침을 베풂, 곧 가르친다는 말임.

25 **財聚**(재취): 재부·재물이 모임. 곧 재부가 군왕의 수중手中 내지 나라 곳간에 쌓임을 이름. '취'는 취집聚集, 즉 한데 모음, 모임.

26 **民散**(민산): 포학한 정치를 견디지 못해 백성들이 뿔뿔이 흩어짐. 곧 민심이 돌아섬을 이름. '산'은 이산離散·실산失散, 즉 흩어짐, 흩어져 잃어버림. 곧 이반離叛함, 떠남, 돌아섬을 이름.

27 **散**(산): 분산分散함, 즉 갈라져 흩어짐. 곧 나누어짐을 이름.

28 **悖**(패): 어긋남, 어그러짐. 이는 곧 정리情理(인정과 도리)나 사리事理를 두고 이름.

29 **出**(출): 밖으로 냄. 곧 말을 함, 내뱉음을 이름.

30 **入**(입): 안으로 들임. 곧 말을 들음, 되받음을 이름.

31 **出**(출): 밖으로 내보냄. 곧 탈취당함, 빼앗김, 잃음을 이름.

32 **惟**(유): 유독惟獨, 오직.

33 **命**(명): 천명天命.

34 **不于常**(불우상): 한결같지 않음. 곧 무상함을 이름. '우'는 어조사로, 특별한 뜻은 없음.

해설

증자는 이제 두 번째로 '치국평천하'하기 위해서는 '위정이덕爲政以德'(『논어』「위정」), 즉 '덕'으로 정치를 하고 나라를 다스림으로써 민심을 얻어야 함을 역설했다. '덕'이란 '도덕'과 '은덕恩德' 두 가지 함의를 가진다. 다시 말해 공자와 유가에서 말하는 덕치는 물질적으로 백성들에게 은덕과 은혜를 베풀어 넉넉히 살게 하고, 또 정신적으로 통치자가 도덕 수양을 제고해 백성을 진실로 사랑하면서 아울러 백성을 덕으로 감화·교화함으로써 보다 사람다운 품성을 갖추도록 함을 말한다. 그러면 천하 평치平治는 절로 이룩될 수 있다는 것이다.

모름지기 통치자는 이를테면 '만백성의 어버이'가 되어 그들이 좋아하는 것을 좋아하고 싫어하는 것을 싫어하며 그들을 잘 돌봐주어야 한다. 백성들이 좋아하는 것은 필시 자신들이 배부르고 따뜻함과 통치자가 유도有道 유덕有德함이며, 싫어하는 것은 필시 자신들이 춥고 배고픔과 통치자가 무도 무덕함일 것이다. 예나 지금이나 문제가 되는 통치자는 곧 사사로운 이익과 재부에 대한 탐욕이 지나쳐 불선하고 무도한 경우가 태반이다. 물론 재부는 국가 재정의 비축과 충당을 위해 반드시 필요하다. 하지만 '도덕이 치국의 근본이라면, 재부는 치국의 말단임'을 알아야 한다. 바로 그 같은 의식하에 통치자 자신의 도덕을 한껏 수양해 덕치를 성실히 행함으로써 민중의 마음을 얻고 지지를 받는다면, 필요한 영토와 재부는 저절로 따라오게 마련이다. 왜냐하면 통치자가 민심을 얻으면 천명을 얻을 것이고, 민심을 잃으면 천명을 잃을 것이기 때문이다. 그야말로 민심이 천심인 것이다. 또한 훗날 당唐 태종太宗 이세민李世民이 그의 아들에게 "배는 임금에게 비유되고 물은 백성에게 비유되나니, 물은 배를 띄울 수도 있지만 배를 뒤집어버릴 수도 있다〔舟所以比人君, 水所以比黎庶; 水能載舟, 亦能覆舟〕"(『정관정요貞觀政要』)라고 훈계한 것 역시 같은 견지의 주장이다.

10-3

『초서楚書』에서 말했다. "초나라에 달리 보배로 여길 만한 것은 없고, 오직 유덕한 선인善人을 보배로 여길 뿐이외다." 진晉나라 문공文公의 외숙外叔 자범子犯이 말했다. "망명자는 달리 보배로 여길 만한 것이 없으며, 오직 친인親人을 인애仁愛함을 보배로 여길 뿐입니다."

『상서』「진서편秦誓篇」에서 진秦 목공穆公이 말했다. "만약 어떤 신하 한 사람이 한결같이 성실하고 충성스러우며 다른 특별한 재능은 없으나 그 마음만은 선량하고 관후寬厚하여 다른 사람을 포용함이 있어, 다른 사람이 어떤 재능이 있는 걸 보면 마치 자신이 그런 재능을 가진 것처럼 여기고, 다른 사람이 재덕才德을 겸비한 것을 보면 진심으로 좋아하여, 입으로 칭송해 마지않을 뿐만 아니라 진정 마음속 깊이 경모敬慕하며 받아들인다면, 그를 중용重用해 짐의 자손과 백성을 안전하게 보호할 수 있을 것이니, 그 또한 필시 나라에 이로울 것이다. 하지만 다른 사람이 어떤 재능이 있는 걸 보면 시기하여 그를 미워하고, 다른 사람이 재덕을 겸비한 것을 보면 어떻게든 그를 저지하여 임금에게 발탁 등용되지 못하도록 하며 진정으로 다른 사람을 받아들이지 못하는 사람이 있다면, 그를 중용해서는 짐의 자손과 백성을 안전하게 보호할 수가 없을 것이니, 그 또한 분명 나라에 위험할 것이다." 오직 인인군자仁人君子만이 다른 사람을 받아들이지 못하는 그런 사람을 유배하여 멀리 사방 오랑캐 지역으로 내쫓아버리고, 그들과 함께 중원 지역에 거주하지 않는다. 이런 연유로 오직 인仁한 사람만이 사람을 좋아하고, 또 사람을 미워할 수 있다고 하는 것이다.

어진 인재를 보고도 발탁해 등용하지 못하거나, 설사 등용했더라도 우선적으로 중용하지 못한다면, 그것은 어진 인재에 대한 대우가 너무 태만한 것이다. 또 선하지 않은 인물을 보고도 단호히 파면하지 못하거나, 설사 파면을 했더라도 멀리 내쫓지 못한다면, 그것은 불선한 인물을 방임하는 과오를 범하는 것이다. 무릇 사람들이 미워하고 싫어하는 것을 사랑하고 좋아하고, 사람들이 사랑하고 좋아하는 것을 미워하고 싫어한다면, 그것은 사람의 본성을 거스르는 것이니, 반드시 재앙이 그 신상身上에 미칠 것이다. 그러므로 군자는 나라를 다스림에 대원칙이 있나니, 충성스럽고 신실한 자세로 임하면 반드시 민심을 얻을 것이요, 교만하고 방자한 자세로 임하면 반드시 민심을 잃을 것이다.

楚書[1]曰: "楚國無以爲[2]寶, 惟善以爲寶." 舅犯[3]曰: "亡人[4]無以爲寶, 仁親[5]以爲寶."
초 서 왈   초 국 무 이 위 보   유 선 이 위 보   구 범 왈   망 인 무 이 위보 인 천 이 위 보

秦誓[6]曰: "若有一个[7]臣, 斷斷[8]兮,[9] 無他技,[10] 其心休休焉,[11] 其如有
진 서 왈   약 유 일 개 신   단 단 혜   무 타 기   기 심 휴 휴 언   기 여 유

容^{12}焉.^{13} 人之有技, 若己有之, 人之彦聖,^{14} 其心好之, 不啻^{15}若自
용 언 　 인지유기 약기유지 인지언성 기심호지 불시 약자

其口出, 寔^{16}能容之, 以^{17}能保我子孫黎民,^{18} 尚^{19}亦有利哉. 人之有
기구출 식 능용지 이 능보아자손여민 상 역유리재 인지유

技, 媢疾^{20}以惡^{21}之, 人之彦聖, 而違^{22}之俾^{23}不通,^{24} 寔不能容, 以不
기 모질 이오 지 인지언성 이위 지비 불통 식불능용 이불

能保我子孫黎民, 亦曰殆^{25}哉." 唯^{26}仁人^{27}放流^{28}之,^{29} 迸諸四夷,^{30}
능보아자손여민 역왈태 재 　 유 인인 방류 지 병저사이

不與同中國.^{31} 此謂唯仁人爲能愛人, 能惡人.
불여동중국 차위유인인위능애인 능오인

見賢而不能擧,^{32} 擧而不能先,^{33} 命^{34}也; 見不善而不能退,^{35} 退而不
견현이불능거 거이불능선 명 야 견불선이불능퇴 퇴이불

能遠, 過也. 好人之所惡, 惡人之所好, 是謂拂^{36}人之性, 菑^{37}必逮^{38}
능원 과야 호인지소오 오인지소호 시위불 인지성 재 필체

夫^{39}身. 是故君子有大道,^{40} 必忠信以得之, 驕泰^{41}以失之.
부 신 시고군자유대도 필충신이득지 교태 이실지

주석

1 楚書(초서): 『국어國語』의 「초어편楚語篇」을 이르는데, 춘추시대 초나라 역사를 기록하고 있음. 그 기록에 따르면, 초 소왕昭王의 명을 받고 왕손어王孫圉가 진晉나라에 출사出使했을 때, 진나라 조간자趙簡子가 초나라 국보인 진귀한 미옥美玉 백형白珩의 가치가 얼마나 되는지 묻자, 왕손어가 초나라는 미옥을 보배로 여긴 적이 없으며 유덕한 선인善人 관사보觀射父 같은 대신을 보배로 여겼을 뿐이라고 답함. 초나라는 주대의 제후국으로, 지금의 중국 호남·호북성 일대에 있었으며, 전국시대에 진秦나라에게 망함.

2 以爲(이위): ~라고 여김, 생각함.

3 舅犯(구범): 진晉나라 대신 호언狐偃. 진 문공 중이重耳의 외숙으로, 그의 자가 자범子犯이라서 이같이 일컬음.

4 亡人(망인): 망명자亡命者, 즉 외국으로 망명한 사람. 여기서는 진 문공 중이를 지칭함.

5 仁親(인친): 친인親人(육친·혈친)을 인애함. • 이상의 "망인亡人…" 2구는 '구범'이 중이에게 한 말임. 『예기』「단궁 하편檀弓下篇」의 기록에 따르면, 진晉 헌공獻公의

아들이었던 공자公子 중이는 세력 다툼에 밀려 망명길에 올랐는데, 당시 외숙 자범이 그를 수행함. 나중에 헌공이 죽자, 진秦 목공이 중이에게 고국으로 돌아가 왕위를 차지하라고 권함. 하지만 자범이 부왕父王이 죽은 틈을 타서 귀국해 왕위를 탈취하는 것은 친인을 인애하는 도리에 어긋난다고 생각해 이 말로 불가함을 아뢰어 막음. 이는 곧 공자 중이는 친인에 대한 인애를 근본으로 삼고, 권력이나 지위는 말단으로 여긴다는 것을 보여줌. 중이는 훗날 19년간의 망명 생활을 마감하고 귀국해 왕위에 올라서 춘추 오패五霸의 일원이 되었으니, 그가 곧 진晉 문공임.

6 秦誓(진서): 『상서』 「주서」의 편명. 일찍이 진秦 목공이 무리하게 멀리 정나라 정벌에 나섰다가 뜻을 이루지 못하고, 이듬해 본국으로 돌아오는 도중에 진晉나라의 습격을 받아 대패했는데, 귀국 후 자신의 과오를 크게 뉘우치며 이 '진서'를 지어 군신群臣들을 경계함. 아래에 인용한 '진서'의 글은 현전 『상서』의 원문과는 다소 차이가 있음.

7 个(개): 개介와 같음. 사람 수를 세는 말.

8 斷斷(단단): 성실하고 충성스러우며 한결같은 모양.

9 兮(혜): 어조사로, 감탄과 찬탄의 어기를 나타냄.

10 技(기): 기예技藝. 곧 재능, 재주, 능력을 이름.

11 休休焉(휴휴언): 선량하고 돈후敦厚하며 도량이 넓고 큰 모양. '언'은 연然과 같은 어조사로, ~한 모양을 뜻함.

12 有容(유용): 포용함이 있음. 곧 다른 사람을 너그럽게 감싸주거나 받아들임을 이름.

13 焉(언): 의矣와 같은, 문장 끝에 쓰이는 어조사. 긍정의 어기를 나타내며, 여기서는 또 감탄의 어기를 내포한 것으로 이해됨.

14 彦聖(언성): 재덕을 겸비함. '언'은 준언俊彦, 즉 재주와 슬기가 매우 뛰어남. '성'은 성명聖明, 즉 덕이 거룩하고 슬기로움.

15 不啻(불시): ~일 뿐만 아니라.

16 寔(식): 실實과 같음. 진실로, 확실히.

17 以(이): ~으로써. 여기서는 곧 '일개신一个臣'을 중용함으로써의 뜻으로 이해됨.

18 黎民(여민): 일반 백성, 민중.

19 尚(상): 거의. 여기서는 거의 반드시, 곧 필시의 뜻으로 이해됨.

20 媢疾(모질): 시기함, 질투함. '질'은 질嫉과 같음.

21 惡(오): 혐오함, 미워함, 싫어함.

22 違(위): 어김, 위반함. 여기서는 곧 저지함, 억제함을 이름.

23 俾(비): 사使와 같음. ~로 하여금 ~하게 함.

24 通(통): 통함, 달達함. 곧 (그 재덕으로 인해) 군왕에게 발탁 등용됨을 이름.

25 殆(태): 위태함, 위험함.

26 唯(유): 오직, 오로지.

27 仁人(인인): 인도仁道를 체득하고 인덕仁德을 갖춘 사람, 곧 도덕군자. 여기서는 그런 군왕을 말함.

28 放流(방류): 유방流放과 같음. 유배流配, 즉 죄인을 귀양 보냄.

29 之(지): 지시대명사로, 앞에서 말한 '진정으로 다른 사람을 받아들이지 못하는 사람'을 가리킴.

30 迸諸四夷(병저사이): 그 사람을 사방의 오랑캐 지역으로 멀리 내쫓음. '병'은 병屏과 같음. 물리침, 내쫓음. '저'는 지어之於의 합음자. '사이'는 사방 오랑캐. 곧 옛날 중원에서 사방의 이민족과 그 나라를 얕잡아 일컬는 말로, 구체적으로는 동이東夷·서융西戎·남만南蠻·북적北狄이라고 함. '이'는 좁은 뜻으로는 동이를 이르나, 여기서는 넓은 뜻으로 이민족을 통칭하는 말로 쓰임.

31 中國(중국): 옛날에 한족漢族 거주지였던 중원 지역, 곧 황하 유역을 이르던 말.

32 擧(거): 거용擧用·등용登用, 즉 인재를 뽑아서 씀. 일설에는 천거함.

33 先(선): 우선적으로 중용重用함. 곧 크게 신뢰하며 중책을 맡김을 이름.

34 命(명): 이는 후한의 대유학자 정현이 이른 대로, 만慢의 잘못으로 이해됨. 곧 태만함을 이름.

35 退(퇴): 퇴척退斥·척퇴斥退, 즉 물리침. 곧 파면함을 이름.

36 拂(불): 거스름, 어김.

37 菑(재): 재재災와 같음. 재앙, 재화災禍.

38 逮(체): 미침及), 이름至).

39 夫(부): 지시대명사. 그其).

40 大道(대도): 중대한 원칙. 대략 '수기치인修己治人', 즉 자신의 심신을 수양한 후에 다른 사람을 다스리는 원칙을 이르는 것으로 이해됨.

41 驕泰(교태): 교만하고 방자함. '태'는 자사恣肆, 즉 제멋대로 함.

증자는 이제 세 번째로 '치국평천하'하기 위해서는 현능한 인재를 등용해 국정을 담당하게 해야 함을 역설했다. 공자는 일찍이 정치를 어떻게 해야 하는지 묻는 제자 중궁仲弓에게 "부하 관리들에게 솔선수범하고, 아랫사람의 작은 잘못을 너그럽게 용납하며, 어질고 유능한 인재를 등용하여라〔先有司, 赦小過, 擧賢才〕"(『논어』「자로子路」)라고 하는가 하면, 같은 질문을 한 노나라 임금 애공哀公에게 "위정 치국의 성패는 현능한 인재의 보좌를 받느냐 못 받느냐에 달려 있음〔爲政在人〕"(『중용』)을 강조한 바 있다. 그것은 물론 만백성을 위한 어진 정치는 결국 현능한 인재를 통해서 이룩될 수 있기 때문이다. 이에 증자는 『초서』를 비롯한 일련의 관련 자료를 들어 '거현재擧賢才'의 중대한 의의를 부연한 것이다.

앞 절에서 분명히 말했듯이 "도덕은 치국의 근본이요, 재부는 치국의 말단이다". 따라서 '치국평천하'를 성공적으로 이룩하기 위해서는 금은보화나 왕위王位 같은 그 어떤 물질적인 가치나 이익보다는 선인과 현인, 친인에 대한 존중과 예우, 인애의 정신적 가치와 의의를 우선시하고, 그 실현을 위해 심력을 다해야 한다. 특히 넓은 도량으로 다른 사람을 포용할 줄 아는 현인을 중용하고, 좁은 소견으로 현능한 이를 시기하는 소인을 배척할 줄 알아야 한다. 다시 말해 통치자는 인후仁厚한 덕성과 높고 넓은 식견으로 마땅히 좋아할 사람을 좋아하고, 미워할 사람을 미워할 줄 알아야 한다. 그러면 민심을 얻을 것이요, 그렇지 않으면 민심을 잃을 것이다. 왜냐하면 '사람의 본성을 거스르는' 처신·처사는 결코 뭇사람의 공감과 지지를 얻을 수 없기 때문이다.

10-4

재부를 생산하고 증식함에도 대원칙이 있나니, 생산자는 많고 소비자는 적으며, 생산자는 부지런히 일하고 소비자는 절약하고 검소하면, 나라의 재부는 늘 충족할 것이다.

인仁한 사람은 재부를 백성들에게 나누어 주면서 민심을 얻어 자신의 대업을 일으키고, 인하지 않은 사람은 자신의 권력을 휘둘러 재부를 긁어모음으로써 민심을 잃고 대업을 망친다. 무릇 군왕이 인덕仁德을 좋아하는데 신민臣民이 도의道義를 좋아하지 않는 경우가 없고, 사람이 도의를 좋아하는데 그 일을 끝까지 이뤄내지 못하는 경우가 없으며, 인의仁義로 모은 나라 곳간의 재물은 군왕의 재물이 아닌 경우가 없다.

맹헌자孟獻子가 말했다. "네 필의 말이 끄는 수레를 보유한 대부가大夫家는 닭과 돼지를 기르는 작은 이익에 관심하지 않아야 하고, 상제喪祭 때 얼음으로 제물祭物을 신선하게 보관하는 경대부가卿大夫家는 작은 이익 때문에 소와 양을 기르지 않아야 한다. 그리고 네 필의 말이

끄는 병거兵車 백 대를 보유한, 대국大國의 경대부가는 백성의 재산을 수탈하는 가신家臣을 두지 않아야 하나니, 백성의 재산을 수탈하는 가신을 두기보다는 차라리 주인의 곳간 재물을 도둑질하는 가신을 두는 것이 낫다." 이는 곧 나라를 다스리는 이는 재물을 이익으로 여기지 않고, 도의를 이익으로 여겨야 한다는 말이다.

군왕으로서 나라를 다스리며 재부를 긁어모으는 데 힘쓰는 것은 반드시 소인을 중용한 데서 기인한다. 어리석은 군왕이 소인을 좋게 생각해 그들로 하여금 국가 대사를 관장하게 한다면, 하늘이 내리는 재앙과 사람이 만드는 화난禍難이 한꺼번에 닥칠 것이다. 그러면 설령 아무리 현능한 사람이 있더라도 어떻게 할 도리가 없다. 이런 연유로 나라를 다스리는 이는 재물을 이익으로 여기지 않고, 도의를 이익으로 여겨야 한다는 것이다.

生財[1]有大道, 生之者衆, 食[2]之者寡, 爲之者[3]疾,[4] 用之者[5]舒,[6] 則財
생재 유대도 생지자중 식 지자과 위지자질 용지자서 즉재
恒足矣.
항족 의
仁者以財發身,[7] 不仁者以身發財.[8] 未有上[9]好仁, 而下[10]不好義者
인자이재발신 불인자이신발재 미유상 호인 이하 불호의자
也; 未有好義, 其事不終[11]者也; 未有府庫財,[12] 非其財者也.
야 미유호의 기사부종 자야 미유부고재 비기재자야
孟獻子[13]曰: "畜馬乘[14]不察[15]於鷄豚, 伐冰之家[16]不畜牛羊, 百乘之
맹헌자 왈 축마승 불찰 어계돈 벌빙지가 불축우양 백승지
家[17]不畜聚斂[18]之臣,[19] 與其有聚斂之臣, 寧[20]有盜臣.[21]" 此謂國不以
가 불축취렴 지신 여기유취렴지신 영 유도신 차위국불이
利[22]爲利, 以義爲利也.
리 위리 이의위리야
長國家[23]而務財用[24]者, 必自小人[25]矣. 彼爲善之,[26] 小人之使爲國
장국가 이무재용 자 필자소인 의 피위선지 소인지사위국

家,[27] 菑害[28]竝[29]至. 雖有善者,[30] 亦無如之何[31]矣! 此謂國不以利爲
가 　 재해 　 병 지 　 수유선자 　 역무여지하 　 의 　 차위국불이리위

利, 以義爲利也.
리 　이의위리야

주석

1 生財(생재): 재부·재물을 생산함, 곧 증식함.

2 食(식): 식용함. 곧 소비함을 이름.

3 爲之者(위지자): '생지자生之者'와 같은 말로, 재부를 생산하는 사람을 이름.

4 疾(질): 빠름, 신속함. 곧 부지런히 함을 이름.

5 用之者(용지자): '식지자食之者'와 같은 말로, 재부를 사용하는 사람을 이름.

6 舒(서): 느림, 더딤. 곧 절검節儉, 즉 절약하고 검소하게 함을 이름.

7 以財發身(이재발신): 재부를 써서 자신을 일으킴. 곧 백성들에게 재부를 나누어
　주면서 민심을 얻어 왕업王業을 흥성하게 함을 이름. '발'은 발기發起함, 일으킴.
　'신'은 자신. 이는 특히 자신의 대업을 두고 이름.

8 以身發財(이신발재): 자신의 권력을 써서 재부를 일으킴. 곧 자신의 권력을 휘둘
　러 재부를 긁어모음으로써 민심을 잃고 결국은 왕업이 무너지게 됨을 이름. '신'
　은 여기서는 특히 자신의 권력을 두고 이름.

9 上(상): 윗사람. 특히 군왕을 두고 이름.

10 下(하): 아랫사람. 곧 신민을 두고 이름.

11 終(종): (일울) 끝마침. 곧 완성함, 성공함을 이름.

12 府庫財(부고재): 나라 곳간의 재물. 여기서는 전후 문맥상 인의仁義의 덕목과 원
　칙에 맞게 모아서 국고國庫에 저장한 재물을 이르는 것으로 이해됨. 그렇지 않
　으면 전후의 문맥적 의미에 모순이 있어 통하지 않음. '부고'는 옛날에 나라에
　서 재물이나 문서 등을 저장 보관한 국고, 즉 나라 곳간.

13 孟獻子(맹헌자): 춘추시대 노나라 현대부賢大夫 중손멸仲孫蔑.

14 畜馬乘(축마승): 옛날 네 필의 말이 끄는 수레를 보유한 신임新任 대부가大夫家.
　이 대부는 사士에서 새로 대부로 승차陞差한 사람을 이름. '축'은 축양畜養, 즉
　가축을 기름. 여기서는 곧 (축양하며) 보유함을 이름. '마승'은 여기서는 '승'과 같

은 말로, 네 필의 말이 끄는 수레 한 대를 일컬음. 옛날에는 지위에 따라 그 수레를 끄는 말의 수가 달랐는데, 대부는 네 필, 사는 두 필을 씀.

15 察(찰): 살핌. 곧 따져봄, 관심함을 이름.

16 伐冰之家(벌빙지가): 옛날 상제喪祭, 즉 상례喪禮와 제례祭禮 때 얼음을 써서 시신이나 제물祭物의 신선도를 유지하는 특권을 누린 경대부가. '벌'은 (물건을) 침, 두드림. 또 (나무를) 벰. 여기서는 (얼음에) 구멍을 뚫음, (얼음을) 자름을 이름.

17 百乘之家(백승지가): 네 필의 말이 끄는 병거 백 대를 보유한 경대부가. 이는 일정한 봉읍封邑을 소유한 대국의 경대부를 이름.

18 聚斂(취렴): 백성의 재산을 수탈함.

19 臣(신): 가신家臣.

20 與其A寧B(여기A영B): 비교·선택의 접속사로, A하기보다는 차라리 B하는 게 낫다는 뜻을 나타냄.

21 盜臣(도신): 주공主公·주인主人의 곳간 재물을 도둑질하는 가신을 이름.

22 利(이): 재리財利. 곧 재물, 재부를 이름.

23 長國家(장국가): 나라의 우두머리 노릇을 함. 곧 임금으로서 나라를 다스림을 이름. '장'은 우두머리, 어른. 여기서는 동사로 쓰임.

24 務財用(무재용): 재부를 긁어모으는 데 힘씀. '재용'은 재부, 재물.

25 自小人(자소인): 소인으로부터 말미암음. 곧 소인을 중용한 데서 비롯됨, 기인함을 이름. '자'는 말미암음, 비롯함.

26 彼爲善之(피위선지): 주자가 이 구절 전후로 궐문이나 오자誤字가 있는 듯하다고 했듯이, 전후 문맥상 다소 어색하나, 일단은 그대로 이해함. '피'는 저, 그. 곧 '장국가長國家'하는 군왕으로, 특히 어리석은 군왕을 가리킴. '선'은 선하게 여김, 좋게 생각함. '지'는 '소인'을 가리킴.

27 小人之使爲國家(소인지사위국가): '사소인위국가使小人爲國家'의 도치. '사'의 목적어 '소인'을 강조하기 위해 전치前置한 것임.

28 菑害(재해): 재해災害. 여기서는 천재天災와 인화人禍, 즉 하늘이 내리는 재앙과 사람이 만드는 화난을 이름.

29 竝(병): 나란히, 동시에, 한꺼번에.

30 善者(선자): 선인善人 현자賢者. 곧 현능한 사람을 이름.

31 無如之何(무여지하): 어떻게 할 도리가 없음. '여지하'는 여하지如何之와 같음.

(그것을) 어떻게 하는가. '지'는 허사.

해설 ————————

증자가 마지막으로 역설한 '치국평천하'의 원칙은 재물을 이익(이로운 것)으로 여기지 않고, 도의를 이익으로 여겨야 한다는 것이다. 공자가 말했다. "군자는 도의에 밝고, 소인은 사리私利에 밝다(君子喩於義, 小人喩於利)." "사람이 사사로운 이익을 좇아 행동하면, 허다히 남에게 원망을 산다(放於利而行, 多怨)." (『논어』 「이인」) 그러므로 통치자는 스스로 재물에 대한 탐욕을 버림은 물론, 부도덕한 소인을 멀리해 국가 사회적 재앙을 초래하고 만백성의 원망을 사는 일이 없도록 해야 한다. 오히려 인의仁義 도덕을 애호하고 중시해 만백성에게 정신적·물질적으로 널리 은덕을 베풂으로써 "백성들이 자신들에게 이익이 되는 일을 통해서 실제로 그 이익을 얻도록 해야 한다(因民之所利而利之)." (『논어』 「요왈」) 그것이 바로 뭇사람의 신뢰와 지지를 얻어 대업을 더욱 빛나게 하는 길이다.

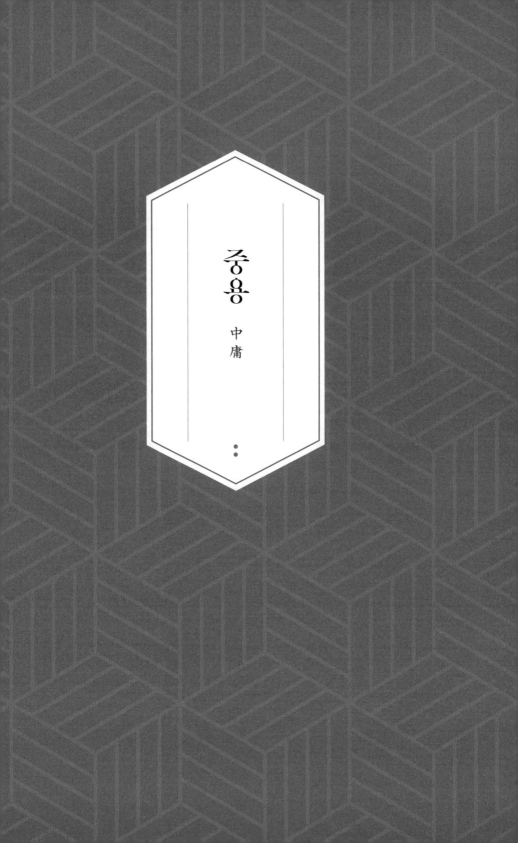

중용

中庸

제1장

하늘이 사람에게 부여한 본질이 '성性', 즉 사람의 본성이요, 그 본성을 따르는 것이 '도道', 즉 만사만물의 보편 법칙이며, 그 법칙을 닦아 널리 밝힘으로써 사람들이 따르게 하는 것이 '교敎', 즉 교화敎化이다.

'도'란 사람이 잠시도 떠나서는 안 되는 것이니, 만약 떠나도 된다면 그것은 '도'가 아니다. 그러므로 군자는 아무도 자신을 지켜보지 않는 때에도 스스로 경계하고 삼가며, 또 아무도 자신의 소리를 듣지 않는 때에도 스스로 경각심을 가지고 삼간다. 무릇 사람의 본색은 아무도 모르는 혼자인 상황에서보다 더 잘 드러나는 경우가 없고, 사람의 진심은 극히 사소한 일에서보다 더 잘 드러나는 경우가 없다. 그러므로 군자는 혼자 있을 때에도 반드시 도리에 어긋남이 없도록 몸가짐을 바로 하고 언행을 삼간다.

기쁘고 화나고 슬프고 즐거운 감정이 밖으로 드러나지 않은 상태를 '중中', 즉 적중適中함이라 하고, 그러한 감정이 밖으로 드러났는데 각기 모두 자연법칙과 도덕규범에 부합함을 '화和', 즉 조화調和함이라

한다. '중'이란 천하의 모든 이치와 법칙의 큰 근본이요, '화'란 천하의
모든 사물이 공히 준수하고 추구해야 할 대원칙이다. 따라서 '중화中
和'의 경지에 이르면, 천지는 제자리를 잡아 편안히 운행하며, 만물은
각기 본성을 따라 생장 발육한다.

天命¹之謂性,² 率³性之謂道,⁴ 修⁵道之謂敎.⁶
천 명 지 위 성 솔 성 지 위 도 수 도 지 위 교

道也者, 不可須臾⁷離也, 可離非道也. 是故君子⁸戒愼⁹乎¹⁰其所不
도 야 자 불 가 수 유 리 야 가 리 비 도 야 시 고 군 자 계 신 호 기 소 부

睹,¹¹ 恐懼¹²乎其所不聞. 莫見乎隱,¹³ 莫顯乎微,¹⁴ 故君子愼其獨¹⁵
도 공 구 호 기 소 불 문 막 현 호 은 막 현 호 미 고 군 자 신 기 독

也.
야

喜怒哀樂之未發,¹⁶ 謂之中¹⁷; 發而皆¹⁸中節,¹⁹ 謂之和.²⁰ 中也者, 天
희 로 애 락 지 미 발 위 지 중 발 이 개 중 절 위 지 화 중 야 자 천

下之大本²¹也; 和也者, 天下之達道²²也. 致中和,²³ 天地位²⁴焉, 萬
하 지 대 본 야 화 야 자 천 하 지 달 도 야 치 중 화 천 지 위 언 만

物育焉.
물 육 언

주석

1 **天命**(천명): 하늘이 명령한 바. 여기서는 천부天賦와 같은 말로, 하늘이 부여한,
곧 사람이 태어날 때부터 지니는 본질적인 것을 이름. 주자는 하늘이 음양오행
의 조화로 만물을 화육化育 생장生長시킴에 있어 '기氣'로써 형체를 이루고 또한
'리理'를 아울러 부여하는데, 이는 곧 명령하는 것과 같다고 함.『대학』「전문」제
5장 주석 6 참조.

2 **性**(성): (하늘이 부여한) 사람의 본성. 곧 천부의 인성人性을 이름. 유가에서는, 사람
의 본성은 천부의 선성善性을 띠는데, 기본적으로 인仁·의義·예禮·지智·신信의 덕
목, 또는 인의仁義·효제孝悌·충서忠恕·중용 등 일련의 윤리 도덕 관념을 내포하고
있다고 함. 곧『중용』에서 말하는 '성'과 맹자의 성선설性善說에서 말하는 '성'은

한가지임.

3 率(솔): 좇음, 따름, 의거함.

4 道(도): 도리道理, 즉 이치理致·법칙. 일반적으로는 사물 운동 및 변화의 보편적
법칙을 말함. 『중용』에서 말하는 '도'는 천도天道와 인도人道를 아울러 지칭하지
만, 대개는 인도, 그중에서도 특히 '중용의 도'를 일컬음. 이른바 천도는 우주 자
연 운행의 객관적 법칙이요, 인도는 인간 사회의 변화 발전의 보편적 법칙임. 여
기서 말하는 '도'는 곧 '성性'의 외재적 표현 형식으로서 '중용의 도'를 이름.

5 修(수): 수명修明, 즉 닦아서 밝힘(널리 펴서 많은 사람들이 따르고 누리게 함).

6 教(교): 교육, 교화, 교양教養(가르쳐 기름). 유가에서는 백성들에게 널리 윤리 교육
내지 교화를 시행해 그들의 언행이 도덕규범에 부합하게 해야 한다고 강력히 주
장함.

7 須臾(수유): 잠시, 잠깐. 곧 짧은 시간을 이름.

8 君子(군자): 교양과 식견과 도덕이 있는 사람. 『대학』「전문」제2장 주석 11 참조.

9 戒慎(계신): 경계하고 삼감, 삼가고 조심함.

10 乎(호): 어於와 같음.

11 其所不睹(기소부도): 그 자신이 다른 사람들에게 보이지 않는 상황(때나 장소). 곧
아무도 그를 지켜보지 않는 상황을 이름. '도'는 봄, 보임.

12 恐懼(공구): 두려워함. 곧 경각심을 가지고 삼감을 이름.

13 莫見乎隱(막현호은): 아무도 모르는 상황에서보다 더 잘 드러나는 경우가 없음.
이는 곧 사람의 본색·정체를 두고 이름. '막'은 (~하는 경우가) 없음. '현'은 현現과
같음. 드러남, 나타남. '은'은 잘 드러나지 않는 상황. 곧 다른 사람이 전혀 알지
못하는, 혼자인 상황을 이름.

14 莫顯乎微(막현호미): 극히 사소한 일에서보다 더 잘 드러나는 경우가 없음. 이
는 곧 사람의 진심·진정眞情을 두고 이름. '현'은 현현顯現, 즉 드러남, 나타남.
'미'는 미소微小한 일. 곧 사소한 일을 이름.

15 慎其獨(신기독): 『대학』「전문」제6장 주석 8 참조.

16 發(발): 발현發現, 즉 속에 있거나 숨은 것이 밖으로 나타남.

17 中(중): 유가 철학의 중요 개념으로, 어느 쪽으로도 치우치지 않고, 넘치거나 모
자라지도 않는다는 뜻. 곧 처신·처사가 정도程度나 분수에 딱 맞고, 사리事理에
부합하는 적중適中·적정適正·중정中正한 상태를 이름.

18 皆(개): 모두, 다.

19 中節(중절): '중'은 적중適中함, 부합함. '절'은 절도節度, 법도, 법칙. 여기서는 곧
자연법칙, 또는 사람의 본성, 도덕규범을 이름.

20 和(화): 유가 철학의 중요 개념으로, 어울리고 조화롭다는 뜻. 곧 여러 사물이
조화 통일을 이룬 상태를 이름.

21 大本(대본): 큰 근본·근원. 이는 곧 천하의 모든 이치와 법칙의 본체·본질을 두
고 이르는 것으로 이해됨.

22 達道(달도): 모두가 가야 할 길. 여기서는 곧 모든 사람이 준수해야 할 원칙과
모든 사물이 따라야 하는 보편 법칙의 작용을 두고 이르는 것으로 이해됨.

23 致中和(치중화): '중화'의 경지에 이름, '중화'를 이룩함. '치'는 이름, 도달함. 또
다함, 이룩함. 유가에서는 '치중화'하면 천지가 만물을 화육 생장시키는 대덕大
德을 구현할 수 있고, 또 천·지·인 삼위일체의 이상 경지를 체현하게 된다고 여
김. 아래의 "천지위언, 만물육언天地位焉, 萬物育焉" 두 구절은 바로 이 같은 견지
의 설명임.

24 位(위): 제자리(마땅히 있어야 할 자리)에 편안히 처함.

해설 ───────────────────────────────────

이 첫 장은 『중용』 전권의 강령綱領, 즉 근본이 되는 핵심 논지이자 주
장이면서, 동시에 『중용』 앞머리(제1~11장)의 강령이다. 주자가 명확
히 설명한 대로, 이 장은 "자사가 공자가 전수傳授한 뜻을 대강 설명해
『중용』의 입론立論(의론議論의 체계를 세움) 근거로 삼은 것이다. 그 내용
은 먼저 '도道', 즉 중화中和의 도·중용의 도(제2장 '해설' 참조)의 본원本
源은 천부의 본성으로, 결코 바뀔 수가 없으며, 따라서 그 실체는 이미
우리 자신에게 갖추어져 있어서 잠시도 떠나서는 안 된다는 것을 설
명했다. 그다음은 중용의 도를 길이 간직하며 함양하고 부단히 스스
로 성찰하는 수신修身의 요체를 설명했고, 끝으로 중용의 도는 성신聖

神의 존재인 천지가 만물을 화육하는 듯한 수덕修德의 극치에 이르게 함을 설명했다. 그것은 대개 중용의 도를 배우고자 하는 사람들로 하여금 이 같은 문제에 있어서 자기 자신을 돌이켜 보며 애써 그와 같기를 추구하는 가운데, 스스로 그 내면의 이치를 터득해 외물의 유혹으로 인한 사사로운 욕망을 떨쳐버리고 그 본연의 천부적 선성善性과 선덕善德을 더욱 충실히 하도록 하기 위한 것이다. 이는 곧 정자의 제자이며 북송 이학가理學家였던 양시楊時 선생이 말한 대로, 『중용』 전권의 주지主旨이다. 그리고 이다음 열 장은 대개 자사가 공자의 말을 인용해 이 첫 장의 함의를 부연 설명한 것이다〔子思述所傳之意以立言: 首明道之本原出於天而不可易, 其實體備於己而不可離, 次言存養省察之要, 終言聖神功化之極. 蓋欲學者於此反求諸身而自得之, 以去夫外誘之私, 而充其本然之善. 楊氏所謂一篇之體要是也. 其下十章, 蓋子思引夫子之言, 以終此章之義〕".

이 장의 내용은 대략 셋으로 나뉜다. 첫째, '성性·도道·교敎' 세 가지 개념을 통해 천명론天命論과 인성론人性論, 교화론敎化論을 제시하면서 '도'(중용의 도)의 연원淵源과 도덕 수양 및 교화의 철리哲理를 논했다. '성', 즉 사람의 본성, 본질적 성품은 천부의 것으로, 만인이 모두 동일하다. 공자가 "사람의 본성은 본디 비슷하지만, 후천적인 습성으로 인해 격차가 벌어지게 된다(性相近也, 習相遠也)"(『논어』 「양화」)라고 한 것은 바로 그 같은 견지의 설명이다. 아무튼 '천명'·천부의 인성은 또한 『대학』에서 말한 '명덕明德'과 연관 지어 이해할 수 있으니, 곧 천부의 덕성이라 할 것이다. 사람이 처신·처사에 그 본성을 따른다면, 그것이 바로 '도'요, 또 '도'를 따르는 것이며, '도'에 부합하는 것이다. 다시 말해 중용의 도는 본디 천부의 인성에 존재하는 것으로, 인간 본성의 고유

固有한 본질이다. 한데 사람은 그 기질과 성향의 상이함으로 인해 후천적으로 피차간 현우賢愚와 과불급過不及의 격차를 보이게 된다. 따라서 사람은 누구나 그 본성의 고유한 중용의 정도正道를 준거로 자신을 수양하고 사람들을 교화해야 한다. 『중용』은 결국 사람이 어떻게 자신의 본성에서 촉발觸發해 천도天道를 체득體得하고 수신과 교화에 정진함으로써 '지어지선止於至善'(『대학』 「경문」 1-1절 참조)의 경지에 이를 것인가를 천명한다.

둘째, '도'는 잠시도 떠나서는 안 되는 것이라는 전제하에 '신독愼獨'의 수양 방법을 제시하여 권면했다. 사람의 본성은 하늘이 부여한 만큼 분명 선성善性이요, 그런 본성을 따름으로써 구현하게 되는 '도'(이는 곧 '천도'이자 '인도'라고 할 수 있음)야말로 진정 아름다운 중용의 도임은 두말할 나위가 없다. 사람의 본연은 이처럼 본디 '도'와 일체화된 존재이거니, 사람이 잠시라도 '도'를 떠나는 것은 그야말로 존재와 존립存立의 근거를 버리는 것이다. 그러니 어찌 진실로 '사람다운' 삶을 영위할 수 있겠는가? 만약 떠나도 된다면 그것은 '도'가 아니라 한낱 외물에 지나지 않으며, 정도正道가 아니라 사도邪道일 뿐이다.

이에 자사는 '도'를 잠시도 떠나지 않는 군자의 '신독'을 본보기로 들어 사람들을 일깨우고 권면했다. '도'를 지키고 행하기란 사실 밝은 곳에서는 쉬워도 어두운 곳에서는 어렵고, 사람들 앞에서는 쉬워도 사람들 뒤에서는 어려우며, 일시적으로는 쉬워도 종신토록은 어렵다. 다시 말해 사람의 본색이나 진심은 아무도 모르는 혼자인 상황이나 극히 사소한 일에서 특히 잘 드러나게 마련이다. 그러므로 사람은 아무도 보지도 듣지도 않는 자기 혼자인 상황에서 더더욱 경계하고 경각警覺하며 언행을 삼가야 한다. 그것은 바로 수신 과정에 반드시 겪고 이겨내야 할 시련이요, 또한 '도'를 잠시도 떠나서는 안 되는 힘든 길을 극복하고 그 의의를 실현하는 것이다.

셋째, 인성의 고유한 감정인 희로애락의 조절 문제를 들어 중화의 도, 즉 중용의 도를 간명히 설명했다. 인성에 내재된 희로애락의 감정이 아직 밖으로 발하지 않은 상태를 '중'이라고 하는데, 이는 사람이 아직 외물과 접촉하지 않은 일종의 자연 상태의 적중과 평형 형상을 형용하는 말로, 곧 선천적인 성정性情을 이른다. 한데 사람이 일단 외물과 접촉하게 되면 자연히 희로애락의 감정이 발산하게 마련이다. 그 감정이 어떤 편향이나 과불급 없이 자연법칙과 도덕규범에 부합함을 '화'라고 하는데, 그것은 곧 후천적 교화와 수양의 산물이다. 이른바 '중'은 '도'의 본체로, 천지 만물의 모든 행위의 큰 근본이고, '화'는 '도'의 작용으로, 천지 만물이 가야 할 큰 길이자 지향이다. 따라서 '중화'야말로 인간이 추구해야 할 가장 이상적인 적중과 조화의 경지이니, 이른바 '중용'이란 바로 그런 것이다. 그리고 그 공효功效는 천지가 제자리에서 운행하고 만물은 본성대로 생육할 정도이니, 아름다운 세상과 사람다운 삶이 실현됨은 두말할 나위가 없다.

참고 여기서 옛날 사람들이 말하는 '화和'의 개념을 알아보자. 옛날 사람들은 천·지·인이 각기 모두 '화'의 경지에 이르기를 바라고 추구했다. 오직 천도·지도地道·인도가 모두 '화'에 이르러 서로 조화하고 화합해야만 만물이 비로소 생장 발육할 수 있다고 여겼기 때문이다. '천도'의 '화'를 일컬어 '태화太和'라 하고, '지도'의 '화'를 일컬어 '중화中和'라

하며, '인도'의 '화'를 일컬어 '보화保和'라 한다. '보화'라는 말은 사람이 천지가 부여한 화기和氣를 굳게 보존해 지키기를 요구하는 뜻을 담고 있다. 사람이 진실로 '보화'를 이루어야만 비로소 '중화'에 이를 수 있고, 또한 그로부터 다시 정진해야만 비로소 '태화'에 다다를 수 있다고 한다. 옛날 궁전에 흔히 태화전太和殿, 중화전中和殿, 보화전保和殿이라는 이름을 붙인 것은 바로 이 같은 의식 관념에서 비롯한다.

제2장

공자께서 말씀하셨다. "군자의 언행은 중용의 도에 들어맞고, 소인의 언행은 중용의 도에 어긋난다. 군자의 언행이 중용의 도에 들어맞는 것은 군자는 언제 어디서나 그에 맞게 적중과 조화를 추구하기 때문이요, 소인의 언행이 중용의 도에 어긋나는 것은 소인은 언제 어디서나 기탄없이 함부로 말하고 행동하기 때문이다."

仲尼[1]曰: "君子中庸,[2] 小人[3]反[4]中庸. 君子之中庸也, 君子而[5]時中[6];
중 니 왈   군 자 중 용   소 인 반 중 용   군 자 지 중 용 야   군 자 이 시 중

小人之反[7]中庸也, 小人而無忌憚[8]也."
소 인 지 반 중 용 야   소 인 이 무 기 탄 야

주석

1 仲尼(중니): 공자를 일컫는 말. '중니'는 공자의 자. 『대학』「전문」제3장 주석 9 참조.

2 中庸(중용): 유가 학설의 최고最高 도덕적 표준이자 방법론. '중'은 불편부당不偏不黨(아주 공평·공정해 어느 쪽으로도 치우침이 없음)하고 무과불급無過不及(아주 적정해 지

나치거나 모자람이 없음)하여 이치상 지극히 알맞고 마땅한 최적중最適中 상태를 두
고 이름. '용'은 평범하면서도 널리 두루 적용되는 상도常道·상리常理, 즉 지극히
당연한 도리, 이치를 두고 이름. 따라서 '중용'이라는 말은 곧 두루 널리 적용되
는 진리를 뜻함. 다만 여기서는 인생 수양의 최고 도덕적 표준을 가리킴.

3 小人(소인): 『대학』 「전문」 제3장 주석 43 참조.

4 反(반): 반함, 위반·위배함, 어김.

5 而(이): 能能과 같음.

6 時中(시중): 수시隨時 처중處中. 곧 언제 어디서나 그에 맞게 사리事理의 마땅함에
가장 적중하고 조화함, 즉 중화·중용을 추구함을 이름.

7 反(반): 이는 원문에는 없으나, 정자와 주자를 따라 고본古本에 근거해 보충함.

8 無忌憚(무기탄): 망설이거나 두려워함이 없음. 곧 함부로 말하고 거침없이 행동
함을 이름.

해설

이 장부터 제11장까지 총 열 장은 모두 자사가 공자의 말을 인용해 제
1장의 논지를 부연 설명하는 가운데 '중용'의 함의를 더욱 깊이 일깨
운다. 한데 앞 장의 '중화'라는 개념어를 여기서는 '중용'이라고 했다.
이에 대해 주자는, 북송 이학가 유초游酢가 "성정의 관점에서 말하면
'중화'라고 하고, 덕행의 관점에서 말하면 '중용'이라고 한다(以性情言
之, 則曰中和; 以德行言之, 則曰中庸)"라고 한 말이 옳다고 했다. 그리고 주
자는 또 '중용'의 '중' 자는 사실상 '중화'의 의미를 겸한다고 했다. 결
국 '중화'가 곧 '중용'이요, '중용'이 곧 '중화'라는 얘기다.

공자는 여기서 중용의 도를 얼마나 잘 지키고 실행하느냐의 여부를
기준으로 군자와 소인을 구분했다. '중용'은 비록 처신·처사의 보편적
원칙이긴 하지만 결코 누구나 능히 행할 수 있는 것은 아니다. 이른바

군자는 도덕 수양이 높고 품성이 선량한 만큼, 중용의 도를 깊이 체득하고 마음에 새겨 항시 스스로 경계하고 삼가며 자신을 성찰하고 단속한다. 그리하여 언제 어디서나 능히 그에 맞게 적중과 조화를 추구하기 때문에 그 언행이 중용의 도에 들어맞는다. 반면 소인은 도덕 수양에 관심이 없고 중용의 고귀함에 무지한 만큼, 중용의 원칙에 입각해 자신을 성찰하고 단속하기는커녕 항시 사리사욕을 탐하면서 언제 어디서나 기탄없이 함부로 말하고 거침없이 행동하기 때문에 그 언행이 중용의 도에 어긋난다. 그러므로 중용의 도를 배우고 익히고 실행하고자 한다면 무엇보다 먼저 자신의 품성을 수양해야 하나니, 『대학』에서 말한 '수신'이 바로 그것이다.

제3장

　공자께서 말씀하셨다. "중용의 도는 필시 지극한 것이로다! 하지만 사람들 가운데 능히 그 덕을 닦고 행하는 이를 찾아보기 힘든 지 이미 오래되었도다!"

子¹曰: "中庸其²至³矣乎⁴! 民鮮能⁵久矣⁶!"
자 왈　중용기 지 의 호　민 선 능 구 의

주석

1　子(자): 공자. 『중용』에서 말한 '자왈子曰'의 '자'는 모두 공자를 일컬음. 공자의 이 말은 『논어』 「옹야편」에도 들어 있는데, "자왈: '중용지위덕야, 기지의호! 민선구의!'子曰: '中庸之爲德也, 其至矣乎! 民鮮久矣!'"라 하고 있어 문자상 약간의 차이가 있음.

2　其(기): 추측의 뜻을 나타내는 부사. 대개, 아마, 필시.

3　至(지): 지극함. 여기서는 그런 것, 곧 지선至善·지미至美·지당至當 내지 최고선最高善(인간 행위의 최고 목적과 이상이 되며 근본 기준이 되는 선)을 이름.

4　矣乎(의호): 복합 어조사로, 긍정과 감탄 내지 찬탄의 어기를 나타냄.

5 民鮮能(민선능): 사람들 가운데 중용의 덕을 잘 닦고 행할 수 있는 이가 드묾. '민'
　　은 인人과 같음. 일설에는 글자 그대로 백성, 민중으로 풀이함. '선'은 적음, 드묾.
6 矣(의): 탄식의 어조사.

해설

중용의 도덕은 지선至善이자 최고선으로, 인생 수양과 인간 행위의 최
고 도덕적 표준이다. 그러면서 또 보편적인 진리이자 일반적인 상리常
理, 즉 통상적이고 상식적인 너무나 당연한 이치이다. 하지만 보통 사
람이 그 덕을 닦고 실행하기는 결코 쉽지 않다. 대개 지나치거나(過)
미치지 못하는데(不及), 주자가 이른 대로 "무릇 지나치면 중도中道를
잃게 되고, 미치지 못하면 중도에 다다르지 못하게 된다(過則失中, 不及
則未至)". 앞서 이야기했듯이 사실 사람은 누구나 천부적으로 선성善
性과 선덕善德, 곧 중용의 덕성을 타고 난다. 그런 만큼 교화와 덕화德
化만이라도 꾸준히 이루어진다면 대개는 천성을 회복할 수 있을 것이
다. 그러나 공자 당시에는 이미 전통적 예악禮樂이 붕괴되고, 국가 사
회적 교화마저 사라져 그런 덕성을 제대로 갖추고 실천하는 이를 찾
아보기 힘든 지 오래였다. 바로 그 때문에 공자가 깊이 탄식한 것이다.

제4장

공자께서 말씀하셨다. "중용의 도가 세상에 널리 행해지지 않는 까닭을 내가 알겠나니, 지혜로운 사람은 모든 일에 적중과 조화를 넘어서고, 어리석은 사람은 모든 일에 적중과 조화에 미치지 못하기 때문이다. 또 중용의 도가 세상에 널리 밝혀지지 않는 까닭을 내가 알겠나니, 어진 사람은 스스로 모든 일에 적중과 조화를 넘어서고, 어질지 못한 사람은 모든 일에 적중과 조화에 미치지 못하기 때문이다. 이는 흡사 사람이 음식을 먹고 마시지 않는 이가 없건만 능히 그 참맛을 아는 이가 드문 것과 같도다."

子曰: "道[1]之不行也, 我知之矣: 知者[2]過之,[3] 愚者[4]不及[5]也. 道之不
자왈   도 지 불 행 야   아 지 지 의   지 자 과 지   우 자 불 급 야   도 지 불
明[6]也, 我知之矣: 賢者過之, 不肖者[7]不及也. 人莫不飮食也, 鮮能
명 야   아 지 지 의   현 자 과 지   불 초 자 불 급 야   인 막 불 음 식 야   선 능
知味[8]也."
지 미 야

1 道(도): 중용의 도를 가리킴.

2 知者(지자): 지자智者와 같음. 지혜로운 사람. 여기서는 특히 그 나름의 총명과 지혜가 넘치는 사람을 이름.

3 過之(과지): 그것, 즉 중용의 기준을 넘어섬. 곧 지혜로운 사람은 스스로 똑똑하고 옳다고 여겨 처신·처사가 적중과 조화의 아름다운 정도를 넘어섬을 이름.

4 愚者(우자): 어리석은 사람.

5 不及(불급): 미치지 못함. 곧 어리석은 사람은 지력智力이 떨어지고 자신감도 없어 처신·처사가 적중과 조화의 아름다운 정도에 미치지 못함을 이름.

6 明(명): 밝혀짐. 곧 그 고귀한 의미와 가치가 널리 알려지고 떨쳐짐을 이름.

7 不肖者(불초자): 현자賢者와 상대되는 말. 어질지 못한 사람.

8 味(미): 맛. 여기서는 특히 진미眞味, 참맛. 곧 중용의 도의 정수精髓·진가眞價를 비유함.

해설

공자는 중용의 도가 세상에 널리 행해지지도, 밝혀지지도 않는 까닭은 바로 사람들의 자만自滿과 무지無知로 인한 편향성 때문임을 일깨워줬다. 중용의 도는 평범하고 보편적인 처신·처사의 올바른 준칙이면서 동시에 인간 삶의 최고 도덕적 표준이다. 따라서 보통 사람이 삶 속에서 아무리 애써 노력한다고 하더라도 그 정신을 진실로 올바르게 실천하고 구현하기는 결코 쉽지 않다. 예컨대 그 지력이나 현덕賢德이 나은 사람은 스스로에 대한 요구 수준이 높고 또 자만심이 넘쳐 흔히 처신·처사가 정도를 넘어서는 폐단이 있고, 그 지력이나 현덕이 그만 못한 사람은 스스로에 대한 요구가 낮고 또 자신감도 부족해 흔히 처신·처사가 정도에 미치지 못하는 폐단이 있다. 이에 공자는 사람이 매일 먹고 마시면서도 음식의 참맛을 아는 이는 드물다는 비유로 안타까운 심정을 토로했다. 모름지기 사람은 '과유불급過猶不及', 즉 정도를 지나침은 미치지 못함과 마찬가지로 중도의 이상理想에 도달하지 못하는 것임을 분명히 알아야 한다. 그리하여 수덕修德과 수신修身에 더욱 정진해 모든 일에 한쪽 방향으로 흐르거나 극단으로 치닫지 않고 적중과 조화를 이루어야 한다.

제5장

공자께서 말씀하셨다. "중용의 도가 아마도 세상에 널리 행해지지는 못하겠구나!"

子曰: "道其¹不行矣夫²!"
자 왈   도 기 불 행 의 부

주석

1 其(기): 추측의 어기 부사.
2 矣夫(의부): 복합 어조사. 탄식의 어기를 나타내면서 아울러 추측의 어조를 띰.

해설

앞 장에서 보았듯이, 중용의 도가 널리 행해지지 않는 것은 결국 사람들이 '불명不明', 즉 그 참된 의미와 가치를 모르기 때문이라는 게 공자의 판단이다. 공자는 여기서 그 같은 현실도 개탄스럽지만, 미래 또한 결코 밝지 못할 것임을 예감하면서 다시 깊은 탄식을 토하고 있다. 자사는 이를 인용해 앞 장을 이어받아 뒤의 여러 장을 일으켜 전개한다. 그것은 곧 사람이 '행도行道', 즉 중용의 도를 행하려고 하기 전에 먼저 '명도明道', 즉 중용의 도를 진실로 알고 이해하며 그 진의眞義와 진가를 깨닫고 체득하는 것이 무엇보다 중요함을 일깨우기 위한 것이다.

제6장

공자께서 말씀하셨다. "순임금은 필시 크게 지혜로운 분이셨으리라! 순임금은 주변 사람들에게 묻기를 좋아하시고, 또 백성들의 천근淺近한 말을 자세히 살펴 민심을 헤아리기를 좋아하셨다. 그러면서 사람들의 나쁜 생각들은 선뜻 포용하며 퍼뜨리지 않은 반면, 좋은 생각들은 애써 드러내어 칭찬하셨으며, 문제의 양극단을 충분히 파악하고 그 장단長短을 따져 가장 적중함을 채택해 백성들에게 적용하셨나니, 아마도 그것이 바로 순임금이 능히 순임금이 되신 까닭이리라!"

子曰: "舜^{1}其^{2}大知^{3}也與^4! 舜好問^{5}而好察邇言,^{6} 隱^{7}惡而揚^{8}善, 執
자왈   순 기 대지 야여   순호문 이호찰이언,   은악이양 선   집
其兩端,^{9} 用其中^{10}於民, 其^{11}斯^{12}以爲舜乎^{13}!"
기양단   용기중 어민 기   사 이위순호

주석

1 舜(순): 중국 상고시대의 임금. 성은 요姚, 이름은 중화重華. 우虞에서 건국했으므

로 우순虞舜 혹은 유우씨有虞氏라고 일컬어지며, 대순大舜이라고도 함. 본디 농사를 지었으며 효성이 지극했는데, 요임금이 그를 등용해 섭정하게 하자 오래지 않아 천하가 크게 다스려짐. 이에 요임금은 제위를 순에게 선양禪讓함. 유가에서는 흔히 '요순堯舜'을 병칭하며 고대 성군聖君의 대표적인 인물로 존숭함.

2 其(기): 추측의 어기 부사. 아마(도).

3 大知(대지): 대지大智와 같음.

4 也與(야여): 복합 어조사로, 완곡한 의문의 어기를 나타내면서, 아울러 가벼운 추측의 어조를 띰. '야'는 일시 멈춤의 어조사. 일설에는 단정斷定의 어조사. '여'는 여歟와 같음. 의문과 추측의 어조사.

5 好問(호문): 묻기를 좋아함. 여기서 '호'는 동사로 쓰임.

6 邇言(이언): 천근한 말. 곧 백성들의 평이하고 통속적인 말을 이름. '이'는 가까움(近).

7 隱(은): 숨김. 곧 굳이 널리 퍼뜨리지 않음을 이름.

8 揚(양): 표양表揚, 즉 드러내어 찬양함.

9 執其兩端(집기양단): 사물의 양극단을 충분히 파악함. '집'은 잡음, 파악함, 장악함. '기양단'은 사물이나 문제의 (상호 대립되는) 두 극단, 예컨대 좌와 우, 과過와 불급不及 등의 상황, 또는 사물이나 문제의 정반正反·본말本末·시종始終 등 여러 측면의 다양한 상황을 이름.

10 用其中(용기중): 사물 양극단의 장단점을 잘 따져서 가장 적중함을 채택해 적용 실시함.

11 其(기): 추측의 어기 부사.

12 斯(사): 차此와 같음. 이것, 그것.

13 乎(호): 감탄과 찬탄의 어조사.

해설

『중용』에서는 지智·인仁·용勇 삼달덕三達德(천하 만인이 반드시 갖춰야 하는 덕성. 제20-3장 참조)을 중용의 도에 입문하기 위한 필수 덕목으로 중시했다. 그러므로 이후 여러 장에서 각각 순임금의 '지'와 안연의 '인'과

자로子路의 '용'을 거론하며 삼달덕과 중용의 도의 관계를 논술했다.

자사는 이 장에서는 먼저 공자의 말을 인용해, 성군으로 이름난 순임금이야말로 진정 '크게 지혜롭게(大知)' 중용의 도에 따라 백성을 다스렸음을 강조했다. 공자에 따르면, 순임금이 그처럼 '크게 지혜로운' 까닭은 그 자신의 개인적인 총명과 지혜에 힘입은 것이 아니라, 중정中正한 사고와 넓은 식견과 도량으로 뭇사람의 총명과 지혜를 빌려서 합리적인 방안을 강구해 나라를 다스린 데에 있다. 순임금은 주변 사람들의 생각을 즐겨 묻고, 백성들의 말을 자세히 살펴서 널리 중지衆智를 모았다. 그 과정에서 불합리한 생각들은 그냥 덮어두고, 아주 합리적이고 훌륭한 생각들은 적극 드러내어 칭찬했다. 그러니 사람들은 분명 보다 좋은 생각들을 아뢰기에 더욱 열심이었을 것이다. 아무튼 순임금은 그러한 가운데 문제의 양극단을 충분히 파악하고 장단을 따져 중정·중화의 가장 적중한 방안을 마련해 백성들에게 적용 시행했다.

『논어』「요왈편」에 따르면, 요임금이 순에게 제위를 물려주며 훈계하기를, "진실로 중정의 원칙을 받들어 행하도록 하라. 만약 천하 만백성이 곤궁해지면, 하늘이 준 제왕의 복록福祿도 영원히 끝나리라(允執其中. 四海困窮, 天祿永終)"라고 했다고 한다. 순임금이 그야말로 요임금의 경고를 명심하고 중용의 도를 성실히 실행한 것이 바로 천하를 평치平治하고 만고萬古에 성군의 이름을 남긴 까닭이라는 게 공자의 설명이다. 결국 공자는 중용의 도가 수신·양성養性(선성善性을 함양함, 심성을 도야함)의 기본 준칙이자 최고의 도덕규범일 뿐만 아니라, 치국평천하의 핵심 사상임을 역설한 것이다. 중용의 도는 진정 통치자 군왕부터 일반 서민에 이르기까지 모두가 성실히 지키고 행해야 하는 삶의 기본자세임을 잊지 말아야 한다.

제7장

공자께서 말씀하셨다. "사람들은 모두 자기 자신이 지혜롭다고 하지만, 그들을 몰아 그물이나 덫과 함정 속에 빠뜨려도 그걸 피할 줄을 모른다. 사람들은 모두 자기 자신이 지혜롭다고 하지만, 그들은 중용의 도를 택하더라도 만 한 달을 지키지를 못한다."

子曰: "人皆曰予^{1}知,^{2} 驅^{3}而納^{4}諸^{5}罟擭^{6}陷阱^{7}之中, 而莫之知辟^{8}也.
자 왈   인 개 왈 여 지 구 이 납 저 고 획 함 정 지 중   이 막 지 지 피 야
人皆曰予知, 擇^{9}乎中庸而不能期月^{10}守也."
인 개 왈 여 지   택 호 중 용 이 불 능 기 월   수 야

주석

1 予(여): 나[我]. 여기서는 자기 자신, 스스로를 이름.

2 知(지): 지智와 같음.

3 驅(구): 몲, 즉 어떤 대상을 바라는 처지나 방향으로 움직여 가게 함.

4 納(납): 들임[入], 끌어들임, 이끎. 여기서는 빠뜨림을 이름.

5 諸(저): 지어之於의 합음자. '지'는 앞에서 말한 '인人', 즉 그 사람들을 가리킴.

6 罟擭(고획): 야생 짐승을 잡는 도구로, '고'는 그물, '획'은 덫을 이름.

7 陷阱(함정): 야생 짐승을 잡기 위해 땅바닥에 구덩이를 파고 그 위에 약한 너스레를 쳐서 위장한 구덩이. '정'은 정穽과 같음. • 이상의 '고획'과 '함정'은 곤경과 화난禍難을 비유함.

8 辟(피): 피避와 같음. 피함.

9 擇(택): 선택함. 이는 자세히 살핀다는 뜻을 내포함.

10 期月(기월): 만 한 달. 여기서는 이로써 시간이 길지 않음을 비유함. '기'는 만을 뜻함.

해설

이 장은 앞 장에서 순임금이 중용의 도를 최고 원칙으로 삼아 나라를 다스린 만큼 크게 지혜로웠다고 한 뜻을 이어받아, 스스로 지혜롭다고 생각하지만 결코 그렇지 못한 이들의 무지와 우매愚昧를 극명히 대비해 꼬집었다. 그런 가운데 안회가 중용의 도를 충실히 지켰다는, 다음 장의 이야기를 이끌어내고 있다.

사람들은 스스로 총명하고 지혜롭다고 생각하지만 막상 곤경과 화난을 피할 줄 모르니, 사실은 어리석다. 또한 마찬가지로 사람들은 자신들이 중용의 도를 잘 알 만큼 지혜롭다고 하지만 만 한 달조차 그 원칙을 지키지 못하니, 중용의 도가 가진 참된 의의와 가치를 결코 제대로 아는 것이 아니다. 중용의 도를 어설프게 아는 사람은 쉽게 사리사욕에 사로잡히는 까닭에 애초의 마음을 굳게 지키기가 근본적으로 어렵다. 따라서 사람은 우선적으로 '명도明道'의 중요성을 깊이 깨닫고 부단히 정진해야 한다.

제8장

공자께서 말씀하셨다. "안회는 처신·처세處世의 원칙으로 중용의 도를 택했는데, 한 가지라도 훌륭한 이치를 깨달으면 마음속 깊이 새겨 잊지 않았다."

子曰: "回¹之爲人²也, 擇乎中庸, 得一善,³ 則拳拳服膺⁴而弗⁵失之
자 왈   회 지 위 인 야   택 호 중 용   득 일 선   즉 권 권 복 응 이 불 실 지
矣."
의

주석

1 回(회): 공자의 제자 안회를 이름. 자는 자연子淵. 흔히 안연이라고 일컫기도 함. 노나라 사람으로, 공자보다 30살(일설에는 40살)이 적었다고 함. 가정 형편이 매우 빈한했으나, 평생 벼슬하지 않고 안빈낙도함.

2 爲人(위인): 사람 노릇함. 곧 처신·처세함을 이름.

3 一善(일선): 중용의 도 가운데 한 가지 훌륭한 이치를 이름.

4 拳拳服膺(권권복응): 마음에 깊이 새김. '권권'은 정성껏 지키는 모양, 받들어 간

직하는 모양. '복응'은 마음에 새겨 잊지 않음. '복'은 붙여놓음, 붙여둠. 곧 (가슴에) 새김을 이름. '응'은 가슴.

5 弗(불): 不과 같음.

해설

안회는 공자가 가장 아끼던 수제자로, 총명하고 배우기를 좋아해 "하나를 들으면 열을 알았다(聞一以知十)"(『논어』 「공야장公冶長」)고 한다. 그는 특히 "그 마음이 오래도록 인을 떠나지 않을(其心三月不違仁)"(『논어』 「옹야」) 정도로 덕행이 훌륭하기 그지없어 스승 공자의 칭찬과 기대를 한 몸에 받았다. 하지만 애석하게도 일찍 죽으매, 공자는 이루 말할 수 없는 비통함에 "하늘이 나를 무너뜨리는구나!(天喪予)"라고 하며 하릴없이 하늘을 원망할 따름이었다.

공자는 여기서 안회가 중용의 도의 요체를 명확히 알고, 또 그 참된 의의와 가치를 깊이 체득했으며, 처신·처세에 적극 적용해 성실히 실천했음을 강조했다. 공자는 "선善을 힘써 행하면 인애(仁)에 근접할 수 있다(力行近乎仁)"(제20-3장)라고 했다. 그러니 이 장은 곧 안회야말로 진정 능히 '명도明道'하고, 또 '행도行道'한 인자仁者였음을 웅변한다.

보통 사람이 생활 속에서 중용의 도를 실천하는 것은 분명 어렵고도 어려운 일이다. 하지만 안회만큼은 아니더라도 우리가 진실한 마음으로 정진한다면, 어찌 어렵기만 한 일이겠는가? 공자가 "인仁이 어디 멀리 있더냐? 우리가 진실로 인하고자 한다면, 인은 바로 다가올 것이다(仁遠乎哉? 我欲仁, 斯仁至矣)"(『논어』 「술이」)라고 한 것은 바로 그러한 일깨움이다.

제9장

공자께서 말씀하셨다. "사람은 천하와 국가도 평치할 수 있고, 작위와 녹봉도 사양할 수 있으며, 번쩍이는 흰 칼날도 밟을 수 있으나, 오직 중용의 도만은 실행하기가 어렵다."

子曰: "天下國家¹可均²也, 爵祿³可辭⁴也, 白刃⁵可蹈⁶也, 中庸不可⁷
자 왈   천 하 국 가 가 균 야 작 록 가 사 야 백 인 가 도 야 중 용 불 가
能⁸也."
능 야

주석

1 天下國家(천하국가): 『대학』 「경문」 2절 주석 1, 2, 3 참조.

2 均(균): 고르게 함. 여기서는 평치平治, 즉 (나라를) 태평하게 다스림을 이름.

3 爵祿(작록): 작위爵位와 녹봉祿俸.

4 辭(사): 사양함.

5 白刃(백인): 흰 칼날. 곧 번쩍번쩍 검광劍光이 빛나는 날카로운 칼날을 이름.

6 蹈(도): 밟음.

7 不可(불가): 여기서는 '~할 수 없다'는 절대 불가능이 아니라 '~하기 어렵다'는
정도의 뜻으로 이해됨. 곧 『논어』 「태백편」 "일반 백성은 기본 도리를 좇아 행하
게 할 수는 있어도, 그 이치와 까닭을 알게 하기는 어렵다(民可使由之, 不可使知之)"
의 '불가'와 같은 뜻임.

8 能(능): 능함. 곧 실행함, 성취함을 이름.

해설

자사는 여기서 공자의 말을 빌려, 중용의 도 실행이 얼마나 어려운 일
인지를 거듭 부각 강조했다. 공자가 먼저 열거한 세 가지는 사실 대단
히 어려운 일이다. 하지만 그런 일들도 일정한 자질만 갖춘다면 잘 해
낼 수가 있다. 반면 중용의 도는 그 누구도 쉽게 실행할 수 없는 어렵
고도 어려운 일이라는 게 공자의 설명이다.

천하와 국가는 백성도 많고, 영토도 넓고, 국정國政도 복잡하기 때
문에 평치하기란 여간 어려운 일이 아니다. 하지만 명민明敏함이 있다
면 '지智'의 자질을 갖춘 것이니, 꼭 어려운 일만도 아니다. 작위와 녹
봉은 누구나 집착과 미련이 있기 때문에 사양하기란 여간 어려운 일
이 아니다. 하지만 청렴하다면 '인仁'의 자질을 갖춘 것이니, 꼭 어려운
일만도 아니다. 흰 칼날 밟기는 죽느냐 사느냐가 걸렸기 때문에 무릅
쓰기란 여간 어려운 일이 아니다. 하지만 강의剛毅함이 있다면 '용勇'
의 자질을 갖춘 것이니, 꼭 어려운 일만도 아니다.

불편부당하고 무과불급한 원리요 원칙인 중용의 도는 보편적 진리
이자 통상적이고 상식적인 당연한 이치이기 때문에 누구나 쉽게 실
천할 수 있을 것 같은 느낌을 갖게 한다. 하지만 인의仁義 도덕에 대한
수양과 체득이 한껏 심후深厚하여 추호의 사사로운 욕망도 없는 이가

아니면, 중용의 진의와 진가에 대한 앎(知)이 진실하지 않고 지킴(守) 또한 굳건하지 아니하여 필시 지나치거나 미치지 못할 것이니, 그 실행은 그야말로 어렵고도 어려운 일이 아닐 수 없다. 공자는 곧 이 같은 논리로 사람들이 중용의 도의 고귀함을 일깨우면서 깊은 관심과 적극적 도전 의지를 불태우기를 바랐다.

제10장

　자로가 어떠해야 강한 것인지를 여쭙자, 공자께서 말씀하셨다. "네가 묻는 것은 남방 사람들이 말하는 강함이냐? 북방 사람들이 말하는 강함이냐? 아니면 네 자신이 생각하는 강함이냐? 너그럽고 부드러운 마음과 자세로 다른 사람을 교화하며, 다른 사람의 막된 행동에 앙갚음하지 않는 것이 남방 사람들의 강함인데, 군자는 바로 그러한 강함을 견지한다. 병기兵器와 갑옷을 베고 자며 전투 의지를 불태우고, 설령 전장에서 죽더라도 후회하지 않는 것이 북방 사람들의 강함인데, 강자强者는 바로 그러한 강함을 견지한다. 그러므로 군자는 다른 사람과 융화하나 부화附和하지는 않나니, 그 강함이야말로 진정 당당하고 우뚝하도다! 또 공정 무사無私히 중정中正을 지키며 불편부당하나니, 그 강함이야말로 진정 당당하고 우뚝하도다! 또 나라에 바른 도가 행해지면 평소의 신념을 바꾸지 않고 청렴결백하나니, 그 강함이야말로 진정 당당하고 우뚝하도다! 또 나라에 바른 도가 행해지지 않으면 죽어도 신념을 바꾸지 않고 안빈낙도하나니, 그 강함이야말로 진정 당당하고 우뚝하도다!"

子路¹問强. 子曰: "南方之强與²? 北方之强與? 抑³而⁴强與? 寬柔⁵
자 로 문 강 자 왈 　남 방 지 강 여 　북 방 지 강 여 　억 이 강 여 　관 유
以敎, 不報⁶無道,⁷ 南方之强也, 君子居之.⁸ 衽金革,⁹ 死而不厭,¹⁰ 北
이 교 　불 보 무 도 　남 방 지 강 야 　군 자 거 지 　임 금 혁 　사 이 불 염 　북
方之强也, 而强者居之. 故君子和而不流,¹¹ 强哉¹²矯¹³! 中立¹⁴而不
방 지 강 야 　이 강 자 거 지 　고 군 자 화 이 불 류 　강 재 교 　중 립 이 불
倚,¹⁵ 强哉矯! 國有道,¹⁶ 不變塞¹⁷焉, 强哉矯! 國無道, 至死不變, 强
의 　강 재 교 　국 유 도 　불 변 색 언 　강 재 교 　국 무 도 　지 사 불 변 　강
哉矯!"
재 교

주석

1 **子路(자로):** 공자의 제자 중유仲由. '자로'는 그의 자. 또 일찍이 노나라 계씨季氏 아래에서 벼슬한 적이 있기 때문에 계로季路라고도 함. 노나라 사람으로, 공자보다 9살이 적었다고 함. 성격이 시원시원한 데다 용맹을 좋아했는데, 위衞나라 대부 공회孔悝의 가신으로 있을 때 귀족들의 권력 투쟁에 휘말려 피살됨.

2 **與(여):** 여歟와 같음. 의문의 어조사.

3 **抑(억):** 선택 접속사. 혹은, 그렇지 않으면.

4 **而(이):** 이爾와 같음. 제이인칭대명사. 너, 그대.

5 **寬柔(관유):** 관후寬厚함과 유화柔和함. 곧 너그럽고 부드러움을 이름.

6 **報(보):** 보복함, 앙갚음함.

7 **無道(무도):** 포학하고 무례함. 곧 말이나 행동이 사람으로서 지켜야 할 도리에 어긋나서 막됨을 이름.

8 **居之(거지):** 그것('관유')에 거함, 처함. 곧 '관유'함을 굳게 지키고 견지함을 이름.

9 **衽金革(임금혁):** 무기와 갑옷을 베고 잠. 곧 언제라도 전투에 임할 태세를 갖추고 있음을 이름. '임'은 (누울 때 바닥에 까는) 요. 여기서는 동사로 쓰임. '금'은 쇠로 만든 창이나 칼 같은 병기를 이름. '혁'은 가죽으로 만든 갑옷과 투구를 이름.

10 厭(염): 싫어함, 꺼림. 곧 후회함을 이름. 일설에는 만족함.

11 和而不流(화이불류): 다른 사람과 조화하고 융화하나 부화附和하고 영합하지는 않음. '류'는 물결치는 대로 따라 흐름. 곧 주관도 원칙도 없이 남이 하는 대로 따라 함을 이름.

12 哉(재): 감탄의 어조사. 대개 문장 끝에 쓰이나, 여기서는 문장 가운데에 쓰임.

13 矯(교): 굳세고 강한 모양, 강하고 성盛한 모양.

14 中立(중립): 어느 편으로도 치우치지 않고 공정 무사하게 처신함. 곧 중정·중용의 도를 지키며 불편부당함을 이름.

15 倚(의): 치우침, 기욺, 편향됨.

16 國有道(국유도): 나라에 바른 도가 행해지고 있음. 곧 정치가 맑고 밝아서 천하가 태평함을 이름.

17 不變塞(불변색): 평소의 신념을 바꾸지 않음. 곧 높은 벼슬자리에 올라서도 부귀공명에 대한 탐욕을 부리지 않음을 이름. '색'은 막힘, 통하지 않음. 곧 곤궁하고 영락零落함, 여기서는 특히 그러한 때에 견지한 신념이나 가치관을 이름.

해설

자로는 평소 용맹을 좋아하고 남에게 지기를 싫어했다. 그가 스승 공자에게 어떠한 것이 참된 강함인지를 여쭌 것은 바로 자신의 그 같은 습성의 연장선상에 있다. 이에 공자는 먼저 남방의 강함과 북방의 강함을 들어 도덕적인 강함과 무력적인 강함에 대해 설명했다.

남방 사람들은 기풍이 유약해 다른 사람이 참아내기 어려운 것을 잘 참기 때문에 포용하고 인내함이 남보다 나은 것을 강함으로 여긴다. 그런 까닭에 유화柔和와 관용의 마음으로 사람을 대하고 또 교화하며, 심지어 막된 행동을 하는 이에게도 앙갚음을 하지 않는다. 다만 이는 군자의 도에 가깝기는 하나, 중용의 관점에서 볼 때 지나치게 용인하고 겸양해 '불급不及함'이 있다. 반면 북방 사람들은 기풍이 강경해 다른 사람이 감히 할 수 없는 것을 잘하기 때문에, 과단하고 용감함이 남보다 나은 것을 강함으로 여긴다. 그런 까닭에 자나 깨나 창칼을 잡고 전투 의지를 불태우며, 심지어 전장에서 죽어도 후회하지 않는다. 다만 이는 강자의 도이기는 하나, 중용의 관점에서 볼 때 지나치게 의리義理는 간과하고 혈기에 의존해 '과過함'이 있다.

　공자가 볼 때, 자로는 혈기가 왕성하고 용맹이 넘치는 만큼 본디 북방의 강함이 있는 사람이다. 그러므로 마땅히 남방의 강함을 아울러 갖추고, 또한 인의仁義 도덕으로 수신 양성養性한다면 중용의 도에 부합하는 참된 강함을 갖게 될 것이다. 이에 공자는 또 군자가 보여주는 참된 강함의 네 가지 형상을 소개해 이해를 도왔다. 여기서 우리는 중용사상의 본질은 결코 용인 포용하고 절충 타협함이 아니라, 중정·중화·중용의 이상을 굳게 지키며 모든 일에 오직 도의道義의 견지에 입각할 따름이며, 결코 추호의 사사로운 욕심도 없는 것임을 알 수 있다. 공자가 일찍이 "군자가 용기만 있고 도의를 모르면 난을 일으키고〔君子有勇而無義爲亂〕"(『논어』「양화」) "용감하기만 하고 예로써 절제할 줄 모르면 사회를 어지럽히게 된다〔勇而無禮則亂〕"(『논어』「태백」)라거나 "유(자로)는 용기 부리기를 좋아함이 나를 능가하지만, 그다지 취할 것은 못 되도다!〔由也好勇過我, 無所取材〕"(『논어』「공야장」)라고 한 것 또한 모두 같은 맥락으로 이해된다.

제11장

공자께서 말씀하셨다. "편벽偏僻한 이치를 탐구하고 괴이한 행동을 하는 것을 후세에 칭송하여 말하는 이가 있을 것이나, 나는 그런 일은 하지 않을 것이다. 군자가 처음에는 중용의 도에 따라 처신·처사하나 왕왕 중도에 그만두기도 하는데, 나는 결코 그만두지 않을 것이다. 모름지기 군자라면 모든 일을 중용의 도에 의거해야 하며, 설령 피세 은둔하게 되어 세상이 알아주지 않더라도 후회하지 않아야 하나니, 오직 성인만이 능히 그와 같이 할 수 있으리라."

子曰: "素隱[1]行怪,[2] 後世有述[3]焉, 吾弗[4]爲之矣. 君子遵[5]道[6]而行, 半
자왈   소은 행괴   후세유술 언 오불 위지의 군자준 도 이행 반
塗而廢,[7] 吾弗能已[8]矣. 君子依乎中庸, 遯世[9]不見知[10]而不悔, 唯聖
도이폐   오불능이 의 군자의호중용 둔세 불견지 이불회 유성
者[11]能之."
자   능지

162

1 素隱(소은): 편벽한 이치를 탐구함. '소'는 『한서漢書』 「예문지藝文志」에 따르면 '색索' 자의 잘못임. '색'은 찾음, 탐구함, 탐색함. '은'은 은벽隱僻함, 즉 구석지고 외짐. 곧 편벽함, 즉 생각 따위가 한쪽으로 치우쳐 있거나, 정상에서 벗어날 정도로 지나침을 이름. 여기서는 중용의 도와는 거리가 먼 편벽한 이치·이론을 두고 말함.

2 行怪(행괴): 괴이한 일을 행함, 괴이한 행동을 함. •이상의 '색은·행괴'는 기세도 명欺世盜名, 즉 세상 사람들을 속이고 헛된 명성을 훔치는 행위임.

3 述(술): 칭술稱述(칭찬하여 말함), 기술記述함.

4 弗(불): 불不과 같음.

5 遵(준): 좇음, 따름.

6 道(도): 중용의 도를 이름.

7 半塗而廢(반도이폐): 중도이폐中途而廢와 같음. 일을 하다가 중도에서 그만둠. '반도'는 중도中途와 같고, '도'는 도途(길)와 같음. '폐'는 폐함, 즉 해오던 일을 중도에 그만둠.

8 己(이): 말, 그만둠, 그침.

9 遯世(둔세): 피세避世. 곧 은거함을 이름. 일설에 여기서는 종신토록의 뜻으로 이해된다고 함. '둔'은 도피함, 떠남.

10 見知(견지): (세상 사람들에게) 알려짐. 곧 세상이 알아줌, 세상에 쓰임(등용됨)을 이름. '견'은 피被와 같이 피동의 뜻을 나타냄.

11 聖者(성자): 성인聖人. 곧 유가에서 말하는 도덕 수양과 지적 경지가 최고도에 이른 사람을 이름.

해설 ────────────────────────────────

공자는 지智·인仁·용勇을 천하의 삼달덕으로 여겼다(제20-3장 참조). 이에 앞의 여러 장에서 자사는 공자의 말을 인용해 순임금의 '지'와 안연의 '인'과 자로의 '용'을 예시하면서, 중용의 도를 깊이 이해하고 성실히 실행하기 위해서는 지·인·용의 덕목을 기반으로 해야 함을 역설했다. 그리고 이제 이 장에서 다시 공자의 말을 인용해 상술한 여러 장의 의미를 총결했다.

공자에 따르면, 세상에는 바람직하지 못한 두 가지 유형의 사람이 있다. 하나는 "편벽한 이치를 탐구하고, 괴이한 행동을 하는" 이들로, 그들은 그렇게 하여 세상 사람들을 속이고, 헛된 명성을 얻으려고 한다. 그들은 지혜가 지나친 데다 선도善道를 벗어나고, 행위가 극단으로 흐르면서 중도中道를 넘어서고 있으니, 중용의 관점에서 볼 때 곧 '과함'의 우를 범하고 있는 것이다. 다른 하나는 비록 모든 일을 중용의 도에 따르기는 하나, 그 조예가 깊지 아니한 탓에 중도이폐해 끝까지 견지하지 못하는 이들로, 지혜는 중도를 터득했으나 실천적 행위가 미처 시종여일始終如一하지 못하니, 그들은 중용의 관점에서 볼 때 '불급함'의 우를 범하고 있는 것이다. 따라서 중용의 도에 뜻을 둔 진정한 군자라면 편벽한 이치를 탐구하거나 괴이한 행동을 하지 않음은 물론이거니와 어떠한 경우에도 사사로운 욕망에 굴하지 않고 끝까지 중용의 도를 견지해 선시선종善始善終할 수 있는 성인의 경지를 지향해야 한다.

제12장

군자가 받드는 중용의 도는 그 작용은 광대하고, 그 본체는 심오하도다. 한데 그 천근함으로 말하면 보통 사람의 우매함으로도 일상에서 능히 알 수가 있지만, 그 지극함으로 말하면 설령 성인 현철賢哲의 현명함으로도 알지 못하는 바가 있도다. 또한 그 천근함으로 말하면 보통 사람의 무능함으로도 일상에서 능히 실행할 수가 있지만, 그 지극함으로 말하면 설령 성인 현철의 현능함으로도 실행하지 못하는 바가 있도다.

무릇 천지는 광대하기 그지없건만, 사람은 오히려 천지에 대해 마음에 차지 않아하는 바가 있도다. 그러므로 군자가 중용의 도의 광대함을 말한다면 온 천하도 그것을 싣고 감당할 수가 없고, 군자가 중용의 도의 미소微小함을 말한다면 온 천하도 그것을 자세히 풀어서 밝힐 수가 없도다.

『시경』에서 말했다. "솔개는 하늘 높이 날아오르고 / 물고기는 깊은 못 위로 뛰어오른다." 이는 곧 중용의 도가 천상천하 만물에 뚜렷이 드러남을 비유한 것이다. 군자가 받드는 중용의 도는 그 천근함으로 말하면 보통 사람들에서 시작되지만, 그 지극함으로 말하면 천지 만물에 두루 드러나 빛나도다.

君子之道費而隱.[1] 夫婦[2]之愚, 可以與[3]知焉, 及[4]其至[5]也, 雖聖人亦
군 자 지 도 비 이 은   부 부 지 우   가 이 여 지 언   급 기 지 야   수 성 인 역
有所不知焉; 夫婦之不肖,[6] 可以能行焉, 及其至也, 雖聖人亦有所
유 소 부 지 언   부 부 지 불 초   가 이 능 행 언   급 기 지 야   수 성 인 역 유 소
不能[7]焉.
불 능 언
天地之大也, 人猶[8]有所憾.[9] 故君子語[10]大, 天下莫能載[11]焉; 語小,
천 지 지 대 야   인 유 유 소 감   고 군 자 어   대   천 하 막 능 재 언   어 소
天下莫能破[12]焉.
천 하 막 능 파 언
詩[13]云: "鳶[14]飛戾[15]天, 魚躍[16]于淵.[17]" 言其上下察[18]也. 君子之道,
시 운   연 비 려 천   어 약 우 연   언 기 상 하 찰 야   군 자 지 도
造端[19]乎[20]夫婦, 及其至也, 察乎天地.
조 단 호 부 부   급 기 지 야   찰 호 천 지

주석

1 **費而隱**(비이은): 광대하고 정미精微함. '비'는 한없이 크고 넓음으로, 곧 도의 작용을 두고 이르는 말임. '은'은 더없이 정밀하고 미묘함으로, 곧 도의 본체·이치를 두고 이르는 말임.

2 **夫婦**(부부): 정현에 따르면, 이는 남편과 아내의 뜻이 아니라, 필부필부匹夫匹婦, 즉 보통의 남자와 여자로, 곧 보통 사람, 일반 백성을 말한다고 함. 반면 주자는 남편과 아내의 뜻으로 풀이함. 양자 모두 통하나, 일단은 전자의 뜻으로 이해하기로 함.

3 **與**(여): 참여함, 참예함. 곧 일상생활에서 그 같은 상황을 접하고 경험함을 두고 이름.

4 **及**(급): ~에 이름·미침. 곧 ~에 있어서는, ~에 대해서는의 뜻을 나타냄.

5 **至**(지): 지극함. 곧 '도'의 지극히 정밀하고 심오한 경지를 이름.

6 **不肖**(불초): 불현不賢(현능하지 못함), 부재不才(재주가 모자라거나 없음). 곧 무능함을 이름.

7 **能**(능): 제9장 주석 8 참조.

8 **猶**(유): 오히려.

9 **憾**(감): 유감遺憾. 곧 마음에 차지 않음, 불만(족)함을 이름.

10 **語**(어): 말함.

11 **載**(재): 적재積載함, 실음.

12 **破**(파): 깨뜨림, 쪼갬. 곧 부석剖析, 즉 쪼개어 가르듯이 명확히 분석함, 또는 해석解析, 즉 사물을 자세히 풀어서 논리적으로 밝힘을 이름.

13 **詩**(시): 『시경』. 『대학』 「전문」 제2장 주석 7 참조.

14 **鳶**(연): 솔개.

15 **戾**(려): 이름, 도달함.

16 **躍**(약): 도약함, 뜀.

17 **淵**(연): 깊은 못. • 이상의 "연비鳶飛…" 2구는 『시경』 「대아大雅 한록편旱麓篇」의 구절임.

18 **察**(찰): 뚜렷이 드러남. 일설에는 관찰함, 통찰함.

19 **造端**(조단): 발단發端함, 시단始端함. 곧 시작함, 비롯함을 이름. '조'는 시작·개시開始함.

20 **乎**(호): 어於와 같음.

해설

이는 자사의 직접적인 설명으로, 첫 장에서 말한 "도'란 사람이 잠시도 떠나서는 안 되는 것이나니, 만약 떠나도 된다면 그것은 '도'가 아니다"라는 관점에 근거해 "중용의 도는 그 작용은 광대하고, 그 본체는 심오함"을 역설했다. 이 장은 이다음 여덟 장(제13~20장)의 강령이다. 이다음 여덟 장은 곧 자사가 공자의 말을 인용해 이 장의 의미와 관점을 부연 설명한 것이다.

　중용의 도는 오직 참된 군자만이 진실로 추구하고 체득해 실행할 수 있다. 자사가 여기서 중용의 도를 일컬어 '군자의 도(君子之道)'라고 한 것은 바로 그 때문이다. 중용의 도는 그 작용은 광대 무애無涯하고, 그 본체(이치)는 정미 심오하다. 그런 만큼 중용의 도는 우리네 일상생활의 상규常規와 상리常理 가운데에서 그대로 실현되는가 하면, 천지 만물의 지극히 심오하고 미묘한 본질적 이치와 원리 가운데에서 그대로 구현된다. 또한 천근함으로 말하면 보통 사람의 우매·무능함으로도 능히 알고 실행할 수 있고, 심오함으로 말하면 성인 현철의 현명·유능함으로도 알지 못하고 실행하지 못하는 바가 있다. 따라서 우리는 중용의 도를 천근하다고 하여 가벼이 여기며 홀시해서도 안 되고, 심오하다고 하여 버겁게 여기며 멀리해서도 안 된다. 중용의 도는 우리 가까이에 있으며, 우리가 "잠시도 떠나서는 안 되는 것"이다. 중용의 도에 다가가는 것은 분명 쉽고도 어려운 일이지만, 도덕 수양과 품성 함양에 끊임없이 힘쓴다면 필시 한 걸음 한 걸음 다가설 수 있을 것이다.

제13장

공자께서 말씀하셨다. "중용의 도는 결코 사람에게서 멀리 떨어져 있지 않다. 만약 어떤 사람이 도를 행하면서 오히려 사람에게서 멀어진다면, 그것은 중용의 도라고 할 수가 없다. 『시경』에서 말했다. '나뭇가지 잘라 도낏자루 만드는데, 나뭇가지 잘라 도낏자루 만드는데 / 도낏자루의 좋은 본보기가 눈앞 가까이에 있구나.' 대개 사람들은 도낏자루를 잡고서 나뭇가지를 잘라 새로운 도낏자루를 만들려고 하면서, 그저 곁눈질만 할 뿐 손에 잡은 도낏자루를 제대로 보지도 않고 오히려 도낏자루 견본이 멀리 다른 데에 있다고 여긴다. 그러므로 군자는 그와 달리 사람이 본디 하늘로부터 부여받은 도리로 사람을 다스리며, 사람들이 잘못을 고치면 그제야 그만둔다. 사람이 '충忠·서恕'를 행할 수 있으면 중용의 도에서 멀리 벗어나지 않나니, 다른 사람이 나에게 가加하기를 원치 않는 것은 나 역시 다른 사람에게 가하지 말아야 할 것이다.

군자의 도에는 네 가지가 있는데, 나는 그 가운데 한 가지도 잘하지 못한다. 첫째, 윤리 도덕상 자식에게 요구하는, 효도를 다하는 마음으로 부모님을 모시는 것인데, 나는 아직 잘하지 못한다. 둘째, 윤리 도덕상 신하에게 요구하는, 충성을 다하는 마음으로 임금님을 섬기는 것인데, 나는 아직 잘하지 못한다. 셋째, 윤리 도덕상 아우에게 요구하는, 공경을 다하는 마음으로 형을 받드는 것인데, 나는 아직 잘하지 못한다. 넷째, 윤리 도덕상 벗과 벗 사이에 요구하는, 내가 먼저 벗에게 신의를 다하는 것인데, 나는 아직 잘하지 못한다. 모름지기 군자는 평범한 덕을 성실히 행하고 평범한 말을 삼가서 해야 할 것인바, 행할 덕에 부족한 바가 있다면 감히 더욱 힘써 닦지 않을 수 없고, 할 말이 넘치더라도 함부로 다 말하지는 않아야 한다. 따라서 말을 할 때에는 그대로 실행할 수 있을지 없을지를 생각하고, 행동을 할 때에는 자신이 말한 대로 할 것을 생각한다면, 군자가 어찌 충직하고 독실하지 않겠는가?"

子曰: "道不遠[1]人. 人之[2]爲[3]道而遠人, 不可以爲[4]道. 詩云: '伐柯[5]
자왈   도불원인 인지위도이원인 불가이위도 시운   벌가
伐柯, 其則[6]不遠.[7]' 執[8]柯以伐柯, 睨[9]而視之, 猶以爲[10]遠. 故君子以
벌가 기칙불원   집가이벌가   예이시지 유이위 원 고군자이
人治人,[11] 改而止. 忠恕[12]違道[13]不遠, 施[14]諸[15]己而不願, 亦勿[16]施於
인치인   개이지 충서 위도 불원 시 저 기이불원 역물 시어
人.
인
君子之道四,[17] 丘[18]未能一焉: 所求乎子以事父,[19] 未能也; 所求乎臣[20]
군자지도사   구 미능일언   소구호자이사부   미능야 소구호신
以事君, 未能也; 所求乎弟[21]以事兄, 未能也; 所求乎朋友[22]先施之,
이사군 미능야 소구호제 이사형 미능야 소구호붕우 선시지
未能也. 庸德[23]之行,[24] 庸言[25]之謹,[26] 有所不足,[27] 不敢不勉; 有餘,[28]
미능야 용덕 지행   용언 지근   유소부족   불감불면 유여

不敢盡.²⁹ 言顧行,³⁰ 行顧言,³¹ 君子胡³² 不慥慥爾³³!"
불 감 진　언 고 행　행 고 언　군 자 호　부 조 조 이

주석

1　遠(원): 멀리 떨어짐.

2　之(지): 어조사.『대학』「전문」제5장 주석 7 참조.

3　爲(위): 행함.

4　爲(위): 위謂와 같음. ~라고 (말)함.

5　伐柯(벌가): 도낏자루로 쓸 나뭇가지를 자름, 또는 나뭇가지를 잘라 도낏자루를 만듦. '벌'은 벰, 자름. '가'는 도낏자루.

6　則(칙): 법칙. 여기서는 도낏자루의 견본·본보기를 이름. 이는 곧 현재 손에 잡고 있는 도끼의 자루를 두고 하는 말임.

7　不遠(불원): 멀리 있지 않음. 곧 가까이에 있음을 이름. •이상의 "벌가伐柯…"2구는『시경』「빈풍豳風 벌가편伐柯篇」의 구절임.

8　執(집): 잡음.

9　睨(예): 흘겨봄, 곁눈질함. 곧 바로 보지 않음, 제대로 보지 않음을 이름.

10　以爲(이위): ~라고 여김, 생각함.

11　以人治人(이인치인): 인도人道로 사람을 다스림. 곧 사람이 본디 타고난, 천부의 도리와 품성으로 사람의 행실을 다스림을 이름.

12　忠恕(충서): 유가의 도덕 윤리 사상으로, 주자가 이른 대로 '충'은 자신의 마음을 다하는 것이요, '서'는 자신의 마음을 미루어 남에게 미치는, 즉 남의 마음을 헤아리고 배려하는 것임. '충서'는 곧 공자 사상의 핵심 개념인 '인仁'을 실천하는 근본적인 방법임.

13　違道(위도): 중용의 도를 벗어남. 곧 중용의 도에서 벗어난 거리를 두고 이름. '위'는 위배함, 어긋남, 벗어남.

14　施(시): 가加와 같음. 가함, 더함.

15　諸(저): 지어之於의 합음자.

16　勿(물): ~하지 마라.

17　君子之道四(군자지도사): 군자의 도 네 가지. 곧 중용의 도를 받들어 추구하는

군자가 마땅히 실행·실천해야 할 네 가지 도덕규범으로, 효孝·충忠·제悌·신信을
이름.

18 丘(구): 공자의 이름. 곧 공자가 자신을 스스로 일컬은 말임.『대학』「전문」제3
장 주석 9 참조.

19 所求乎子以事父(소구호자이사부): '이소구호자사부以所求乎子事父'의 도치. 자식
에게 요구하는 바로써 부모님을 모심. 곧 윤리 도덕상 자식에게 잘하기를 요구
하고 바라는, 효(효도·효성)를 다하는 마음과 자세로 부모님을 모심을 이름. '호'
는 어於와 같음. ~에게. '사'는 섬김, 모심.

20 所求乎臣(소구호신): 신하에게 요구하는 바. 곧 충忠, 즉 임금에 대한 신하의 충
성을 이름.

21 所求乎弟(소구호제): 아우에게 요구하는 바. 곧 제悌, 즉 형에 대한 아우의 공경
을 이름.

22 所求乎朋友(소구호붕우): 벗에게 요구하는 바. 곧 신信, 즉 벗과 벗 사이의 신의
를 이름.

23 庸德(용덕): 평범한 덕·덕행. '용'은 평범한, 즉 뛰어나거나 색다른 점 없이 보통
임, 또는 일상적임.

24 行(행): 행함. 곧 주자가 말했듯이, 그 실질을 실천함을 이름.

25 庸言(용언): 평범한 말·언설言說.

26 謹(근): 삼감. 곧 주자가 말했듯이, 그 여럿 가운데서 가可한 것을 구별해 고름
을 이름.

27 有所不足(유소부족): 부족한 바가 있음. 주자에 따르면, 이는 '용덕'의 '덕'을 이
르는 것으로 이해됨.

28 有餘(유여): 여유가 있음. 주자에 따르면, 이는 '용언'의 '언'을 이르는 것으로 이
해되므로, 곧 할(하고 싶은) 말이 넘친다는 뜻으로 풀이됨.

29 盡(진): 다함. 곧 말을 하고 싶은 대로 (조심성 없이 마구) 다함을 이름.

30 言顧行(언고행): 말을 함에 행동을 돌아봄. 곧 말을 할 때는 그(말하는)대로 실행
할 수 있을지 없을지를 생각해야 함을 이름. '고'는 돌아봄. 곧 고려함, 생각함을
이름.

31 行顧言(행고언): 행동을 함에 말을 돌아봄. 곧 행동을 할 때는 말한 대로 할 것을
생각함을 이름.

32 胡(호): 何何와 같음. 어찌, 어떻게.

33 慥慥爾(조조이): 충직忠直하고 독실篤實한 모양. '이'는 연然과 같이 형용사나 부사의 접미어.

해설

자사는 여기서 공자의 말을 인용해 "중용의 도는 결코 사람에게서 멀리 떨어져 있지 않은" 만큼 "사람이 잠시도 떠나서는 안 되는 것임"(제1장)을 분명히 했다.

　중용의 도는 군신·부자·형제·부부·장유長幼·붕우 사이에 존재하는, 결코 사람에게서 멀리 떨어져 있지 않은 것으로 누구나 잘 알고 행할 수 있는 것이다. 중용의 도는 바로 그처럼 비근한 속성을 지니고 있다. 하지만 그런 가운데 또한 사람과 사람 사이에 인륜 도덕상 인간적 유대와 화합을 강화하는, 대단히 중요한 작용과 심층적 의의를 내재하고 있음을 간과해서는 안 된다. 만약 일견 비근하다는 이유로 중용의 도는 굳이 행할 것이 못 된다고 여기고, 애써 고원高遠해 행하기 어려운 데에 힘쓰며 사람에게서 멀어진다면, 그건 결코 "사람의 본성을 따르는(率性)"(제1장) 중용의 도라고 할 수 없다. 자사가 『시경』구절을 인용해 "사람들은 도낏자루를 잡고서 나뭇가지를 잘라 새로운 도낏자루를 만들려고 하면서, 그저 곁눈질만 할 뿐 손에 잡은 도낏자루를 제대로 보지도 않고 오히려 도낏자루 견본이 멀리 다른 데에 있다고 여긴다"라고 한 것은 바로 그 같은 논지를 역설한 비유이다.

　여기서 공자가 '이인치인以人治人', 즉 사람이 본디 하늘로부터 부여받은 도리로 사람을 다스려야 한다는 관점을 제시한 것은 바로 중용의 도가 갖는 비근한 속성에 기반해 그 중요한 작용과 의의를 살려낸 가르침이다. 이와 관련해 공자는 특히 '충·서' 덕목을 강조했다. '충'은 자신의 마음을 다하는 것이요, '서'는 자신의 마음을 미루어 남에게 미치는 것으로, 양자는 모두 사람이 본디 타고난 인仁, 즉 애인愛人(사람을 사랑함)의 마음이다. 이는 공자가 말한 "자기가 입신立身하고자 하면 남도 입신하게 하고, 자기가 통달하고자 하면 남도 통달하게 하는 것〔己欲立而立人, 己欲達而達人〕"(『논어』 「옹야」)이요, "자기가 하기 싫은 것은 다른 사람에게도 하게 하지 않는 것(己所不欲, 勿施於人)"(『논어』 「안연」)이니, 인애仁愛로 자신을 다스리고, '충·서'로 다른 사람을 대하는 것이다. 그야말로 "사람이 '충·서'를 행할 수 있으면, 중용의 도에서 벗어남이 멀지 않나니", 요컨대 북송의 사상가 장재張載가 이른 대로, "자신을 사랑하는 마음으로 다른 사람을 사랑하면 능히 인애의 덕을 실행하게 되는 것이다(以愛己之心愛人, 則盡仁)".(『정몽正蒙』)

공자는 또 '충·서'의 구체적인 덕목으로, 효孝·충忠·제悌·신信 사덕四德을 제시한 후, 그 사덕을 중심으로 수신·양성을 증진하고 언행일치를 추구하는 가운데 치기治己·치인治人, 즉 자신도 다스리고 남도 다스릴 것을 역설했다. 이 또한 장재가 이른 대로, "남을 나무라는 마음으로 자신을 나무라면 수신의 도를 실천하게 되는 것이다(以責人之心責己, 則盡道)".(『정몽』)

174

제14장

군자는 평소 자신이 처한 위치에서 편안히 본분을 다할 뿐, 본분 이외의 일은 부러워하거나 바라지 않는다. 예컨대 평소 부귀한 상황에 처하면 부귀한 상황에서 마땅히 해야 할 선한 일을 하고, 평소 빈천한 상황에 처하면 빈천한 상황에서 마땅히 해야 할 선한 일을 하며, 평소 오랑캐 지역에 처하면 오랑캐 지역에서 마땅히 해야 할 선한 일을 하고, 평소 환난 상황에 처하면 환난 상황에서 마땅히 해야 할 선한 일을 한다. 그러므로 군자는 어떤 위치나 상황에도 깊숙이 배어들어 스스로 그 나름의 의미를 찾지 않는 경우가 없다.

군자는 윗자리에 있으면서는 아랫사람을 업신여겨 얕보지 않고, 아랫자리에 있으면서는 윗사람에게 아첨하며 빌붙지 않는다. 무릇 사람이 오직 자신의 언행을 단정히 할 뿐 다른 사람에게 애써 구하지 않는다면 스스로 원망할 일이 없나니, 곧 위로는 하늘을 원망하지 않고 아래로는 사람을 탓하지 않게 된다. 그러므로 군자는 평탄하고 안전한 위치에 거하며 천명을 기다리고, 소인은 위험을 무릅쓰면서 요행을 바란다.

공자께서 말씀하셨다. "활쏘기는 군자의 입신 처세와 같아서, 과녁의 정곡을 맞추지 못하면 스스로 반성하여 자기 자신에게서 그 원인을 찾는다."

君子素其位而行,[1] 不願[2]乎[3]其外.[4] 素富貴, 行乎富貴; 素貧賤, 行乎
군 자 소 기 위 이 행   불 원 호 기 외   소 부 귀   행 호 부 귀   소 빈 천   행 호

貧賤; 素夷狄,[5] 行乎夷狄; 素患難, 行乎患難. 君子無入[6]而不自得[7]
빈 천   소 이 적   행 호 이 적   소 환 난   행 호 환 난   군 자 무 입 이 부 자 득

焉.
언

在上位, 不陵[8]下; 在下位, 不援[9]上. 正己[10]而不求於人, 則無怨. 上
재 상 위   불 릉 하   재 하 위   불 원 상   정 기 이 불 구 어 인   즉 무 원   상

不怨天, 下不尤[11]人. 故君子居易[12]以俟命,[13] 小人行險[14]以徼幸.[15]
불 원 천   하 불 우 인   고 군 자 거 이 이 사 명   소 인 행 험 이 요 행

子曰: "射[16]有似乎君子, 失諸正鵠,[17] 反[18]求諸其身."
자 왈   사   유 사 호 군 자   실 저 정 곡   반 구 저 기 신

주석

1 素其位而行(소기위이행): 현재 자신의 위치에 편안히 처하며 본분을 다함. '소'는 평소, 현재. 여기서는 (그 위치에) 현재 편안히 처함을 이름. '행'은 행사行事, 즉 자신이 해야 할 일을 함. 곧 본분을 다함을 이름.

2 願(원): 선망羨望함, 즉 부러워하여 바람.

3 乎(호): 어於와 같음.

4 其外(기외): 본분 밖의 일, 사물. '외'는 분외分外, 즉 본분 이외, 분수分數 이상.

5 夷狄(이적): 고대 중국 주변의 이민족에 대한 통칭으로, 동이東夷·남만南蠻·서융西戎·북적北狄이 있었음. 옛날에는 너나없이 흔히 자기 민족을 제외한 이민족들을 낮잡아 '오랑캐'라고 함. 여기서는 고대 중원 화하족華夏族(후세 한족漢族의 전신前身) 지역 주변의 여러 이민족의 거주 지역과 나라를 통칭함. 당시 이들 지역은 중

176

원에 비해 문화가 뒤떨어진 곳이었음.

6 入(입): 들어감. 여기서는 어떤 위치나 상황에 깊숙이 배어듦을 이르는 것으로 이해됨.

7 自得(자득): 자득기락自得其樂, 즉 스스로 그 속에서 즐거움을 얻음. 곧 스스로 그 나름의 의미를 찾음을 이름.

8 陵(릉): 릉凌과 같음. 능멸凌蔑/陵蔑, 즉 업신여겨 깔봄, 얕봄.

9 援(원): 잡아당김, 끌어당김. 곧 높이 올라가려고 권세에 빌붙음, 아첨함을 이름.

10 正己(정기): 자기 자신의 언행을 단정히 함.

11 尤(우): 탓함, 비난함, 원망함.

12 居易(거이): 평탄하고 안전한 위치와 상황에 거함. 곧 '소기위이행素其位而行'을 두고 이름. '이'는 안이安易함, 안전·평이平易함.

13 俟命(사명): 천명을 기다림. 곧 '불원호기외不願乎其外'를 이름. '사'는 기다림.

14 行險(행험): 모험冒險, 즉 위험을 무릅씀. 또 위험을 무릅쓰고 어떤 일을 함.

15 徼幸(요행): 뜻밖의 행운을 바람. '요'는 요僥와 같음.

16 射(사): 활쏘기, 궁술弓術.

17 失諸正鵠(실저정곡): 정곡을 맞추지 못함. '실'은 잃음, 놓침. 곧 목적한 것을 잘못하여 이루지 못함을 이름. '저'는 지어之於의 합음자. '정곡'은 과녁의 한가운데 점. '정'과 '곡'은 모두 새 이름인데, 옛날에 베[布] 과녁 한가운데에는 '정'의 도안을 그려 넣고, 가죽 과녁 한가운데에는 '곡'의 도안을 그려 넣었음. 그런 연유로 '정곡'이 곧 과녁의 한가운데를 일컫는 말이 됨.

18 反(반): (스스로) 돌이켜 생각함, 반성함.

해설

여기서 자사는 앞 장에서 공자가 "중용의 도는 결코 사람에게서 멀리 떨어져 있지 않다(道不遠人)"라고 한 논지를 계승해, 사람은 어떤 환경에도 능숙히 적응해 자신의 본분을 다할 뿐, 분수 외의 것에는 관심을 갖지 않아야 함을 역설했다. 그러기 위해서는 무엇보다 사람은 "오직 자신의 언행을 단정히 할 뿐, 다른 사람에게 애써 구하지 않아야 한다"는 품성 함양과 도덕 수양의 문제를 제기하며 그 중요성을 부각 강조했다.

무릇 인생에서 부귀나 빈천, 안락安樂이나 환난은 변화무상變化無常(끊임없이 변화해 일정하지 않음)한 것이다. 따라서 확고한 신념과 올바른 품성을 갖추고 있지 않으면, 그 무상한 변화에 공정 무사無私히 대응하지 못하고, 이리저리 휩쓸리며 방향을 잃고 사로邪路(그릇되고 옳지 않은 길)로 빠질 수밖에 없다. 자사가 여기서 "군자는 평소 자신이 처한 위치에서 편안히 본분을 다할 뿐, 본분 이외의 일은 부러워하거나 바라지 않는다"는 점을 강조한 것은 바로 그 때문이다. 물론 이는 결코 원대한 꿈과 이상을 품고, 또 그 실현을 위해 진력하지 말라는 것이 아니다. 우리가 분명히 알아야 할 것은, 원대한 이상도 결국은 평소에 한 걸음 한 걸음 견실하게 내딛는 노력이 쌓여서 실현될 수 있다는 것이다. 그야말로 '천 리 길도 한 걸음부터'임을 알아야 한다. 어떤 상황에서도 현실 적응의 바탕 위에 진일보해 본분에 걸맞은 성취와 발전을 추구하며 스스로 그 나름의 의미를 찾는 것이 바로 중용의 도에 부합함이다. 반면 비현실적인 이상주의에 빠져 지나치게 고원함만을 좇거나 현실적인 여건과 상황을 고려하지 않은 채 모험을 감행하며 요행을 바라는 것은 중용의 도에 부합하지 않는다.

군자의 처신·처사는 중용의 도에 부합해 항시 정정당당하며, 누구보다도 자신의 본분을 지키며 자신의 위치에서 그 직분과 직책을 다한다. 윗자리에 있으면서는 아랫사람을 업신여기며 제멋대로 권력을 휘두르지도 않고, 아랫자리에 있으면서는 윗사람에게 아첨하며 분외의 은총을 구하지도 않는다. 이처럼 "사람이 오직 자신의 언행을 단정히 할 뿐, 다른 사람에게 애써 구하지 않는다면" 인간 사회는 필시 보다 안정되고 조화로워질 것이다. 이에 자사는 공자의 말을 인용해 군자의 입신 처세는 곧 '정기正己'를 주로 함을 비유 역설했다. 이는 곧 일찍이 공자가 "군자는 일의 탓이나 해법을 자기 자신에게서 찾는다〔君子求諸己〕"(『논어』「위영공」)라고 한 일깨움과도 상통한다. 또한 훗날 맹자가 이른 대로, "나는 다른 사람을 사랑하는데 다른 사람이 나를 친근하게 대하지 않는다면 나 자신의 인애가 부족한 게 아닌지 스스로 반성하고, 나는 다른 사람을 애써 다스리는데 다른 사람이 잘 다스려지지 않는다면 나 자신의 지혜가 부족한 게 아닌지 스스로 반성하며, 나는 다른 사람을 예우하는데 다른 사람은 그에 상응한 태도를 보이지 않는다면 나 자신의 공경이 부족한 게 아닌지 스스로 반성해야 한다. 이처럼 어떤 행위가 소기의 효과와 성과를 거두지 못한다면 모든 것을 스스로 반성하며 자기 자신에게서 그 원인을 찾아야 하나니, 자기 자신이 옳고 바르게 되면 천하 민심은 자연히 돌아온다〔愛人不親, 反其仁; 治人不治, 反其智; 禮人不答, 反其敬. 行有不得者, 皆反求諸己; 其身正, 而天下歸之〕"(『맹자』「이루 상」)는 논리이다.

제15장

군자가 중용의 도를 닦고 행함은 비유컨대 사람이 먼 길을 가는 것
과 같아서 반드시 가까운 데서부터 시작하고, 높은 산에 오르는 것과
같아서 반드시 낮은 곳에서부터 시작한다.

『시경』에서 말했다. "그대 처자妻子와 서로 친애하고 화목함이 / 마
치 금슬을 타는 듯하고 / 그대 형제들과 우애 화합한 데다 / 화평하게
즐기고 또 즐기나니 / 진정 그대의 집안을 화목하게 하고 / 그대의 처
자식을 즐겁게 하는구나." 공자께서 말씀하셨다. "그러면 부모님께서
분명 몸과 마음이 편안하고 즐거우시리라!"

君子之道, 辟¹如行遠, 必自邇²; 辟如登高, 必自卑.³
군 자 지 도 비 여 행 원 필 자 이   비 여 등 고 필 자 비
詩曰: "妻子⁴好合,⁵ 如鼓⁶瑟琴.⁷ 兄弟旣翕,⁸ 和樂且⁹耽.¹⁰ 宜¹¹爾¹²室
시 왈   처 자 호 합   여 고 슬 금   형 제 기 흡   화 락 차 탐   의 이 실
家,¹³ 樂爾妻帑.¹⁴" 子曰: "父母其¹⁵順¹⁶矣乎¹⁷!"
가   낙 이 처 노   자 왈   부 모 기 순 의 호

180

1 辟(비): 비譬와 같음. 비유컨대.

2 邇(이): 가까움(近).

3 卑(비): 낮음(低).

4 妻子(처자): 아내와 자식.

5 好合(호합): 우호友好 화합和合. 곧 화목함을 이름. 여기서는 특히 부부 사이의 금슬(금실)이 좋음을 이름.

6 鼓(고): 탄주彈奏함. 곧 현악기를 탐. 뜯음을 이름.

7 瑟琴(슬금): 고대 현악기. 후세에는 '금슬' 또는 '슬금'으로 부부가 서로 사랑하고 화목함을 비유함.

8 翕(흡): 화합함, 융화融和함.

9 且(차): 또.

10 耽(탐):『시경』원문의 '담/탐湛'과 같음. 즐김, 화락함. 또 그런 모양. 일설에는『시경』원문의 '잠湛(이때는 독음이 바뀜)'은 깊음, 두터움을 뜻한다고 함.

11 宜(의): 적의適宜함, 즉 알맞고 마땅함. 여기서는 화목하게 함을 이름.

12 爾(이): 제이인칭대명사. 너, 그대.

13 室家(실가): 집, 집안, 가정.

14 妻帑(처노): 처자妻子와 같음. '노'는 노帑와 같음. 자식. •이상의 "처자妻子…" 6구는『시경』「소아小雅 상체편常棣篇」의 구절임.

15 其(기): 추측의 어기 부사.

16 順(순): 순함. 곧 주자가 이른 대로, 안락함, 즉 몸과 마음이 편안하고 즐겁다는 말임. 이는 곧 근심 걱정이 없다는 말이기도 함.

17 矣乎(의호): 복합 어조사. 긍정과 감탄 또는 찬탄의 어기를 나타냄.

해설

공자는 앞(제13장)에서 "중용의 도는 결코 사람에게서 멀리 떨어져 있지 않다"라고 전제한 후, "모름지기 군자는 평범한 덕을 성실히 행하고, 평범한 말을 삼가서 해야 함"을 강조한 바 있다. 그와 같은 맥락에서 자사는 여기서 군자가 받드는 중용의 도는 단번에 다다를 수 있는 것이 아니며, 천근한 데서 심원한 데로 점진적으로 나아가야 함을 역설했다. 그것은 마치 사람이 아무리 먼 길을 가더라도 반드시 가까운 한 걸음부터 시작하고, 아무리 높은 산에 오르더라도 반드시 바로 앞 낮은 곳에서부터 시작하는 것과 같다고 자사는 비유한다.

자사는 또한 가정의 화목과 형제의 우애를 노래한 『시경』 구절과 그에 대한 공자의 평어評語를 인용해 자신의 주장에 힘을 실었다. 공자의 제자 유자有子가 『논어』 「학이편」에서 말했다. "부모에게 효도하고 형을 공경하는 것, 아마도 그것이 바로 인仁의 근본이렷다!"〔孝弟也者, 其爲仁之本與〕" 이는 물론 스승 공자의 사상을 반영한 말이다. 요컨대 공자 사상의 핵심인 '인', 즉 사람을 사랑하는 마음은 바로 '효제孝悌'를 근본으로 한다. '효'는 자식이 부모를 효경孝敬함이고, '제'는 아우가 형을 경애敬愛함인바, '효제'는 가정 윤리를 말한다. 공자 사상에서 군자는 가정 윤리로서의 '효제'를 궁극적으로는 사회윤리로 확대시켜가야 한다. 바로 그 때문에 자사가 여기서 『시경』을 인용해 군자의 도는 우리네 신변 가장 가까이에 존재하는 가정 윤리로부터 시작해야 함을 설명한 것이다.

사람은 무엇보다 가정 내에서의 부부나 부모 자식, 형제 자매의 관계를 원만히 형성 유지함으로써 온 집안에 융화와 화목, 친애와 안락의 분위기가 조성된 가운데 모든 가족들이 천륜지정天倫之情과 천륜지락天倫之樂을 향유하도록 해야 한다. 그런 다음에야 비로소 사회적으로 입신 처세하고, 나아가 치국평천하治國平天下하는 단계로까지 확대 전개해나갈 수가 있다. 이는 곧 『대학』에서 말한 "심신이 수양되어 품성이 닦인 후에야 비로소 집안이 가지런히 평안 화목해지며, 집안이 가지런히 평안 화목해진 후에야 비로소 나라가 다스려져 부강해지고, 나라가 다스려져 부강해진 후에야 비로소 온 천하가 태평하게 다스려질 수 있다(身修而後家齊, 家齊而後國治, 國治而後天下平)"(「경문」 2절)라는 순서나 단계와도 일치한다. 한데 치국평천하는 아무래도 극소수의 특정한 권력자에게 국한된 사업일 뿐이다. 반면 가정과 가족은 모든 사람에게 직접적으로 연관된 문제이다. 그러므로 자사는 여기서 가정 내의 천륜지정과 천륜지락을 묘사하면서, 중용의 도를 닦고 행함은 반드시 일정한 순서와 단계에 따라 점진적으로 진행돼야 함을 천명한 것이다.

제16장

공자께서 말씀하셨다. "귀신의 공덕功德은 분명 성대하도다! 귀신은 보아도 볼 수가 없고 들어도 들을 수가 없지만, 온갖 사물 가운데에 두루 체현體現되고 있어서 그 누구도 귀신의 존재를 망각하고 살아갈 수 없다. 그러므로 귀신은 온 천하 사람들로 하여금 목욕재계하여 몸과 마음을 정결히 한 후, 제복祭服을 잘 차려입고 경건히 제사를 받들어 모시게 하도다. 그런 가운데 신령한 기운이 가득 차 유동流動하며 마치 사람들의 머리 위에 있는 듯도 하고, 또 사람들의 좌우 주변에 있는 듯도 하다. 『시경』에서 말했다. '귀신의 강림은 / 예측할 수도 없거니 / 하물며 어찌 싫어하며 불경不敬할 수가 있겠는가?' 무릇 귀신의 형상은 은미하나 그 공덕은 오히려 뚜렷이 드러나나니, 그 진실함을 덮어 가릴 수 없음이 이와 같도다!"

子曰: "鬼神[1]之爲德,[2] 其盛矣乎! 視之而弗[3]見, 聽之而弗聞, 體物
자왈 귀신 지위덕 기성의호   시지이불견 청지이불문 체물

而不可遺.[4] 使天下之人, 齊明[5]盛服,[6] 以承[7]祭祀. 洋洋乎[8]如在其上,
이불가유 사천하지인 재명 성복   이승 제사 양양호 여재기상

如在其左右. 詩曰: '神之格思,[9] 不可度思,[10] 矧[11]可射思[12]?' 夫微之
여 재 기 좌 우   시 왈   신 지 격 사   불 가 탁 사   신   가 역 사   부 미 지
顯,[13] 誠[14]之不可揜[15]如此夫[16]!"
현   성   지 불 가 엄   여 차 부

주석

1 鬼神(귀신): 옛날 사람들이 말하는 '귀'는 죽은 사람의 영혼으로, 일반적으로는
  세상을 떠난 선조를 이름. 옛날 사람들은 사람이 죽은 후에도 그 영혼은 불멸不
  滅한다고 여김. '신'은 옛날 종교나 신화神話 속의 환상적幻想的·허구적虛構的인
  초자연적 존재로, 물질세계를 주재하며 인격을 갖추고 의지를 가진 정령精靈을
  일컬음. 곧 신명神明, 신령神靈 등을 이름.
2 爲德(위덕): 주자가 '성정性情의 공효功效'라는 말과 같다고 한 데에 따르면, 이는
  곧 공덕을 이르는 것으로 이해됨.
3 弗(불): 불不과 같음.
4 體物而不可遺(체물이불가유): 귀신의 의지와 공덕이 온갖 사물 가운데에 체현되
  고 있어서 그 누구도 귀신과 동떨어져 살아갈 수 없음. '체'는 체현됨, 구현됨. 곧
  사상이나 관념 따위의 정신적인 것이 구체적인 형태나 행동으로 표현되거나 실
  현됨을 이름. '유'는 유망遺忘, 즉 잊어버림. 또는 유루遺漏, 즉 빠뜨림, 누락함. 여
  기서는 곧 사람을 비롯한 만물이 귀신의 존재를 망각하고, 귀신과 동떨어져서
  살아감을 이름. 여기서 '불가유'는 곧 사람이 귀신과 뗄 수 없는 관계에 있음을
  말함.
5 齊明(재명): 제사에 앞서 목욕재계沐浴齋戒함, 즉 몸과 마음을 깨끗이 하고 부정
  不淨한 일을 멀리하며 경건함을 다함. '재'는 재齋와 같음. 재계함. '명'은 명정明淨
  함. 곧 정결淨潔히 함을 이름.
6 盛服(성복): 성장盛裝, 잘 차려입음. 곧 제복祭服을 격식에 맞게 차려입음을 이름.
7 承(승): 받듦[奉]. 곧 (제사를) 받들어 모심을 이름.
8 洋洋乎(양양호): 유동流動(액체 상태의 물질이나 전류 따위—여기서는 신령한 기운을 이름—
  가 흘러 움직임)하고 충만한 모양. '호'는 연然과 같은 형용사형 어미.
9 格思(격사): (신이) 이름, 강림함. '격'은 이름[至]. '사'는 어조사로, 별 뜻은 없음.

10 **度思**(탁사): 헤아림, 예측함, 짐작함. '사'는 어조사.

11 **矧**(신): 하물며 (어찌, 어떻게).

12 **射思**(역사): 싫어함. 곧 싫어하여 태만한 태도로 불경함을 이름. '사'는 어조사.
   - 이상의 "신지神之…" 3구는 늙은 신하가 주왕周王에게 덕을 닦고 예를 지키며 언행을 삼갈 것을 권고한 내용을 노래한 『시경』「대아大雅 억편抑篇」의 구절임.

13 **微之顯**(미지현): 귀신의 형상은 은미하고 허무하면서도 그 공덕은 오히려 뚜렷이 드러남. '현'은 명현明顯, 즉 뚜렷이 나타남.

14 **誠**(성): 진실되고 거짓이 없음.

15 **掩**(엄): 엄掩과 같음. 덮어 가림.

16 **夫**(부): 문장 끝에 쓰이는 어조사로, 감탄의 어기를 나타냄.

해설

이 장은 공자가 귀신을 논한 말을 인용해 "군자가 받드는 중용의 도는 그 작용은 광대하고, 그 본체는 심오하지만(君子之道費而隱)"(제12장) "결코 사람에게서 멀리 떨어져 있지 않음(不遠人)"(제13장)을 설명했다.

사실 공자는 기본적으로 "귀신을 공경하면서도 멀리할 것(敬鬼神而遠之)"(『논어』「옹야」)을 역설했다. 그것은 곧 어리석은 사람들이 귀신을 미신하며 강복을 비는 데에만 힘쓰고 사람의 본분과 도리를 다하는 데에는 소홀함을 경계코자 한 것이다. 여기서 공자가 귀신을 말한 것은 귀신 숭배를 외치기 위한 것이 아니라, 당시 사람들의 의식 속에 널리 자리 잡고 있던 귀신 관념을 빌려 중용의 도의 은미한 본질과 성대한 공덕을 찬탄함에 그 뜻이 있다.

유가에 따르면 우주 만물은 음양陰陽의 조화와 화육의 산물인바, 귀신의 도는 결국 음양의 도가 형상화한 것이다. 이에 공자는 여기서 귀신의 공덕으로 자연계의 거대한 변화 발전의 공능功能(공들인 보람을 나타내는 능력)을 비유했다. 만물 화육의 주체인 귀신은 비록 볼 수도 들을 수도 없지만 분명 언제 어디에나 존재하는 만큼, 세상의 만사만물은 결코 귀신을 떠나 있을 수 없다. 이른바 '중용'은 바로 그런 거대한 공능을 꿰뚫는 객관적 법칙이요, '성誠', 즉 진실함은 곧 그런 거대한 공능이 발휘될 수 있는 본질적 동력이다. 따라서 양자는 공히 볼 수도 들을 수도 없이 뚜렷이 드러나지 않으면서도 분명 언제 어디에나 존재하며 만사만물 가운데 두루 체현되는 특징을 가지고 있다. 그러므로 사람은 어떤 일을 하든 마땅히 진실한 본질적 동력을 바탕으로 하면서 중용의 도의 원칙과 정신에 따라야 한다.

제17장

공자께서 말씀하셨다. "순임금은 필시 크게 효성스러운 분이셨으리라! 덕성으로 말하면 성인이시고, 존귀함으로 말하면 천자이시며, 부유함으로 말하면 온 나라를 소유하셨다. 그리고 붕어하신 후에는 후손들이 종묘에서 당신께 제사 올리고, 자자손손 길이길이 그 왕업王業과 제사를 이어가도다. 그러므로 순임금처럼 큰 덕을 갖춘 사람은 반드시 존귀한 지위를 얻고, 반드시 풍후豐厚한 복록을 얻으며, 반드시 빛나는 명성을 얻고, 반드시 타고난 수명을 누린다. 그렇기 때문에 하늘이 만물을 생성할 때에는 반드시 그 본연의 재질에 따라 정성을 더하여 화육한다. 따라서 재목이 될 만한 것은 하늘이 북돋아 기르고, 재목이 되지 못할 것은 하늘이 뒤엎어버린다. 『시경』에서 말했다. '사람을 찬탄케 하고 즐겁게 하는 군자여 / 당신의 훌륭한 덕이 한없이 밝게 빛나도다 / 백성들과 백관百官들을 모두 편안히 살며 본분에 충실케 하여 / 하늘이 내리는 후한 복록을 받았나니 / 하늘이 보우하사 천명天命을 내리셨고 / 또한 그 복록을 대대손손 누리게 하셨도다.' 그러므로

188

큰 덕을 갖춘 사람은 반드시 천명을 받아 천자의 지위에 오른다."

子曰: "舜[1]其大孝也與! 德爲聖人, 尊爲天子, 富有四海之内.[2] 宗廟[3]
자왈　순 기대효야여　덕위성인 존위천자 부유사해지내　종묘

饗[4]之, 子孫保之.[5] 故大德[6]必得其位, 必得其祿,[7] 必得其名, 必得
향 지 자손보지　고대덕 필득기위 필득기록 필득기명 필득

其壽. 故天之生物, 必因[8]其材[9]而篤[10]焉. 故栽者[11]培[12]之, 傾者[13]覆[14]
기 수 고천지생물 필인 기재 이독 언 고재자 배 지 경자 복

之. 詩曰: '嘉樂[15]君子,[16] 憲憲[17]令德.[18] 宜[19]民[20]宜人,[21] 受祿于天. 保
지 시왈 가락 군자 헌헌 영덕　의 민 의인　수록우천 보

佑命[22]之, 自天申之.[23]' 故大德者必受命."
우명 지 자천신지　고대덕자필수명

주석

1 舜(순): 순임금. 제6장 주석 1 참조.

2 四海之内(사해지내): 온 나라, 온 세상. 옛날 사람들은 자신들이 사는 나라의 사
방은 모두 바다로 둘러싸여 있다고 생각해서 온 나라·세상·천하를 일컬어 '사해'
또는 '사해지내'라고 함.

3 宗廟(종묘): 옛날 왕실 조상의 위패를 모신 사당으로, 천자나 제후가 선왕에게 제
사함은 물론, 국사를 논의하는 장소이기도 했음.

4 饗(향): 주식酒食을 차려 대접함. 여기서는 제헌祭獻, 즉 제물祭物을 바치고 제사
를 올림을 이름. 이는 곧 순임금 사후에는, 그 후손이 종묘에서 제사를 지내 흠향
歆饗하게 한다는 말임.

5 子孫保之(자손보지): 순임금의 후손들이 자자손손 종묘 제사를 오롯이 이어감.
'보'는 보지保持함, 유지함. 곧 이어감을 이름. '지'는 종묘 제사를 가리킴. 이에는
순임금의 왕업도 아울러 포함된 것으로 이해됨.

6 大德(대덕): 넓고 큰 덕. 또 그런 덕을 갖춘 사람.

7 祿(록): 복록, 작록爵祿, 관작官爵과 봉록俸祿.

8 因(인): 인함. 곧 ~에 따름, 의거함을 이름.

9 材(재): 재질材質. 곧 자질, 본질을 이름.

10 篤(독): 도타움, 두터움. 여기서는 후대厚待함. 곧 정성껏 기름, 화육함을 이름.

11 栽者(재자): 바르게 심어진 것. 곧 재목材木이 될 만한 것이나 사람을 이름. '재'는 심음(植).

12 培(배): 북돋움. 곧 배양培養(북돋아 기름)함을 이름.

13 傾者(경자): 비뚤고 기운 것. 곧 재목이 될 수 없는 것이나 사람을 이름.

14 覆(복): 경복傾覆, 즉 기울여서 뒤집어엎음.

15 嘉樂(가락): 사람으로 하여금 찬미하고 즐거워하게 함. '가'는 찬미·찬탄함.

16 君子(군자): 주나라 성왕을 지칭함. 아래 주석 23 참조.

17 憲憲(헌헌): 『시경』 원문에는 본디 '현현顯顯'으로 되어 있음. 밝고 성盛하게 드러남, 빛남.

18 令德(영덕): 아름다운 덕. 또는 성덕盛德, 즉 크고 훌륭한 덕. '영'은 아름다움, 선량함.

19 宜(의): 마땅함, 맞갖음(마음에 꼭 맞음). 곧 사람들로 하여금 편안히 살며 자신의 본분에 충실하게 함을 이름.

20 民(민): 평민, 민중. 곧 일반 백성을 이름.

21 人(인): 백관. 곧 높은 벼슬아치를 이름.

22 命(명): 명함. 여기서는 곧 하늘이 그(주 성왕)에게 천명을 내려 천자의 지위에 오르게 함을 이름.

23 自天申之(자천신지): 하늘로부터 그것(천자의 복록)을 거듭 받게 함. 곧 하늘이 내린 복록을 대대손손 길이길이 누리게 함을 이름. '신'은 중복함, 거듭함. • 이상의 "가락嘉樂…" 6구는 주 성왕의 공덕을 칭송한 『시경』「대아 가락편假樂篇」의 구절임.

해설 ―――――――――――――――――――――――――――――――――

자사는 여기서 공자가 순임금의 '대효大孝·대덕大德'을 칭송한 말을 인용해 중용의 도의 광대한 작용과 막대한 공효를 역설했다.

순임금은 매우 효성스러웠다고 널리 알려졌는데, 공자가 특히 그렇게 생각한 데에는 세 가지 이유가 있다. 첫째로 성인의 훌륭한 덕성을 갖춤으로써 현친顯親, 즉 부모를 드러나게 했고, 둘째로 천자의 존귀한 지위에 오름으로써 존친尊親, 즉 부모를 드높였고, 셋째로 온 나라를 소유하는 부유함으로 양친養親, 즉 부모를 봉양했기 때문이다. 한마디로 순임금은 '대효'를 다하는 '대덕', 즉 중용의 큰 덕을 지닌 데에 힘입어 존귀한 지위와 후한 복록과 빛나는 명성을 얻었을 뿐만 아니라, 천수天壽를 누렸고, 대대손손 후손들의 존숭尊崇까지 받고 있다.

공자는 순임금의 사적事跡에 근거해 "하늘이 만물을 생성할 때에는 반드시 그 본연의 재질에 따라 정성을 더하여 화육한다"는 것을 강조했는데, 그것은 곧 사람은 명운命運을 스스로 결정한다는 관점이다. 사람은 누구나 부단히 품성을 함양하고 심신을 수양함으로써 자신의 현능을 한껏 제고해 일체의 처신·처사를 중용의 원칙에 따라 할 수만 있다면, 궁극에는 분명 응분의 복택福澤을 누리게 된다. 그것은 곧 "재목이 될 만한 것은 하늘이 북돋아 기르고, 재목이 되지 못할 것은 하늘이 뒤엎어버린다"는 섭리에 기인한다. 예컨대 '대덕'을 갖춘 순임금이나 우임금은 하늘이 북돋아 길러 천자의 복록을 다 누리게 한 반면, 황음荒淫 '실덕失德'한 하 걸왕이나 은 주왕은 천자의 복록을 빼앗고 뒤엎어버린 것과 같다. 공자는 또 『시경』 구절을 통해 "큰 덕을 갖춘 사람은 반드시 천명을 받아 천자의 지위에 오른다"는 사실을 인증했다.

공자나 자사가 이처럼 중용의 도가 발휘하는 광대한 작용과 막대한 공효를 여실히 보여준 것은, 사람들로 하여금 최대한 중용의 도를 닦고 실행함으로써 보다 아름다운 인생을 개척해갈 수 있도록 하려는 데에 그 뜻이 있다. 또한 아울러 오직 '대덕'을 갖춘 현능한 사람만이 제위帝位에 올라 천하를 다스릴 수 있다는 정치철학을 역설한 것인바, 이는 곧 실덕하거나 무덕無德한 폭군에 대한 신랄한 비판이나 다름없다.

제18장

공자께서 말씀하셨다. "근심 걱정이 없으셨던 분은 아마 오직 문왕뿐이셨으리라! 왕계王季를 아버지로 모시고, 무왕을 아들로 두셨으니, 아버지는 대업大業의 기틀을 새롭게 열고, 아들은 그 유업遺業을 계승하였도다.

그리고 무왕은 태왕太王과 왕계, 문왕의 유업을 계승하여 한 차례 전포戰袍를 입고 출정해 천하를 차지했으니, 그 자신이 천하에 드날리는 이름을 얻는가 하면, 존귀하기로는 천자가 되고, 부유하기로는 온 나라를 소유하였으며, 또 사후에는 후손들이 종묘에서 제사를 올리고, 자자손손 대업을 이어가도다.

무왕은 만년晩年에 비로소 천명을 받아 천자에 올랐고, 주공은 성왕을 보좌해 문왕과 무왕의 덕업을 완성하고, 태왕과 왕계를 군왕으로 추존하는가 하면, 그 위로 태왕 이전의 원조遠祖를 천자의 예로 제사하였다. 또한 그런 예를 각국 제후와 대부 그리고 사士와 서민에 이르기까지 두루 행하게 하였다. 예컨대 아버지가 대부이고 아들이 사이면, 아버지가 죽은 후 장사葬事는 대부의 예로 지내고 제사는 사의 예로 지낸다. 반면 아버지가 사이고 아들이 대부이면, 아버지가 죽은 후 장사는 사의 예로 지내고 제사는 대부의 예로 지낸다. 또 일년상一年喪의 상례喪禮는 서민에서 대부까지만 행하고, 삼년상의 상례는 서민에서 천자에 이르기까지 모두 행하는데, 부모의 삼년상은 귀천을 막론하고 모두 다 같도다.”

子曰: “無憂[1]者, 其[2]惟文王[3]乎! 以王季[4]爲父, 以武王[5]爲子, 父作[6]
자왈   무우자 기 유문왕호 이왕계위부 이무왕위자 부작

之, 子述[7]之.
지 자술 지

武王纘[8]大王[9]王季文王之緖,[10] 壹戎衣而有天下,[11] 身不失[12]天下之
무왕찬 태왕 왕계문왕지서   일융의이유천하   신불실 천하지

顯名,[13] 尊爲天子, 富有四海之内, 宗廟饗之, 子孫保之.
현명 존위천자 부유사해지내 종묘향지 자손보지

武王末[14]受命, 周公[15]成文武之德, 追王[16]大王王季, 上祀[17]先公[18]
무왕말 수명 주공 성문무지덕 추왕 태왕왕계 상사 선공

以天子之禮. 斯[19]禮也, 達[20]乎[21]諸侯[22]大夫[23]及[24]士[25]庶人.[26] 父爲大
이천자지례 사 례야 달 호 제후 대부 급 사 서인   부위대

夫, 子爲士, 葬以大夫, 祭以士; 父爲士, 子爲大夫, 葬以士, 祭以大
부 자위사 장이대부 제이사 부위사 자위대부 장이사 제이대

夫. 期之喪,[27] 達乎大夫; 三年之喪,[28] 達乎天子. 父母之喪, 無貴賤,
부 기지상   달호대부 삼년지상   달호천자 부모지상 무귀천

一也.”
일 야

주석

1 憂(우): 시름, 근심, 걱정.
2 其(기): 추측의 어기 부사.

194

3 文王(문왕): 주 문왕 희창. 은나라 말엽 주족周族의 수령으로, 서백西伯, 즉 서방西方 제후를 지냈는데, 선정을 베풀어 국세國勢를 날로 강성하게 다스림으로써 훗날 그의 아들 무왕 희발이 폭군 은 주왕을 토벌하고 주나라를 세우는 데 결정적 기반을 다짐. 새 나라를 연 아들 무왕이 아버지 희창을 '문왕'으로 추존追尊(왕위에 오르지 못하고 죽은 이에게 임금의 칭호를 부여해 존숭함)함. 문왕과 무왕은 모두 공자를 비롯한 역대 유가에서 성인聖人 내지 성군聖君으로 존숭함.

4 王季(왕계): 주 문왕의 아버지 계력季歷.

5 武王(무왕): 주 문왕의 아들 희발. 곧 주나라 개국 군주.

6 作(작): 일으킴, 시작함. 곧 (대업·왕업의 기틀을) 개창開創함, 창시創始함을 이름.

7 述(술): 술준述遵, 즉 이음, 좇음, 계승함.

8 續(찬): 이음, 계승함.

9 大王(태왕): 태왕太王. 왕계 계력의 아버지 고공단보古公亶父.

10 緖(서): 서업緖業, 즉 시작한 일·사업, 또 뒤에 남긴 사업, 유업遺業.

11 壹戎衣而有天下(일융의이유천하): 한 차례 전포戰袍(장수가 전장에서 입던 긴 웃옷)를 입고 천하를 차지함. 곧 주 무왕이 군사를 일으켜 일거一擧에 은 주왕을 멸하고 주나라를 세운 일을 두고 이름. '일'은 일一과 같음. '융의'는 융복戎服, 즉 갑옷과 투구 등을 갖춘 전투복. '융'은 전戰과 같음.

12 不失(불실): 잃지 않음. 곧 얻음을 이름.

13 顯名(현명): 성명盛名·위명威名과 비슷한 말로, 혁혁한 업적으로 세상에 널리 드날린 이름을 이름.

14 末(말): 말년, 만년, 노년. 주 무왕은 겨우 재위 2년 만에 세상을 떠났으므로 이같이 말한 것임.

15 周公(주공): 주 문왕의 아들이자 무왕의 동생이며 성왕의 숙부 희단姬旦. 무왕이 병사病死한 후 왕위를 이어받은, 무왕의 어린 아들 성왕을 보좌해 섭정함. 그렇게 하여 주나라 건국 초기에 국가의 기틀을 다지고 치세를 이룬 공덕을 높이 평가해, 공자와 유가가 고대 성인으로 흠숭함.

16 追王(추왕): 추존해 군왕으로 존숭함. '왕'은 동사로 쓰임. 고공단보와 계력은 생전에는 왕위에 오르지 못했는데, 주나라 건국 후 성왕 때 각각 '태왕'과 '왕계'로 추존함.

17 祀(사): 제사함.

18 先公(선공): 태왕 고공단보 이전의 역대 원조遠祖(먼 조상).

19 斯(사): 이[此], 그[其].

20 達(달): 달함, 도달함, 이름[至]. 곧 (그런 예가) 시행됨을 이름.

21 乎(호): 어於와 같음.

22 諸侯(제후): 주대에 천자가 형제나 친족 또는 공신에게 분봉分封(천자가 땅을 나누어서 제후를 봉함)한 제후국의 군주.

23 大夫(대부): 주대에 주 천자와 각국 제후는 휘하에 '경卿·대부'를 두어 국정을 맡겼는데, '경'은 상대부上大夫라 하고, '대부'는 하대부下大夫라 함.

24 及(급): 및, 와(과), 그리고.

25 士(사): 옛날 대부와 서민 사이의 지식 계층. 서주西周 및 춘추시대에는 가장 낮은 귀족 계층이었는데, 춘추시대에는 대개 경대부의 가신이었음.

26 庶人(서인): 서민庶民, 평민.

27 期之喪(기지상): 기복朞服/期服, 기년복朞年服/期年服. 곧 일년상, 즉 1년 동안 거상居喪·복상服喪하는 일을 이름. '기'는 일주년. '상'은 상례喪禮.

28 三年之喪(삼년지상): 삼년상. 곧 상례 가운데 가장 중重한 것으로, 주대의 예법에 따르면 부모의 상례는 일반 백성에서 천자에 이르기까지 모두 삼년상을 치러야 했음.

해설

여기서 자사는 공자의 말을 인용해, 주 문왕과 무왕은 선대의 성덕聖德을 계승 발전시켜 새 나라를 열고, 주공은 예악을 제정 확립해 국가 경영의 기틀을 다짐으로써 중용의 도를 떨쳐 일으켰음을 역설했다.

문왕은 승전계후承前啓後(전대의 뜻을 이어 후대의 업業을 엶), 즉 아버지 왕계가 일으킨 기업基業(대업의 기초가 되는 사업)을 계승해 아들 무왕이 왕업을 이루는 앞길을 엶으로써 성명聖明한 덕업을 이룩했으니, 진정 "근심 걱정이 없으셨던 분"이라는 게 공자의 생각이다.

무왕은 선대의 유업을 계승해 무도한 폭군 은 주왕을 멸하고 천하 만민을 도탄에서 구제하며 그야말로 순천응인順天應人, 즉 천명에 순응하고 인심에 호응함으로써 주 왕조 800년 천하의 왕업을 개창했다.

주공은 무왕의 왕업을 계승해 어린 임금 성왕을 충심으로 보좌하며 일련의 반란을 평정하고 제후들을 분봉分封하는가 하면, 예법 제도를 제정 시행함으로써 대치大治를 이루었다. 주공은 특히 역대 선조들을 군왕으로 추존하고 장제葬祭의 예를 엄격 시행하는 가운데, 효도의 정신을 고양高揚했다.

이처럼 문왕과 무왕과 주공은 선대가 연 대업의 기반 위에 부왕父王의 유업을 계승해 천하를 열고, 나라의 문물제도를 완비해 대덕大德을 천하에 널리 베풂으로써 성세盛世를 이룩했으니, 진정 중용의 도의 광대한 작용과 효용 그리고 그 고귀함을 여실히 보여줬다.

제19장

공자께서 말씀하셨다. "주 무왕과 주공은 필시 천하가 다 칭송하는 효도를 행하였으리라! 무릇 효도란 선인先人의 유지遺志를 잘 계승하고, 선인의 유업遺業을 잘 잇는 것이다. 또한 1년 사철 선왕의 제사 때엔 종묘를 깨끗이 보수 정비한 후, 선왕이 소장하던 귀중한 기물을 진열하고, 선왕이 입던 의복을 펼쳐놓으며, 제철에 나는 가장 신선한 음식을 올린다.

종묘 제사의 예는 좌소우목左昭右穆에 따라 왕가王家의 부자父子·장유長幼·친소親疏의 순서대로 배열함이요, 제례 참예인參詣人의 작위 순서에 따른 배열은 상하 귀천을 구별함이요, 제사 업무의 대소大小 순서에 따른 배열은 재능의 다소多少를 구별함이요, 음복飮福하며 여러 사람이 함께 술을 마실 때 아랫사람이 윗사람에게 술을 권하게 함은 선조의 은덕이 지위나 신분이 낮고 천한 사람에게까지 미친다는 것을 나타냄이요, 제례 후 연회 때 머리 색깔에 따라 자리를 배치함은 나이에 따른 장유의 질서를 분명히 함이다. 선왕의 위패를 받들어 올리고, 선왕이 내린 제례를 행하고, 선왕이 내린 음악을 연주하며, 선왕이 존숭한 선조를 존경하고, 선왕이 친애한 자손과 신민臣民을 애호하며, 근간에 붕어하신 선왕 섬기기를 마치 살아계신 듯이 하고, 오래전에 붕어하신 선왕 섬기기를 마치 아직도 생존해계신 듯이 한다면, 진정 효도가 지극하다 할 것이다.

　교사郊社의 제례는 황천皇天·후토后土를 섬기기 위한 것이요, 종묘의 제례는 선왕·선조를 섬기기 위한 것이다. 교제郊祭·사제社祭와 체제禘祭·상제嘗祭의 의례儀禮와 그 의의에 두루 밝으면, 나라를 다스림에 있어 아마도 마치 나라를 손바닥 위에 올려놓고 다루는 것과 같아서 아주 쉽게 잘 다스릴 수 있으리라!"

子曰: "武王周公, 其達孝[1]矣乎! 夫孝者, 善[2]繼人[3]之志, 善述[4]人之
자왈　무왕주공　기달효　의호　부효자　선계인　지지　선술　인지

事者也. 春秋[5]修[6]其祖廟,[7] 陳[8]其宗器,[9] 設[10]其裳衣,[11] 薦[12]其時食.[13]
사자야　춘추　수기조묘　진기종기　설기상의　천기시식

宗廟之禮, 所以序昭穆[14]也; 序爵,[15] 所以辨[16]貴賤也; 序事,[17] 所以
종묘지례　소이서소목　야　서작　소이변　귀천야　서사　소이

辨賢[18]也; 旅酬[19]下爲上,[20] 所以逮賤[21]也; 燕毛,[22] 所以序齒[23]也. 踐[24]
변현　야　여수　하위상　소이체천　야　연모　소이서치　야　천

其[25]位,[26] 行其禮, 奏其樂, 敬其所尊, 愛其所親, 事[27]死[28]如事生, 事
기　위　행기례　주기악　경기소존　애기소친　사　사　여사생　사

亡[29]如事存, 孝之至也.
망　여사존　효지지야

郊社[30]之禮, 所以事上帝[31]也; 宗廟之禮, 所以祀乎[32]其先[33]也. 明[34]
교사　지례　소이사상제　야　종묘지례　소이사호　기선　야　명

乎郊社之禮, 禘嘗[35]之義, 治國其[36]如示諸掌[37]乎[38]!"
호교사지례　체상　지의　치국기　여시저장　호

1 **達孝**(달효): 천하에 두루 통하는 효도. 곧 천하 만인이 모두 인정하고 칭송하는 효도라는 말임. 여기서는 동사로 쓰임. 일설에는 효도에 통달함. 곧 최고 경지의 효도를 행함을 이름. '달'은 통通의 뜻임.

2 **善**(선): 능能함, 잘함.

3 **人**(인): 선인先人, 선조.

4 **述**(술): 이음, 좇음. 일설에는 전술傳述, 즉 전해 기술함이라고 함.

5 **春秋**(춘추): 사철·사계절을 통칭하는 말. 여기서는 사철마다 조상에게 제사 지내는 시절을 이름.

6 **修**(수): 수정修整, 즉 고쳐 정돈함. 곧 청결하게 소제掃除하고 정비함을 이름.

7 **祖廟**(조묘): 조상의 위패位牌(신주神主)를 모셔놓고 제사를 올리는 사당祠堂. 곧 종묘를 이름.

8 **陳**(진): 진열함.

9 **宗器**(종기): 선대先代가 소장한 귀중한 기물. 일설에는 종묘 제사에 쓰는 기물, 즉 제기祭器를 이른다고 하나, 문맥상 전자보다 못함.

10 **設**(설): 진설陳設함. 여기서는 (옷을) 펼쳐놓음, 늘어놓음을 이름.

11 **裳衣**(상의): 선조가 생전에 입던 의복을 이름. '상'은 하의, '의'는 상의.

12 **薦**(천): 바침, 올림.

13 **時食**(시식): 제철 음식. 곧 가장 신선한 음식을 이름.

14 **序昭穆**(서소목): 종묘 제사 때 좌소우목左昭右穆에 따라 부자父子·장유長幼·친소親疏의 순서를 배열함. '서'는 순서, 차례. 여기서는 동사로 쓰임. 순서대로 배열함. '소목'은 옛날 종묘에서 선조의 위패를 배열하는 순서로, '소'는 왼쪽 열列, '목'은 오른쪽 열을 말함. 주대의 예법에 따르면, 시조의 위패는 종묘의 중앙에 모시고, 이하 2세世·4세·6세……의 위패는 시조의 좌측 '소'에 배열하고, 3세·5세·7세……의 위패는 시조의 우측 '목'에 배열함.

15 **序爵**(서작): 작위의 고하高下 순서에 따라 배열함. '작'은 작위. 곧 공公·후侯·경대부 등 귀족의 등급을 이름.

16 **辨**(변): 변별辨別함, 구별함, 구분함.

17 **序事**(서사): 직무의 대소 순서에 따라 배열함. '사'는 제사 때 담당하는 일, 업무를 이름.

18 賢(현): 현능賢能. 곧 재능, 능력을 이름.

19 旅酬(여수): 옛날에 여러 사람이 함께 술을 마시는 예절로, 일반적으로 제례祭禮 가 끝난 후 음복하는 과정에 이루어짐. '여'는 중衆과 같음. 여러 사람, 많은 사 람. '수'는 권주勸酒, 즉 술을 권함.

20 下爲上(하위상): 아랫사람이 윗사람에게 술을 권함. 이는 '여수'의 예절을 설명 한 말임. '하'는 아랫사람. 곧 지위가 낮고 직책이 가벼우며 나이가 어린 사람을 이름. '상'은 윗사람. 곧 지위가 높고 직책이 무거우며 나이가 많은 사람을 이름.

21 逮賤(체천): 선조의 은덕이 아래로 비천卑賤한 사람에게까지 미침. '체'는 미침 〔及〕, 이름〔至〕.

22 燕毛(연모): 모발 색깔에 따라 자리를 배치함. '연'은 연宴과 같음. 연회. 여기서 는 제례가 끝나고 거행되는 연회를 이름. '모'는 모발, 두발. 여기서는 동사로, 모발의 흑백 정도에 따라 자리를 배치함을 이름.

23 序齒(서치): 나이에 따라 좌석의 순서와 질서를 분명히 함. '치'는 연치年齒, 즉 나이.

24 踐(천): 밟음. 여기서는 (종묘 가운데 선왕의 자리에) 받들어 올림을 이름.

25 其(기): 지시대명사. 곧 선왕, 선조를 가리킴. 아래의 '기'도 이와 같음.

26 位(위): 여기서는 위패, 신주를 이름.

27 事(사): 섬김, 모심.

28 死(사): 죽은 지 오래되지 않아 아직 장례를 치르지 않은 경우를 이름.

29 亡(망): 죽어서 장례를 치른 지 오래된 경우를 이름.

30 郊社(교사): 고대의 제사 명칭. 곧 천지신명에게 올리는 제사를 이름. '교'는 주 대에 천자나 제후가 동짓날 도성의 남쪽 교외에서 거행한 제천祭天(하늘에 제사 지냄) 의식이고, '사'는 하짓날 도성의 북쪽 교외에서 거행한 제지祭地(땅에 제사 지냄) 의식임.

31 上帝(상제): 하느님. 여기서는 황천·후토, 즉 천신天神과 지신地神을 아울러 일컫 는 것으로 이해됨.

32 乎(호): 어於와 같음.

33 先(선): 선조.

34 明(명): 밝음. 곧 잘 알고 이해함을 이름.

35 禘嘗(체상): 고대의 제사 명칭. '체'는 오직 천자가 종묘에 5년마다 올리는, 가장

성대한 대제大祭. '상'은 본디 천자와 제후가 가을에 거행하는 종묘 제사이나, 여기서는 이로써 춘하추동 사철의 종묘 제사를 이름. •주자가 이른 대로, '예' 즉 의례에는 반드시 그 나름의 '의義' 즉 의의가 있게 마련인 만큼, 이상에서 "명호교사지례, 체상지의明乎郊社之禮, 禘嘗之義"라고 하여 '예'와 '의'를 대응해 거론한 것은, 곧 호문互文(위아래 문의文義를 서로 보충하고 설명하는 표현 형식)으로, 실제로는 '교사'의 '예·의'와 '체상'의 '예·의'에 모두 밝다는 뜻으로 이해해야 함. 따라서 역문에 이런 뜻을 반영함.

36 其(기): 추측의 부사. 아마, 대개.

37 如示諸掌(여시저장): 마치 그것(나라)을 손바닥 위에 올려놓고 다루는 것과 같음. 이는 정현의 견해에 따른 풀이로, 나라를 마치 손바닥 위에 올려놓고 다루듯이 국정 전반을 자유자재로 다루며 쉽게 잘 다스릴 수 있음을 비유함. '시'는 치置, 즉 (올려)놓음, 둠의 뜻임. '저'는 지어之於의 합음자. '지'는 앞에서 말한 '치국'의 '국', 즉 나라를 가리킴. '장'은 손바닥. 한편 주자는 '시'를 시視, 즉 봄의 뜻으로 풀이했으니, 이 구절은 곧 나라를 손바닥 위에 올려놓고 보는 것처럼 국정 전반을 자세히 보고 알 수 있어서 나라를 쉽게 잘 다스릴 수 있음을 비유함. 두 가지 풀이가 다 통하나, 『맹자』「양혜왕 상편梁惠王上篇」에서 "천하를 마치 손바닥 위에 올려놓고 다루듯 쉽게 다스릴 수 있을 것입니다(天下可運於掌)"라고 한 데에 비춰 보면 전자가 원전의 본의에 부합하는 듯함. 이 구절과 같은 내용이 『논어』「팔일편八佾篇」에도 보임.

38 乎(호): 감탄의 어조사.

해설

여기서 자사는 공자의 말을 인용해 주 무왕과 주공이 행한 '달효達孝' 역시 중용의 도에 부합했음을 찬미하며 역설했다. 공자가 말하는 무왕과 주공의 '달효'는 "선인의 유지를 잘 계승하고, 선인의 유업을 잘 잇는 것"이면서, 또한 선인에 대한 효심을 바탕으로 제정된 제례를 통해 행해진 것이다. 그런 만큼 효행의 중대한 의의와 막대한 공효가 일신一身 일가一家에 그치지 않고, 천하 만인 만가萬家에까지 두루 미침으로써 성세를 이룩한 것이다. 이른바 '달효'란 바로 효도의 그 같은 대용大用(큰 효용)과 대의大義(큰 의리·도리)를 두고 한 말이니, 그야말로 효로써 나라를 다스리는 효치孝治요, 예로써 나라를 다스리는 예치禮治이다. 훗날 증자가 "부모의 장사葬事에 슬픔과 예를 다하고, 조상의 제사에 정성과 공경을 다하면 민정民情 풍속이 돈후해질 것이다(愼終追遠, 民德歸厚矣)"(『논어』「학이」)라고 한 것 역시 같은 취지의 설명이다.

여기서 특히 주목할 것은 "교제·사제와 체제·상제의 의례와 그 의의에 두루 밝으면, 나라를 다스림에 있어 아마도 마치 나라를 손바닥 위에 올려놓고 다루는 것과 같아서 아주 쉽게 잘 다스릴 수 있으리라"라는 공자의 일깨움이다. 고대의 군왕들은 선조는 물론 천지에도 제사를 지냈다. 당시 나라를 다스리는 군왕으로서는 선조에게 제사를 올리며 효도를 다함으로써 근본을 잊지 않고 대업을 열고 키워준 선왕의 은덕에 감사하고, 천지에 제사를 올리며 온 정성과 숭배를 다함으로써 만물을 낳고 길러준 천지의 공덕과 은택에 깊이 감사하고 보답했다. 아무튼 군왕이 자신이 주제主祭하는 일체의 국가적 제사 의례와 그 의의에 깊이 통달한다면, 군왕으로서 꼭 필요한 덕성과 자질을 갖춘 것이니, 나라를 다스리는 일도 분명 어렵지 않게 잘 해낼 수 있을 것이라는 얘기다. 이는 곧 유가의 '수신·제가·치국·평천하'의 정치사상과도 맥락이 닿아 있다.

제20장

20-1

애공이 정치를 어떻게 해야 되는지를 물었다. 공자께서 말씀하셨다. "주 문왕과 무왕이 시행한 정치 제도와 조치들은 모두 목판과 죽간에 기록되어 있습니다. 따라서 지금도 문왕·무왕과 당시 신하들 같은 성군聖君과 현신賢臣이 있으면, 그러한 정치가 시행될 수 있습니다. 하지만 문왕·무왕과 당시 신하들 같은 성군과 현신이 없으면, 그러한 정치는 시행되지 못하고 사라지고 말 것입니다. 현인賢人이 나라를 다스리는 이치는 정치의 공효를 내도록 부지런히 힘쓰는 것이니, 마치 대지大地가 만물을 기르는 이치는 초목이 잘 자라도록 부지런히 힘쓰는 것과 같습니다. 무릇 현인이 정치의 성과와 공효를 내는 것은 흡사 부들과 갈대가 쉬이 나고 자라듯이 쉬운 일입니다. 그러므로 위정爲政 치국의 성패는 현능한 인재를 얻느냐 못 얻느냐에 달려 있습니다. 한데 군주가 현재賢才를 얻고자 한다면 먼저 스스로 자신의 품성을 바르게 닦아야 하온데, 자신의 품성을 닦음은 곧 중용의 도를 따르고 닦는 것으로 해야 하고, 중용의 도를 닦음은 곧 인仁의 도덕을 근본으로 해야 합니다.

哀公¹問政. 子曰: "文武²之政, 布³在方策.⁴ 其人⁵存, 則其政⁶擧⁷;
애 공 문 정　자 왈　　문 무 지 정　포 재 방 책　기 인 존　즉 기 정 거

其人亡,⁸ 則其政息.⁹ 人道敏政,¹⁰ 地道敏樹. 夫政也者, 蒲盧¹¹也.
기 인 무　즉 기 정 식　인 도 민 정　　지 도 민 수　부 정 야 자　포 로　야

故爲政在人, 取人¹²以身,¹³ 修身以道,¹⁴ 修道以仁.¹⁵
고 위 정 재 인　취 인　이 신　　수 신 이 도　　수 도 이 인

주석

1 **哀公**(애공): 춘추시대 말엽 노나라 임금으로, 성은 희姬, 이름은 장蔣. 부왕父王 정공定公에 이어 즉위해 27년간 재위했는데, 한때 공자를 등용해 대사구로서 재상을 겸임하게 함. '애'는 시호.

2 **文武**(문무): 주 문왕과 무왕. 둘 모두 공자가 성군으로 존숭한 군주임.

3 **布**(포): 진열함, 벌여놓음. 여기서는 기록·기재되어 있음을 이름.

4 **方策**(방책): 전적典籍, 서책書冊. 옛날 종이가 없었을 때 글을 쓰던 목판木板을 '방'이라 하고, 죽편竹片을 '간簡'이라 했는데, '책'은 죽간을 엮은 것임. 따라서 후세에는 '방책'으로 전적 및 서책을 일컬었으며, '방책方冊'이라고도 함.

5 **其人**(기인): 그런 사람. 이는 곧 문왕·무왕과 당시의 조정 신하들처럼 선정을 펼 수 있는 훌륭한 통치자·위정자, 즉 성군과 현신을 가리킴.

6 **其政**(기정): 곧 앞에서 말한 '문무지정文武之政'을 가리킴.

7 **擧**(거): 거행擧行됨. 곧 시행됨, 실행됨을 이름.

8 **亡**(무): 무無와 같음.

9 **息**(식): 지식止息, 즉 떠들썩하던 일이 가라앉아서 그침. 곧 시행되지 않고 사라짐을 이름.

10 **人道敏政**(인도민정): 현인賢人이 나라를 다스리는 도(이치)는 정치의 공효를 내는 데 최대한 부지런히 힘쓰는 것임. 여기서 '인'은 특히 현인, 즉 성군과 현신을 말함. '민'은 민첩함, 즉 재빠르고 날쌤. 여기서는 부지런히 힘쓴다는 뜻으로 이

해됨. 곧 『논어』 「학이편」에서 말한 "일을 함에는 민첩하고 근면하나, 말을 함에는 삼가고 조심함(敏於事而愼於言)"의 '민'과 같음. 주자는 '민'을 속速의 뜻으로 풀이했는데, 그 또한 단순히 신속하라는 뜻으로 이해하기에는 아쉬움이 있음. 왜냐하면 정치의 성과를 서두른다는 의미상의 모순이 있기 때문임. '정'은 정치, 정사政事. 여기서는 그 성과와 공효를 두고 이름.

11 蒲盧(포로): 부들과 갈대. 두 가지 풀(草)이 다 쉽게 잘 나고, 잘 자란다고 알려짐. '로'는 로蘆와 같음. 갈대.

12 取人(취인): 득인得人, 즉 쓸 만한 사람을 얻음. '취'는 선취選取, 즉 여럿 가운데서 골라 가짐. '인'은 현인, 현재.

13 身(신): 수신修身. 곧 자신의 품성과 덕성을 바르게 닦음을 이름.

14 道(도): 중용의 도를 이름.

15 仁(인): 공자 사상의 핵심 개념으로, '애인愛人', 즉 사람을 사랑하는 마음을 이름. 공자와 유가에서는 이를 최고의 도덕적 인격 형상으로 받듦.

해설

이 장은 『중용』에서 편폭이 가장 길고, 내용도 가장 풍부하며, 의의 또한 가장 중대하다. 그래서 편의상 나누어 풀이함으로써 더욱 명료하게 이해하고자 했다. 자사는 이 장에서 애공의 물음에 답한 공자의 말을 인용해 위정 치국, 즉 정치를 행하며 나라를 다스리는 이치를 총결했는데, 이는 사실상 『중용』 전편全篇의 중점이나 다름이 없다.

먼저 이 제1절에서는 인치人治의 정치사상을 강력히 주장했다. 인치란 곧 법치法治와 상대되는 개념으로, 국가의 치란治亂·흥망은 통치자의 현능 여부에 달렸다는 사상 관념이다. 이를테면 '인존정거人存政擧·인무정식人亡政息', 즉 성군과 현신이 있으면 어진 정치가 행해지지만 성군과 현신이 없으면 어진 정치가 행해지지 않는다는 것이다. 예컨대 주 문왕·무왕은 군주 자신이 성군인 데다 현신의 보필까지 받은 덕택에 성세를 이룩할 수 있었다. 따라서 나라를 잘 다스리고 싶은 군주라면 응당 주 문왕·무왕의 위인爲人과 치적을 성실히 본받아야 한다. 왜냐하면 "무릇 현인이 정치의 성과와 공효를 내는 것은 흡사 부들과 갈대가 쉬이 나고 자라듯이 쉬운 일"이기 때문이다. 요컨대 '위정재인爲政在人', 즉 위정 치국은 사람에게 달렸으며, 따라서 현능한 인재를 얻느냐 못 얻느냐가 그 성패를 좌우한다.

한데 군주가 어떻게 해야 현재(현능한 인재)를 얻을 수 있을까? 무엇보다 군주 스스로가 먼저 자신의 품성을 바르게 닦아야 한다. 또한 그것은 반드시 중용의 도에 따르고, 인애仁愛의 마음과 정신을 근본으로 해야 한다. 그와 같이 수신·수덕修德에 힘쓴다면 충분히 원만한 품성과 높은 덕성, 넓은 식견을 두루 갖춘 성군으로 거듭날 수 있을 것이다. 그러면 군주 자신이 도덕규범에 맞는 언행으로 솔선수범함은 물론이거니와 더욱이 올바른 안목과 판단으로 현재를 가려 등용할 수 있다. 그뿐만 아니라 재야在野에서 몸을 낮추고 있는 현재들 또한 기꺼이 그런 군주에게 와서 세상을 위해 큰일을 하고픈 마음을 갖게 될 것이다. 일찍이 정치하는 법을 묻는 제자 중궁에게 공자가 "부하 관리들에게 솔선수범하고, 아랫사람의 작은 잘못을 너그럽게 용납하며, 어질고 유능한 인재를 등용하여라(先有司, 赦小過, 擧賢才)"라고 했고, 중궁이 또 어질고 유능한 인재를 어떻게 알아보고 등용하는지를 묻자, "우선 네가 아는 인재를 발탁해 등용하여라. 그러면 네가 모르는 인재를 다른 사람들이 설마 그냥 내버려두겠느냐?"(『논어』「자로」)라고 했는데, 그 또한 같은 맥락으로 이해된다.

20-2

인仁이란 사람이 사람일 수 있는 근본으로, 곧 사람을 사랑하는 것인데, 친족을 친애하는 것이 가장 중대한 인입니다. 의義란 사람의 처신·처사가 사리事理나 도리道理상 알맞고 마땅한 것인데, 현인을 존중하는 것이 가장 중대한 의입니다. 혈친血親을 친애하는 데에도 등차等差가 있고, 현인을 존중하는 데에도 등급이 있기 때문에 예禮가 생겨난 것입니다. 그러므로 군자는 자신의 품성과 덕성을 바르게 닦지 않으면 안 됩니다. 또한 자신의 품성을 바르게 닦고자 하면 부모와 혈친을 잘 섬기지 않으면 안 되며, 부모와 혈친을 잘 섬기고자 하면 사람의 정서와 위인為人을 잘 알지 않으면 안 되며, 사람의 정서와 위인을 잘 알고자 하면 천지자연의 이치를 잘 알지 않으면 안 됩니다.

仁者, 人¹也, 親親²爲大; 義³者, 宜⁴也, 尊賢爲大. 親親之殺,⁵ 尊賢
인자   인야   친친 위대   의자   의야   존현위대   친친지쇄   존현
之等,⁶ 禮所生⁷也. [在下位不獲乎上, 民不可得而治矣.]⁸ 故君子不
지등   예소생야   재하위불획호상   민불가득이치의   고군자불

可以不修身. 思⁹修身, 不可以不事親; 思事親, 不可以不知人¹⁰; 思
가 이 불 수 신   사 수 신   불 가 이 불 사 친   사 사 친   불 가 이 부 지 인   사

知人, 不可以不知天.¹¹
지 인   불 가 이 부 지 천

주석

1 **人**(인): 여기서는 사람이 사람일 수 있는 근본 이치요 도리로, 곧 '애인愛人'(『논어』
   「안연」), 즉 사람을 사랑함을 이름.

2 **親親**(친친): 혈친·친족을 친애함. 앞의 '친'은 동사, 뒤의 '친'은 명사.

3 **義**(의): 유가 학설의 중요한 덕목으로, 사고思考와 언행이 사리와 도리의 마땅함
   에 부합함을 이름.

4 **宜**(의): 적의適宜, 즉 알맞고 마땅함.

5 **殺**(쇄): 감쇄減殺, 즉 줆, 줄임, 덞[減]. 곧 친족에 있어서 혈연관계의 원근遠近으로
   인한 친소親疏의 등차를 이름.

6 **等**(등): 등급. 곧 현인에 있어서 그 재덕의 높고 낮음에 따른 존중의 후박厚薄의
   등급·등차를 이름.

7 **生**(생): 생성됨, 발생함. 곧 (예가) 생겨남, (예를) 제정해 시행함을 이름.

8 "**在下位**(재하위)…" 2구: 정현이 처음 말하고, 주자를 비롯한 후세 사람들이 모두
   그에 따르듯이, 이는 이 장의 아래 단락에 포함된 구절이 잘못하여 여기에 거듭
   들어간 착간이므로, 풀이에서는 제외함.

9 **思**(사): 생각함. 곧 ~하려고 함[欲]을 이름.

10 **知人**(지인): 사람을 앎. 곧 사람의 정서와 됨됨이를 올바르게 앎, 이해함을 이름.

11 **天**(천): 천리天理, 즉 천지자연의 이치, 또는 하늘의 바른 도리.

해설

소위 인仁은 사람의 본성이요 천성이다. 그것은 자사가 『중용』 첫머리
에서 이른 대로, "하늘이 사람에게 부여한[天命]" 것이다. 다시 말해 인
은 사람이 사람일 수 있는 근본 이치요 도리로, 공자의 설명에 따르면

사람을 사랑하는 심성이다. 앞에서 공자가 "중용의 도를 닦음은 곧 인仁의 도덕을 근본으로 해야 함"을 강조한 것은 바로 그 때문이다.

공자가 말하는 인은 비록 만인을 사랑하는 박애의 정신이기는 하나, 무엇보다 자신의 부모와 혈친을 친애함을 기본으로 해야 한다. 그러한 바탕 위에 점차 만인으로 확대해가는 것이다. 따라서 '친친親親', 즉 친족을 친애하는 것이야말로 가장 중대한 의의가 있는 인이다. 공자의 제자 유자가 말했듯이 "부모에게 효도하고 형을 공경하는 것이 바로 인의 근본인 것이다!(孝弟也者, 其爲仁之本與)"(『논어』「학이」)

세상만사는 두말할 나위 없이 알맞고 마땅함을 추구해야 한다. 그게 바로 중용이다. 그러므로 사람은 인은 물론이거니와 의도 함께 추구해야 한다. 공자가 말하는 의는 "사람의 처신·처사가 사리나 도리상 알맞고 마땅한 것"이다. 의는 강요하는 것이 아니다. 세상 만사만물에는 그 나름의 마땅히 그렇게 하거나 되어야 하는 당위當爲의 이치가 있게 마련이다. '친친'을 비롯한 인생 만사에서 요구되는 당위의 이치는 오직 어진 덕성과 밝은 지혜가 있는 현인만이 바르게 알고 사람들에게 일깨워줄 수가 있다. 따라서 현인을 존중하는 것이야말로 가장 중대한 의의가 있는 의다.

한데 "혈친을 친애하는 데에도 등차가 있고, 현인을 존중하는 데에도 등급이 있기" 마련이다. 부모에게는 당연히 효경해야 할 것이요, 친족과는 당연히 화목해야 할 것이다. 대현大賢, 즉 매우 어질고 지혜로운 사람은 당연히 스승으로 섬겨야 할 것이요, 소현小賢, 즉 조금 어질고 지혜로운 사람은 당연히 사형師兄(학덕學德이 자기보다 높은 사람을 높여 이르는 말)으로 공경해야 할 것이다. 사회의 질서와 조화를 지향하는 예란 바로 그 같은 배경과 요구의 산물이다. 요컨대 사람은, 특히 군자라면 응당 인·의·예의 덕성을 두루 갖추어야 한다. 공자가 "군자는 자신의 품성과 덕성을 바르게 닦지 않으면 안 된다"라고 하며 '수신'의 필요성을 강조한 것은 바로 그 때문이다.

그렇다면 수신을 어떻게 해야 하는가? 인을 핵심으로 하는 공자 사상에서 수신은 뭐니 뭐니 해도 부모를 효경하고, 혈친과 친족을 후대厚待하는 것으로부터 시작하지 않으면 안 된다. 그리고 부모를 효경하고, 혈친과 친족을 후대함은 또 사람의 위인과 현우賢愚를 잘 알아서 현인을 존중하며 가까이해 그 이치와 도리를 올바르게 채득하는 것으로부터 시작하지 않으면 안 된다. 그렇지 않으면 자칫 후대할 이를 박대하고, 박대할 이를 후대하는 우를 범하며 알맞고 마땅함을 잃을 것이고, 또한 그로 말미암아 자신은 물론 부모와 육친을 욕되게 하거나 위험에 빠뜨릴 수도 있다. 사람의 현우를 잘 알기 위해서는 곧 천리와 천도에 따르며 천명의 보우保佑를 받는 이를 바르게 알아볼 수 있어야 한다. 사람의 본성은 본디 하늘이 부여한 것인 만큼 사람의 위인을 알기 위해서는 천리를 알지 않으면 안 된다. 다시 말해 수신은 궁극적으로 천리를 알고, 천리를 따르는 것이어야 한다.

20-3

천하 만인이 반드시 지켜야 하는 도리 다섯 가지가 있고, 또 사람이 그것을 실행하기 위해 갖춰야 하는 덕목 세 가지가 있습니다. 그것은 바로 군신의 도, 부자의 도, 부부의 도, 형제의 도, 붕우의 교도交道로, 이 다섯 가지는 천하 만인이 반드시 지켜야 하는 보편적 인륜 도리입니다. 그리고 지智·인仁·용勇 세 가지는 천하 만인이 반드시 갖춰야 하는 덕성이온데, 이 세 가지 덕성으로 저 다섯 가지 보편적 인륜 도리를 실행하는 것은 오직 한 가지, 곧 성실함에 달렸습니다.

이러한 보편적 인륜 도리를 어떤 사람은 태어나면서부터 알고, 또 어떤 사람은 배워서 알며, 또 어떤 사람은 곤경을 겪고 나서야 알지만, 그들이 그것을 알게 된 이상은 다 같은 것입니다. 그리고 이러한 보편적 인륜 도리를 어떤 사람은 편안하고 기꺼운 마음으로 실행하고, 또 어떤 사람은 이로움을 얻으려는 마음으로 실행하며, 또 어떤 사람은 마지못해서 억지로 실행하지만, 그들이 그것을 실행해 공효를 얻게 된 이상은 다 같은 것입니다.

배우기를 좋아하면 지혜(智)에 근접할 수 있고, 선善을 힘써 행하면 인애(仁)에 근접할 수 있으며, 수치를 알면 용기(勇)에 근접할 수 있습니다. 이 세 가지를 알면 곧 어떻게 자신의 품성을 바르게 닦아야 하는지를 알게 됩니다. 어떻게 자신의 품성을 바르게 닦아야 하는지를 알면 곧 어떻게 다른 사람을 가르치고 이끌어야 하는지를 알게 됩니다. 어떻게 다른 사람을 가르치고 이끌어야 하는지를 알면 곧 어떻게 천하와 나라를 다스려야 하는지를 알게 됩니다.

天下之達道¹五, 所以行之者²三. 曰: 君臣也, 父子也, 夫婦也, 昆³
천 하 지 달 도 오   소 이 행 지 자 삼   왈   군 신 야   부 자 야   부 부 야   곤

弟也, 朋友之交也, 五者, 天下之達道也; 知⁴仁勇⁵三者, 天下之達
제 야   붕 우 지 교 야   오 자   천 하 지 달 도 야   지 인 용 삼 자   천 하 지 달

德也, 所以行之者一⁶也.
덕 야   소 이 행 지 자 일 야

或⁷生而知之,⁸ 或學而知之, 或困而知之,⁹ 及¹⁰其知之一也; 或安而
혹 생 이 지 지   혹 학 이 지 지   혹 곤 이 지 지   급 기 지 지 일 야   혹 안 이

行之, 或利而行之, 或勉強¹¹而行之, 及其成功¹²一也.
행 지   혹 리 이 행 지   혹 면 강 이 행 지   급 기 성 공 일 야

[子曰:]¹³ 好學近乎¹⁴知,¹⁵ 力行近乎仁, 知恥近乎勇. 知斯¹⁶
자 왈   호 학 근 호 지   역 행 근 호 인   지 치 근 호 용   지 사

三者, 則知所以¹⁷修身; 知所以修身, 則知所以治人; 知所以治人,
삼 자   즉 지 소 이 수 신   지 소 이 수 신   즉 지 소 이 치 인   지 소 이 치 인

則知所以治天下國家矣.
즉 지 소 이 치 천 하 국 가 의

주석

1 達道(달도): 고금古今을 막론하고 천하에 널리 통하므로 만인이 모두 따르고 지 켜야 하는 보편적인 도, 도리, 이치, 진리.

2 所以行之者(소이행지자): 그것('달도')을 실행하기 위해 활용하는 것. 곧 '천하지달 도天下之達道'를 실행·구현하기 위한 방편으로서의 기본 덕목 내지 덕행을 이름.

3 昆(곤): 형兄과 같음.

4 知(지): 지智와 같음. 지혜, 이지理智.

5 勇(용): 여기서는 도덕을 실천하는 용기와 굳센 의지를 이름.

6 一(일): 오직 한 가지에 달림. 이는 곧 아래에서 말하는 '성誠', 즉 성실함(정성스럽 고 진실함)을 두고 하는 말임. 한편 왕인지王引之는『경의술문經義述聞』에서, 이 '일' 자는 후세 사람이 잘못 덧붙인 것이라고 함.

7 或(혹): 혹은, 혹자或者, 어떤 사람.

8 之(지): 지시대명사. 그것. 곧 '달도達道', 즉 다섯 가지 보편적 인륜 도리를 이름. 아래도 같음.

9 困而知之(곤이지지): 곤경을 겪으면서 비로소 체험적으로 배우고 깨달아서 그런 도리를 알게 된다는 말. '곤'은 곤궁困窮, 곤경.

10 及(급): ~에 미침, 이름[至].

11 勉强(면강): 억지로 함.

12 成功(성공): 공을 이룸, 목적한 바를 이룸. 곧 공효를 얻음을 이름.

13 子曰(자왈): 주자가 이른 대로, 이 두 글자는 연문으로 보임.

14 乎(호): 어於와 같음.

15 知(지): 지智와 같음.

16 斯(사): 차此와 같음. 지시대명사. 이.

17 所以(소이): 원인, 까닭, 근거. 여기서는 곧 어떻게의 뜻으로 이해됨.

해설

공자는 이제 '오달도五達道'와 '삼달덕三達德'의 개념을 제시하며 '수신' 에 대한 더욱 구체적인 설명을 이어간다. '오달도'는 사람과 사람 사이 에 누구나 마땅히 지키고 행해야 할 윤리 규범으로, 군신·부자·부부· 형제·붕우의 도를 말한다. 군신 사이에는 도의道義가 주가 되고, 부자 사이에는 친애가 주가 되며, 부부 사이에는 유별有別이 주가 되고, 형 제 사이에는 질서가 주가 되며, 붕우 사이에는 신의가 주가 된다. 이다섯 가지는 인륜의 큰 규범으로, 예로부터 천하 만인이 공히 지켜야 하는 보편적 도리요 규범이다. 그것은 마치 사람이라면 반드시 가야 하는 대로大路와 같으며, 따라서 '천하의 달도〔天下之達道〕'라고 한다.

'삼달덕'은 '오달도'를 실행하기 위한 전제적 요건으로, 지智·인仁·용勇의 덕목을 말한다. 다시 말해 사람이 반드시 '삼달덕'을 갖추어야만 비로소 과불급過不及 없이 가장 적정適正하게 '오달도'를 실행할 수 있다. 지혜가 있으면 예지睿智로울 것이니 '달도'를 바르게 알고 분별할 것이요, 인덕仁德이 있으면 무사無私할 것이니 '달도'를 바르게 깨닫고 체득할 것이요, 용기가 있으면 과감할 것이니 '달도'를 지키는 데 용감해 어려워하지 않을 것이다. 이 세 가지는 사실 하늘이 부여한 사람의 본성으로, 사람은 누구나 가지고 태어난 것이며, 따라서 '천하의 달덕〔天下之達德〕'이라고 한다.

여기서 공자는 또 "이 세 가지 덕성으로 저 다섯 가지 보편적 인륜 도리를 실행하는 것은 오직 한 가지, 즉 성실함에 달렸음"을 강조했다. 성실이란 곧 진실무위眞實無僞, 즉 참되어 거짓이 없음이다. 그렇다면 성실을 바탕으로 한 지혜는 진실한 지혜요, 성실을 바탕으로 한 인애는 진실한 인애이며, 성실을 바탕으로 한 용기는 진실한 용기일 것이니, '달도'는 진정 참되게 지켜지고 실행되지 않음이 없을 것이다. 반면 불성실과 허위 가식을 바탕으로 한 지혜와 인애와 용기는 결코 진실한 덕이 아닐 것이니, '달도'가 어찌 제대로 지켜지고 실행될 수 있겠는가?

한데 공자가 이른 대로, "사람의 본성은 본디 서로 비슷하지만, 후천적인 습성으로 인해 서로 격차가 벌어지게 된다〔性相近也, 習相遠也〕",

(『논어』 「양화」) 다시 말해 속세를 살아가는 사람의 자질에는 서로 차이가 있게 마련이다. 예컨대 이성理性의 발달 정도에 따라 현우賢愚의 차이가 있을 것이다. 또한 그로 인해 '달도'에 대한 이해와 조예에도 일정한 등차를 낳을 수밖에 없다. 여기서 공자는 사람의 자질을 세 등급으로 나누었다. 이 '천하의 달도', 즉 보편적 인륜 도리를 사람에 따라 태어나면서부터 알거나 배워서 알거나 곤경을 겪고 나서야 아는 등차가 있는가 하면, 또 그에 상응해 편안하고 기꺼운 마음으로 실행하거나 이로움을 얻으려는 마음으로 실행하거나 마지못해서 억지로 실행하는 등차가 있다는 것이다. 하지만 그럼에도 불구하고 궁극에는 알고 또 성실히 실행해 각기 나름의 공효를 얻게 된다면, 중용의 도를 여실히 체득하고 실현하는 것이니, 그 의의는 결국 다 같다. 한마디로 사람은 누구나 의지를 가지고 분발 진력한다면 '달도'를 알고 실행해 유의미한 성과를 거둠으로써 나름의 보람을 맛볼 수 있다.

그렇다면 사람이 어떻게 해야 '삼달덕'을 갖춰갈 수 있는가? 공자는 '호학好學·역행力行·지치知恥'가 입덕入德, 즉 '삼달덕'의 경지에 진입하는 길임을 역설했다. '배우기를 좋아함'은 곧 대도大道를 명지明知하기 위한 것으로, 물론 그 자체로 즉각 완전한 '지'(지혜)에 이른다고 할 수는 없다. 하지만 적어도 고금 사물의 이치를 두루 탐구하면서 점차 우매함에서 벗어나 명지明智를 향해 나아갈 것이니, 필시 지혜에 근접할 수 있을 것이다. '선을 힘써 행함'은 곧 대도를 체득하기 위한 것으로, 물론 그 자체로 즉각 완전한 '인'(인애)에 이른다고 할 수는 없다. 하지만 적어도 일마다 성찰하고 힘써 다스려가면서 점차 사욕私慾에서 벗어나 구인求仁의 의지와 노력이 이어질 것이니, 필시 인애에 근접할 수 있을 것이다. '수치를 앎'은 곧 대도에 대한 입지立志를 위한 것으로, 물론 그 자체로 즉각 완전한 '용'(용기)에 이른다고 할 수는 없다. 하지만 적어도 자신이 남보다 못한 것을 알고 부끄러움을 느끼며 발분發奮 맹진猛進하면서 점차 나약懦弱에서 벗어나 의지를 불태울 것이니, 필시 용기에 근접할 수 있을 것이다.

또한 만약 일국의 군주가 진정으로 '호학·역행·지치'한다면, 능히 '삼달덕'에 힘입어 '오달도'를 실행하는 가운데 수신의 이치를 깨닫고 정진할 수 있을 것이다. 그뿐만 아니라 나아가 사람을 가르치고 이끄는 이치를 알게 됨은 물론, 궁극에는 천하와 나라를 다스리는 이치까지 터득하게 될 것이니, 평천하를 기대하기에 부족함이 없다. 이는 곧 『대학』에서 말한 "천자부터 서민에 이르기까지 사람은 누구나 다 심신을 수양해 품성을 도야함을 근본으로 해야 한다(自天子以至於庶人, 壹是皆以修身爲本)", "심신이 수양되어 품성이 닦인 후에야 비로소 집안이 가지런히 평안 화목해지며, 집안이 가지런히 평안 화목해진 후에야 비로소 나라가 다스려져 부강해지고, 나라가 다스려져 부강해진 후에야 비로소 온 천하가 태평하게 다스려질 수 있다(身修而後家齊, 家齊而後國治, 國治而後天下平)"(「경문」 2절)는 것이다.

20-4

　무릇 천하와 국가를 다스림에는 아홉 가지 원칙이 있사온데, 그것은 바로 군왕이 자신의 품성을 바르게 닦고, 현인을 존중하며, 친족을 친애하고, 대신大臣을 공경하며, 뭇 신하를 살뜰히 대하고, 백성을 자식처럼 사랑하며, 여러 분야 장인匠人을 불러 격려하고, 변방邊方 이역異域에서 온 사람을 우대하며, 사방의 제후들을 안무按撫하며 포용하는 것입니다.

　군왕이 자신의 품성을 바르게 닦으면 중정中正한 도덕규범이 바로 설 것이요, 현인을 존중하면 사리事理에 미혹하지 않을 것이며, 친족을 친애하면 백부·숙부와 형제들이 원망하지 않을 것이요, 대신을 공경하면 치국에 허둥거리지 않을 것이며, 뭇 신하를 살뜰히 대하면 선비들이 두터이 보은報恩할 것이요, 백성을 자식처럼 사랑하면 뭇 백성들이 절로 애써 힘쓸 것이며, 여러 분야 장인을 불러 격려하면 쓸 만한 재물이 풍족해질 것이요, 변방 이역에서 온 사람을 우대하면 사방에서 뭇사람들이 귀순해올 것이며, 사방의 제후들을 포용하면 천하가

다 존경하며 복종할 것입니다.

목욕재계하듯이 심신을 정결히 하고 늘 의관衣冠을 정제整齊하며 예에 맞지 않는 일을 하지 아니함은 곧 자신의 품성을 바르게 닦는 방도요, 참언을 일삼는 소인을 물리치고 여색을 멀리하며 재화를 천하게 여기고 미덕을 귀하게 여김은 곧 현인을 고무鼓舞 격려하는 방도요, 친족의 작위를 높여주고 봉록을 후하게 주며 상벌賞罰을 동일한 기준으로 행함은 곧 친족을 고무 격려하는 방도요, 속관屬官이 많아서 마음껏 부릴 수 있도록 함은 곧 대신을 고무 격려하는 방도요, 성심을 다하고 신의를 지켜서 인재를 등용하고 봉록을 후하게 줌은 곧 선비를 고무 격려하는 방도요, 농한기에 맞춰 백성을 부리고 그들의 조세 부담을 덜어줌은 곧 백성을 고무 격려하는 방도요, 날마다 시찰 점검하고 달마다 심의 평가해 일한 보수로 미곡을 줄 때 그 실적에 맞추어 줌은 곧 여러 분야 장인을 고무 격려하는 방도요, 오는 이는 환영하고 가는 이는 환송하며 재능이 있는 이는 가상히 여기고 재능이 없는 이는 가련히 여김은 변방 이역의 사람을 우대하는 방도요, 덕망 있는 경대부가卿大夫家의 이미 끊어진 세록世祿을 다시 잇게 하고, 쇠퇴해 몰락한 나라를 다시 일으켜 세우게 하며, 정치 사회적 혼란을 잘 다스려 안정을 되찾게 하는가 하면 위난危難을 잘 견디며 이겨내게 하고, 정해진 때에 맞추어 조빙朝聘하게 하되 본국으로 돌아갈 때는 물품을 푸짐하게 주어 보내고, 천자를 알현하러 올 때는 공물을 간소하게 가져오게 함은 곧 사방의 제후들을 안무하며 포용하는 방도입니다.

무릇 천하와 국가를 다스림에는 아홉 가지 원칙이 있사온데, 그것을 실행하는 것은 오직 한 가지, 곧 성실함에 달렸습니다.

凡爲¹天下國家有九經,² 曰: 修身也, 尊賢也, 親親也, 敬大臣³也,
범 위 천 하 국 가 유 구 경   왈   수 신 야   존 현 야   친 친 야   경 대 신 야

體⁴群臣⁵也, 子⁶庶民也, 來⁷百工⁸也, 柔⁹遠人¹⁰也, 懷¹¹諸侯也.
체 군 신 야   자 서 민 야   내 백 공 야   유 원 인 야   회 제 후 야

修身則道¹²立, 尊賢則不惑, 親親則諸父¹³昆弟不怨, 敬大臣則不眩,¹⁴
수 신 즉 도 립   존 현 즉 불 혹   친 친 즉 제 부   곤 제 불 원   경 대 신 즉 불 현

體群臣則士¹⁵之報禮¹⁶重,¹⁷ 子庶民則百姓¹⁸勸,¹⁹ 來百工則財用²⁰
체 군 신 즉 사   지 보 례   중   자 서 민 즉 백 성 권   내 백 공 즉 재 용

足, 柔遠人則四方歸²¹之, 懷諸侯則天下畏²²之.
족   유 원 인 즉 사 방 귀   지   회 제 후 즉 천 하 외 지

齊明²³盛服,²⁴ 非禮不動, 所以修身也; 去²⁵讒²⁶遠色,²⁷ 賤貨而貴德,
재 명 성 복   비 례 부 동   소 이 수 신 야   거 참 원 색   천 화 이 귀 덕

所以勸²⁸賢也; 尊其位, 重其祿, 同其好惡,²⁹ 所以勸親親³⁰也; 官盛
소 이 권 현 야   존 기 위   중 기 록   동 기 호 오   소 이 권 친 친 야   관 성

任使,³¹ 所以勸大臣也; 忠信³²重祿, 所以勸士也; 時使³³薄斂,³⁴ 所
임 사   소 이 권 대 신 야   충 신 중 록   소 이 권 사 야   시 사 박 렴   소

以勸百姓也; 日省月試,³⁵ 旣稟稱事,³⁶ 所以勸百工也; 送往迎來, 嘉
이 권 백 성 야   일 성 월 시   희 름 칭 사   소 이 권 백 공 야   송 왕 영 래   가

善³⁷而矜不能,³⁸ 所以柔遠人也; 繼³⁹絶世,⁴⁰ 舉⁴¹廢國,⁴² 治亂⁴³持危,⁴⁴
선 이 긍 불 능   소 이 유 원 인 야   계 절 세   거 폐 국   치 란 지 위

朝聘⁴⁵以時,⁴⁶ 厚往⁴⁷而薄來,⁴⁸ 所以懷諸侯也.
조 빙 이 시   후 왕 이 박 래   소 이 회 제 후 야

凡爲天下國家有九經, 所以行之者一也.
범 위 천 하 국 가 유 구 경   소 이 행 지 자 일 야

주석

1 爲(위): 다스림(治).

2 九經(구경): 아홉 가지 상규常規, 상도常道. '경'은 본디 날실, 즉 피륙이나 그물을 짤 때 세로로 놓는 실을 뜻하는데, 그로부터 전의되어 사상이나 행동의 원칙·준칙을 이르는 말로 많이 쓰임.

3 大臣(대신): 국가의 막중한 권한과 책무를 맡아 위엄과 명망이 높은 중신重臣.

4 體(체): 체찰體察, 체량體諒함. 곧 역지사지해 상대방의 마음을 세심히 살피고, 깊이 헤아리며 살뜰히 대함을 이름.

5 群臣(군신): 중신衆臣, 즉 여러 신하. 곧 조정의 문무백관을 이름.

6 子(자): 여기서는 동사로 쓰임. (서민·백성을) 자식처럼 사랑함.

7 來(래): 초래招來, 즉 불러서 오게 함, 불러 모음. 또 초래招徠, 즉 불러서 어루만져 위로함.

8 百工(백공): 여러 부문의 공장工匠. 곧 수공업 분야의 장인, 기능공을 이름.

9 柔(유): 여기서는 동사로 쓰임. 부드럽게 대함. 곧 우대함을 이름.

10 遠人(원인): 멀리 변방에서 온 사람, 또는 다른 민족 지역에서 온 사람.

11 懷(회): 회유懷柔함. 곧 제후들을 강경하고 강압적인 태도로 대하지 않고, 어루 만져 위로하며 포용하는 태도로 대함을 이름.

12 道(도): 정도正道, 중용의 도. 또한 곧 앞에서 말한 '달도達道'를 이름.

13 諸父(제부): 백부伯父와 숙부叔父에 대한 통칭.

14 眩(현): 눈이 흐릿함, 침침함. 여기서는 곧 허둥거림을 이름.

15 士(사): 선비. 고대, 특히 춘추시대 말엽에 지식인에 대한 통칭으로 쓰인 말. 제 18장 주석 25 참조.

16 報禮(보례): 보은, 보답報答. 여기서 '례'는 경의敬意의 뜻을 내포함.

17 重(중): 중후重厚함, 심후深厚함. 곧 진력함, 즉 있는 힘을 다함을 이름.

18 百姓(백성): 일반 민중. 일설에 춘추시대 이전에는 오직 귀족만 '성姓'이 있었기 때문에 당시의 이른바 '백성'은 귀족 계층을 일컫는 말이었으며, 따라서 여기서 말하는 '백성'은 '서민'과는 다른 개념으로 봐야 한다고 함. '백성'이 일반 민중 을 일컫는 말이 된 것은 대략 전국시대 이후라고 함. 하지만 아래에서 "시사박 렴, 소이권백성야時使薄斂, 所以勸百姓也"라고 한 것을 감안하면, 여기서 '백성'은 곧 민중의 뜻으로 쓰였다고 보는 것이 옳음.

19 勸(권): 권면勸勉함. 여기서는 곧 면려勉勵함, 즉 스스로 애써 노력하거나 힘씀 을 이름.

20 財用(재용): 쓸 수 있는 재물. 일설에는 국고國庫의 재원財源.

21 歸(귀): 귀순함, 귀부歸附함.

22 畏(외): 경외敬畏, 즉 공경하면서 두려워함. 곧 경복敬服(존경해 복종함), 외복畏服 (두려워하며 복종함)함을 이름.

23 齊明(재명): 제16장 주석 5 참조.

24 盛服(성복): 제16장 주석 6 참조.

25 去(거): 제거함. 곧 배제함, 물리침을 이름.

26 讒(참): 참언, 즉 거짓으로 꾸며서 남을 헐뜯는 말. 여기서는 참언을 일삼는 소인을 이름.

27 色(색): 미색, 여색.

28 勸(권): 권면함. 여기서는 고무, 즉 힘을 내도록 격려해 용기를 북돋움을 이름.

29 同其好惡(동기호오): 그들(친족)에 대한 좋아함과 싫어함을 동일한 기준으로 함. 곧 친족에 대해 상벌의 기준과 원칙을 친소에 따라 다르게 하지 않음을 이름.

30 親親(친친): 여기서는 혈친, 친족을 이르는 것으로 이해됨.

31 官盛任使(관성임사): 속한 관원이 많아서 마음껏 부림. '성'은 많음. '임'은 임의로, 마음대로. 곧 마음껏. '사'는 (사람을) 부림, 사용함.

32 忠信(충신): 성심을 다하고 신의를 지킴. 여기서는 그렇게 대함, 곧 그렇게 선비들을 등용해 소임을 맡김을 이름. '충'은 성심誠心 진력盡力, 즉 성심껏 있는 힘을 다함을 이름. 『예기』「예기편禮器篇」에 이르기를 "'충신'은 예의 근본이다(忠信, 禮之本也)"라고 함.

33 時使(시사): 백성을 때에 맞춰 부림. 곧 농사에 지장을 주지 않도록 농한기를 이용해 백성들을 노역에 동원함을 이름. 공자가 『논어』「학이편」에서 이른 대로, "백성을 부릴 때에는 농한기에 맞추어야 한다(使民以時)"라는 말임.

34 薄斂(박렴): 조세 징수를 덜함. '박'은 엷음, 가벼움, 적음. 여기서는 덞(減), 경감輕減함. 곧 부담이나 고통 따위를 덜어서 가볍게 함을 이름. '렴'은 거두어들임. 곧 조세 징수를 이름.

35 日省月試(일성월시): 날마다 살피고, 달마다 시험함. 곧 매일 시찰 점검하고, 매월 심의 평가함을 이름.

36 餼稟稱事(희름칭사): 일한 보수로 주는 미곡은 그 실적에 맞추어 줌. '희름'은 희름餼廩과 같음. 일에 대한 보수로 주는 미곡. 이를테면 녹봉미祿俸米 같은 것임. '희'는 음식을 보냄. 여기서는 곧 미곡을 줌을 이름. '름'은 곳집, 미곡 창고. 여기서는 이로써 미곡을 이름. '칭'은 맞음, 부합함. '사'는 일. 곧 일의 성과, 실적을 이름.

37 嘉善(가선): 재능이 있는 사람을 가상嘉尙히 여김. '선'은 능能과 같음. 여기서는 유능한 사람을 이름.

38 矜不能(긍불능): 재능이 없는 사람을 가련히 여김. '긍'은 불쌍히 여김, 동정함.

39 繼(계): 계속하게 함, 잇게 함.

40 絶世(절세): 이미 끊어진 경대부가의 세록(대대로 세습해 받는 작록).

41 擧(거): 일으킴. 곧 부흥復興, 즉 쇠퇴했던 것을 다시 일어나게 함을 이름.

42 廢國(폐국): 폐멸廢滅한 나라. 곧 쇠퇴해 몰락한 나라를 이름.

43 治亂(치란): 정치 사회적 혼란을 잘 다스려 안정을 찾게 함.

44 持危(지위): 정치 사회적 위난을 잘 견디며 이겨내게 함. '지'는 부지扶持, 즉 매우 어렵게 보존하거나 버티어(견디어)나감.

45 朝聘(조빙): 조현朝見과 빙문聘問. 곧 옛날에 제후가 정기적으로 천자에게 행하던 예로, '조'는 제후가 천자를 직접 찾아가 알현하는 것이고, '빙'은 제후가 경대부를 보내 천자를 알현하고 공물貢物을 바치게 하는 것임.

46 以時(이시): 정해진 때에 맞춰서.

47 厚往(후왕): 제후가 본국으로 돌아갈 때는 물품을 후하게(푸짐하게) 주어서 보냄.

48 薄來(박래): 제후가 천자의 조정에 들어올 때는 공물을 박하게(간소하게) 가져오게 함.

해설

공자는 이제 치국·평천하에 관한 이론과 실제의 문제를 구체적으로 설파하는데, 이 절의 내용은 셋으로 나뉜다.

첫째, 치국·평천하의 아홉 가지 원칙, 즉 '구경九經'을 설파했는데, 그것은 곧 유가 덕치사상의 근본정신을 여실히 보여준다. 군왕은 한 나라의 최고 통치자인 만큼, 그 한 사람의 위인은 천하의 치란에 절대적인 영향을 미친다. 공자가 군왕이 자신의 품성을 바르게 닦음을 '구경'의 근본으로 가장 먼저 제시한 것은 바로 그 때문이다. 현인은 이상적인 위인의 전형으로 뭇사람을 감화하고 교화함은 물론, 풍부한 식견과 뛰어난 혜안으로 국가 정책의 건설적 전개와 추진에 힘을 보태는 만큼, 군왕은 반드시 그들을 존중해야 한다. 주대는 봉건사회로 군왕은 친족과의 혈연적 유대를 기반으로 국가의 권력과 체제를 공고화한 만큼 군왕이 그들을 친애함은 반드시 필요한 것이다. 국정의 막중한 소임을 맡은 대신은 군왕의 오른팔이자 핵심 조력자요, 온갖 정무政務 집행의 일선 책임자인 군신群臣은 국정 운영의 중추인 만큼 군왕이 대신을 예우하고 공경하며 군신을 살뜰히 대함은 당연지사이다. 또한 백성은 나라의 근본으로, 민심의 향배는 바로 왕위를 굳건히 하느냐 못하느냐를 좌우하는 관건인 만큼 군왕이 그들을 자식처럼 사랑함은 필수 불가결한 것이다. 분야별 장인은 나라의 다양한 도구와 기물 등 유용한 재화의 생산자요 조달자인 만큼 군왕이 그들을 불러 격려함은 분명 아주 필요한 일이다. 변방 이역의 사람들은 과감히 받아들여 국력을 신장시키는 데 유용한 자원인 만큼 군왕은 마땅히 그들을 우대해야 할 것이요, 사방의 제후들은 군왕의 천하 통치의 강력한 받침대인 만큼 군왕이 그들을 안무하고 포용함은 결코 하지 않으면 안 되는 일이다.

이상과 같은 '구경'은 곧 '수신'을 근본으로 하면서 한껏 정성스럽고 신실한 마음으로 분발 진력해 궁극적으로 치국·평천하의 원대한 이상을 실현하는 데 그 뜻이 있다. 다시 말해 "덕으로 이끌고 예로써 가지런히 하는(道之以德, 齊之以禮)"(『논어』「위정」) 덕치의 청사진을 제시한 것이니, 이는 『대학』에서 강조한 수신·제가·치국·평천하 사상의 구현 바로 그것이다.

둘째, '구경'의 중대한 작용 내지 공효를 구체적으로 설파했다. 군왕이 자신의 품성을 바르게 닦으면 '달도'를 체득하고 '달덕'을 갖춤으로써 신민臣民의 귀감이 될 수 있으니, 모든 신민이 기꺼이 본받고 따를 것이다. 군왕이 현인을 존중하면, 그들의 충심과 현덕賢德을 다한 보좌를 받으면서 날로 식견이 증대되고 지혜가 증진되는 가운데 사리에 한껏 밝아질 것이다. 동성同姓의 친족을 친애하면, 더불어 화목하며 혈연적 유대를 더욱 돈독히 할 것이니, 그들은 필시 원망은 사라지고 모든 일에 흔쾌히 협조하며 성원할 것이다. 국정의 중책을 맡고 측근에서 보좌하는 대신을 공경하면, 그들의 원숙한 조력을 받아 치국의 체계를 세우고 조리를 갖출 수 있다. 여러 신하들을 살뜰히 대하면, 재능 있는 선비들이 감은感恩하여 충성을 다할 것이다. 만백성을 자식처럼 사랑하면, 백성들은 필시 기쁜 마음으로 복종하며 각자 할 일을 더욱 힘써 함으로써 군왕에게 보답하고자 할 것이다. 여러 분야 장인을 불러 격려하면, 그들이 더욱 분발해 용구와 기물 제작에 힘쓸 것이니, 쓸 만한 재물이 풍족해질 것이다. 이는 또한 『대학』에서 말한, "재부를 생산하고 증식함에도 대원칙이 있나니, 생산자는 많고 소비자는 적으며, 생산자는 부지런히 일하고 소비자는 절약하고 검소하면, 나라의 재부는 늘 충족할 것이다(生財有大道, 生之者衆, 食之者寡, 爲之者疾, 用之者 舒, 則財恒足矣)"(제10-4장)라는 관점과도 맥락이 닿아 있다. 그리고 변방 이역에서 온 사람을 우대하면, 보다 나은 생활 여건을 찾아 "멀리 있는 사람들이 달려와 붙좇게 될 것이다(遠者來)".(『논어』「자로」) 사방 여러 나라의 제후들을 진심으로 포용하면, 그들 모두가 경복敬服하며 든든한 지지 기반이 될 것이니, 천하에 두려울 게 무엇이 있겠는가?

셋째, '구경'의 실행 방법을 자세히 설파했다. 공자에 따르면, 상술한 바에서 알 수 있듯이 '구경'은 군왕으로 하여금 보다 거룩하고 슬기로운 덕성을 갖추어 천하 신민臣民의 마음을 얻음으로써 나라를 번영과 흥성으로 이끌고, 나아가 온 천하에 태평성세를 이룩하게 하는 공효를 낳는다. 여기서 공자가 덧붙인 '구경'의 구체적인 실행 방안은 자못 상세해 추가 해설이 필요치 않을 정도다. 다만 특히 주목되는 것은 공자가 '구경'의 관점을 마무리하면서 "그것을 실행하는 것은 오직 한 가지, 곧 성실함에 달렸음"을 강조했다는 것이다. 그야말로 '구경'의 취지가 아무리 고귀하고 공효가 아무리 원대하다고 할지라도, 그것을 진실한 마음으로 성실히 실행하지 않으면 결코 소기의 공효와 성과를 기대할 수 없다는 것이다. 공자는 일찍이 "사람으로서 오히려 신실함이 없다면, 그가 어떻게 입신 처세할 수 있을지 모르겠다. 큰 수레의 끌채 끝에 멍에걸이가 없고, 작은 수레의 끌채 끝에 멍에걸이가 없다면, 그 수레를 어떻게 나아가게 할 수 있겠느냐?(人而無信, 不知其可也. 大車無輗, 小車無軏, 其何以行之哉)"(『논어』 「위정」)라고 했다. 사람에게 사람으로서 마땅히 있어야 할 신실함·성실함이 없다면, 그가 가진 재능을 제대로 발휘하기 어렵다는 얘기다. 다시 말해 신실·성실은 사람이 살아가는 데 필요한 가장 핵심적인 자질임을 강조한 것인바, 일국의 군왕이라면 더더욱 필수 불가결한 덕목임은 두말할 나위가 없다.

20-5

모든 일은 미리 준비하면 성공할 수 있지만, 미리 준비하지 않으면 실패할 가능성이 큽니다. 예컨대 말을 할 때는 사전事前에 요지要旨를 생각해두면 버벅거리지 않을 것이요, 일을 할 때는 사전에 계획을 세워놓으면 곤혹困惑에 빠지지 않을 것이요, 행동을 할 때는 사전에 소신을 굳건히 하면 잘못하여 후회하는 일은 없을 것이요, 길을 갈 때는 사전에 노정路程을 정해놓으면 궁지에 빠지지 않을 것입니다.

아랫자리에 있는 사람이 윗사람에게 신임을 얻지 못하면 백성을 제대로 다스릴 수가 없습니다. 윗사람에게 신임을 얻는 데에는 일정한 원칙이 있으니, 우선 먼저 벗의 신임을 얻어야 합니다. 만약 벗에게 신임을 얻지 못하면 윗사람에게 신임을 얻기는 어렵습니다. 벗에게 신임을 얻는 데에는 일정한 원칙이 있으니, 우선 먼저 부모에게 효순孝順해야 합니다. 만약 부모에게 효순하지 못하면 벗에게 신임을 얻기는 어렵습니다. 부모에게 효순하는 데에는 일정한 원칙이 있으니, 우선 먼저 성실한 마음으로 부모를 봉양해야 합니다. 만약 자신이 부모를 봉양함에 성실한지 어떤지를 반성했는데 성실하지 못하다면 부모에게 효순하기는 어렵습니다. 자기 자신을 성실하게 하는 데에는 일정한 원칙이 있으니, 우선 먼저 선함이 어떤 것인지를 잘 알아야 합니다. 만약 선함이 어떤 것인지를 잘 알지 못하면 자기 자신에게 성실함을 갖추게 할 수는 없습니다.

성실함은 하늘이 사람에게 부여한 덕성이요, 사람이 자신에게 성실함을 갖추게 하는 것은 인위人爲로 하는 수덕修德입니다. 천성적으로 성실한 사람은 애써 노력하지 않아도 성실함에 꼭 들어맞고, 깊이 사색하지 않아도 성실함을 지녀 행동거지가 저절로 중용의 도에 부합하는데, 그런 사람이 바로 성인입니다. 반면 인위로 자신에게 성실함을 갖추게 하는 사람은 선도善道를 골라서 성심을 다해 추구하고 견지하며 실행하는 현인입니다.

무릇 인위로 자신에게 성실함을 갖추게 하기 위해서는 널리 배우고, 자세히 물으며, 깊이 생각하고, 명확히 변별하고, 충실히 실행해야 합니다. 사람은 배우지 않으면 몰라도 배우기는 하는데 아직 정통하지 못하다면 결코 그만두지 않아야 하고, 묻지 않으면 몰라도 묻기는 하는데 아직 알지 못한다면 결코 그만두지 않아야 하며, 생각하지 않으면 몰라도 생각하기는 하는데 아직 터득하지 못했다면 결코 그만두지 않아야 하고, 시비를 변별하지 않으면 몰라도 변별하기는 하는데 아직 명확치 못하다면 결코 그만두지 않아야 하며, 실행하지 않으면 몰라도 실행하기는 하는데 아직 충실치 못하다면 결코 그만두지 않아야 합니다. 그리하여 다른 사람이 일의 노력으로 해낸다면 나는 백의 노력을 기울일 것이요, 다른 사람이 열의 노력으로 해낸다면 나

는 천의 노력을 기울여야 할 것입니다. 만약 그 같은 원칙을 잘 실천

한다면, 설령 우매한 사람도 현명해질 것이요, 유약한 사람도 강건해

질 것입니다."

凡事[1]豫[2]則立,[3] 不豫則廢.[4] 言前定則不跲,[5] 事前定則不困, 行前定
범사 예 즉립 불예즉페 언전정즉불겁 사전정즉불곤 행전정

則不疚,[6] 道前定則不窮.
즉불구 도전정즉불궁

在下位不獲[7]乎[8]上,[9] 民不可得而治矣. 獲乎上有道,[10] 不信乎朋友,
재하위불획호 상 민불가득이치의 획호상유도 불신호붕우

不獲乎上矣; 信乎朋友有道, 不順[11]乎親,[12] 不信乎朋友矣; 順乎親
불획호상의 신호붕우유도 불순 호친 불신호붕우의 순호친

有道, 反諸身不誠,[13] 不順乎親矣; 誠身有道, 不明[14]乎善, 不誠乎身
유도 반저신불성 불순호친의 성신유도 불명 호선 불성호신

矣.
의

誠者,[15] 天之道[16]也; 誠之者,[17] 人之道[18]也. 誠者,[19] 不勉而中,[20] 不思
성자 천지도 야 성지자 인지도 야 성자 불면이중 불사

而得,[21] 從容[22]中道, 聖人也; 誠之者, 擇善而固執[23]之者[24]也.
이득 종용 중도 성인야 성지자 택선이고집 지자 야

博學之, 審問[25]之, 愼思[26]之, 明辨[27]之, 篤行[28]之. 有弗學,[29] 學之弗
박학지 심문 지 신사 지 명변 지 독행 지 유불학 학지불

能,[30] 弗措[31]也; 有弗問, 問之弗知, 弗措也; 有弗思, 思之弗得, 弗
능 부조 야 유불문 문지부지 부조야 유불사 사지부득 부

措也; 有弗辨, 辨之弗明, 弗措也; 有弗行, 行之弗篤, 弗措也. 人一
조야 유불변 변지불명 부조야 유불행 행지부독 부조야 인일

能之, 己百之; 人十能之, 己千之. 果[32]能此道[33]矣, 雖愚必明, 雖柔
능지 기백지 인십능지 기천지 과 능차도 의 수우필명 수유

必強."
필강

주석

1 凡事(범사): 모든 일. 이를 주자는 '달도達道·달덕達德·구경九經' 등을 말한다고 하

고, 장거정張居正은 그에 더해 일상의 크고 작은 일까지 포함시킴.

2 豫(예): 예비豫備, 즉 미리 준비함.

3 立(립): 성립함. 곧 성공함을 이름.

4 廢(폐): 폐기함. 곧 실패함을 이름.

5 跲(겁): (헛디디거나 무엇에 걸려) 넘어짐. 여기서는 곧 말이 유창하지 못하고 버벅거리거나 횡설수설함을 이름.

6 疚(구): 꺼림함, 즉 마음에 걸려서 언짢은 느낌이 있음. 곧 (자신의 과실에 대해) 마음 깊이 부끄럽고 후회스러움을 이름.

7 獲(획): 얻음. 여기서는 신임을 두고 하는 말임.

8 乎(호): 어於와 같음.

9 上(상): 윗사람. 여기서는 특히 윗자리의 군왕이나 대신들을 두고 이르는 것으로 이해됨.

10 道(도): 원칙, 방도, 방법.

11 順(순): 효순, 즉 효도하며 순종함. 곧 그렇게 하여 부모의 몸과 마음을 편하고 기쁘게 해드림을 이름.

12 親(친): 양친兩親, 부모.

13 反諸身不誠(반저신불성): 이는 전후 문맥상 '반저신이불성反諸身而不誠'의 뜻으로 이해됨. 자신이 부모를 받들어 모시는 데 성실한지(정성스럽고 참된지) 어떤지를 반성했는데 성실하지 못함. '반'은 반성함. '저'는 지어之於의 합음자. '지'는 곧 부모를 봉양함을 가리킴.

14 明(명): 밝음. 곧 잘 앎을 이름.

15 者(자): 어조사. 제시와 휴지休止의 어기를 나타냄.

16 天之道(천지도): 하늘의 이치, 도리, 원칙. 곧 하늘이 부여한 품성, 덕성을 이름.

17 誠之者(성지자): 자신을 성실하게 함. 곧 자기 자신으로 하여금 성실한 덕성을 갖추게 함을 이름. '지'는 자기 자신을 가리킴. '자'는 앞의 '성자誠者'의 '자'와 같음(위의 주석 15 참조).

18 人之道(인지도): 사람의 원칙. 곧 사람이 스스로 기울이는 노력과 수양, 수덕을 이름.

19 誠者(성자): 성실한 사람. 여기서는 곧 천성적으로 성실한 덕성을 갖춘 사람을 이름. 여기서 '자'는 사람을 뜻함. 아래 '성지자誠之者'의 '자'도 이와 같음.

20 中(중): 적중的中함, 부합함. 곧 이상적인 기준이나 목표에 꼭 들어맞음을 이름. 여기서는 물론 '성실함'을 두고 이름.

21 得(득): 얻음, 터득함. 곧 성실함을 지님, 갖춤을 이름.

22 從容(종용): 성격이나 태도가 차분하고 침착함. 여기서는 장거정이 이른 대로, 자연히·저절로의 뜻으로 이해됨.

23 固執(고집): 단단히 잡음, 굳게 지킴. 곧 성심을 다해 추구하고 견지하며 실행함을 이름.

24 者(자): 사람. 이는 곧 현인을 두고 이르는 것으로 이해됨.

25 審問(심문): 자세히·상세히 물음.

26 愼思(신사): 신중히·깊이 생각함, 사색함.

27 明辨(명변): 명확히 변별함. 곧 사물의 옳고 그름이나 좋고 나쁨을 분명하게 가림을 이름.

28 篤行(독행): 독실하게·착실히·충실히 실행함, 이행함. ● 이상의 "박학지博學之…" 5구는 주자가 이른 대로, "인위로 자신에게 성실함을 갖추게 하기 위한 조목임誠之之目也". 그래서 역문 서두에 그 뜻을 보충함.

29 有弗學(유불학): 배우지 않으면 몰라도. 이는 주자가 군자의 배움은 배우지 않으면 그만이지만(몰라도), 배운다면 반드시 그 배움을 완성하도록 해야 한다고 한 데에 따른 풀이임. '불'은 不과 같음.

30 能(능): 능숙함. 곧 정통함, 통달함을 이름.

31 措(조): 버려둠, 그만둠.

32 果(과): 만약.

33 此道(차도): 바로 앞에서 말한 원칙과 방법을 말함.

해설

앞 절에서 공자는 '구경'의 실행은 무엇보다 '성실(誠)' 여부에 달렸음을 강조한 바 있다. 여기서는 바로 그 논지를 부연해 '성실함'의 작용과 공효, 그리고 중요성과 필요성을 집중 논술했다.

우선 사람이 무슨 일을 하든 그 일을 원만히 이뤄내기 위해서는 반드시 사전에 철저히 준비해야 한다. 그야말로 "응당 비가 오기 전에 지붕을 단단히 동여매야 할 것이며, 결코 목이 마르고 나서야 비로소 우물을 파서는 안 될 것이다(宜未雨而綢繆, 毋臨渴而掘井)".(『주자가훈朱子家訓』) 한데 그것은 바로 일에 임하는 마음가짐이 성실, 즉 참되고 정성스러운지 아닌지에 달렸다는 것이 공자의 생각이다. 위정자가 백성을 다스리는 것 또한 마찬가지다. 그러므로 공자는 위정자가 선함의 본질과 의의를 깊이 이해하고, 스스로 성실함을 갖추는 준비를 철저히 하는 것이 치민治民의 근본임을 역설했다. 그것은 곧 『대학』에서 '치지致知·성의誠意'가 '치국·평천하'의 근본임을 강조한 것과 같은 맥락의 논리이다.

사실 "성실함은 하늘이 사람에게 부여한 덕성"인 만큼, 사람의 본성이요 천성이다. 선덕善德과 현덕賢德을 수득修得한 성인은 그런 본성을 오롯이 발휘하므로 천성적으로 성실하다. 따라서 그들의 행동거지는 저절로 천도와 중용의 도에 부합한다. 하지만 세상에 성인이 어찌 그리 많겠는가? 세상 사람의 절대 다수를 차지하는 보통 사람들은 대개 세속적인 욕망에 눈이 어두워 천부의 본성을 따르는 삶을 살지 못한다. 그 때문에 보통 사람들이 성실함을 갖추기 위해서는 반드시 자신의 품성과 덕성을 수양하면서 "선도善道를 골라 성심을 다해 추구하고 견지하며 실행하는" 노력을 기울여야 한다. 그렇게만 할 수 있다면 누구나 성실한 사람이 될 수 있으며, 그런 사람이라면 진정 현인이라 하기에 손색이 없다.

공자는 또한 인위로 자신에게 성실함을 갖추게 하기 위한 구체적인 노력으로 박학博學, 심문審問, 신사愼思, 명변明辨, 독행篤行, 즉 널리 배우고, 자세히 물으며, 깊이 생각하고, 명확히 변별하고, 충실히 실행해야 함을 일깨워주었다. 여기서 박학·심문·신사·명변 네 가지는 올바르게 지식을 탐구하고 식견과 지혜를 증진하는 노력, 다시 말해 앞에서 말한 '택선擇善', 즉 선도를 고르는 노력이다. 그리고 마지막 독행은 앞 네 가지의 노력이 결코 공언空言으로 전락하지 않도록 '고집固執'하는, 즉 성심을 다해 추구하고 견지하며 실행하는 실천적 노력이다. 이 모두는 '성지자誠之者'의 공부로, 우매한 사람도 현명하게 변화시키고, 유약한 사람도 강건하게 변화시킬 수 있다. 그리하여 크게는 마침내 치국·평천하의 대업까지 완수할 수 있을 것이니, 성실함의 위력을 어찌 말로 다할 수 있겠는가?

이상의 제20장은 『중용』 전권의 중점으로서 앞 여러 장을 총결함과 동시에 이다음 여러 장을 이끌어낸다.

제21장

천부天賦의 성실함으로 인해 사리에 밝아짐을 일컬어 성인의 천성이라 하고, 사리에 밝음으로 인해 성실한 심성을 갖게 됨을 일컬어 인위人爲의 교화라고 한다. 무릇 사람의 심성이 성실하면 사리에 밝아지고, 사리에 밝으면 심성이 성실해지는 법이다.

自誠明,[1] 謂之性[2]; 自明誠,[3] 謂之敎. 誠則明矣, 明則誠矣.
자 성 명　위 지 성　자 명 성　위 지 교　성 즉 명 의　명 즉 성 의

주석

1 **自誠明**(자성명): 성실함으로 인해 사리에 밝아짐. '자'는 유由와 같음. ~으로 말미암음, 인因함. '명'은 (사리에) 밝음, 통달함. 이는 곧 선함이 무엇인지를 분명히 깨닫게 됨을 두고 이름.

2 **性**(성): 하늘이 사람에게 부여한 본성, 천성. 이는 특히 성인聖人의 본성을 두고 이름.

3 **自明誠**(자명성): 사리에 밝아짐으로 인해 성실하게 됨. 이는 사리의 시비선악是非

234

善惡에 대한 이해가 깊어지면서 마침내 지선至善을 추구하는 경지에 이르는 것으로, 곧 현인이 공력功力을 기울인 결과임.

해설

이는 앞 장에서 공자가 말한 '천도天道'와 '인도人道'의 논지를 이어받아 자사가 '성誠'에 대한 견해를 밝힌 것으로, 곧 '성실함(誠)'과 '사리에 밝음(明)'의 상관관계를 설명했다.

성인은 그 심성이 본디 성실하므로 저절로 중용의 도를 체득하고, 또 세상의 다양한 사리에 밝게 되는데, 그것은 곧 천부적 본성의 작용이다. 반면 보통 사람은 배움과 수양을 통해서 중용의 도를 체득하고 또 사리에 밝아지게 되며, 그런 다음에 비로소 성실한 심성을 갖게 되는데, 그것은 곧 후천적 교화의 결과이다. 바로 그렇게 하여 보통 사람도 현인이 되는 것이다. 아무튼 성인처럼 선천적으로 성실하든 아니면 현인처럼 후천적으로 성실하든 간에, 사람이 성실한 심성을 갖게 되면 곧 사리에 밝아질 수 있고, 또한 사리에 밝으면 곧 심성이 더욱더 성실해질 수 있다. 그러므로 한 사람에게 있어서 심성의 성실함은 가장 기본적인 우량 품성이며, 다른 모든 우량 품성은 바로 그 바탕 위에 함양되는 것이다.

이다음의 열두 장도 모두 자사의 말로, 이 장의 뜻을 반복적으로 부연하고 있다.

제22장

오직 천하에서 가장 성실한 사람, 즉 성인聖人만이 자신의 천부적 본성을 충분히 발휘할 수 있나니, 성인이 자신의 천부적 본성을 충분히 발휘할 수 있으면 곧 뭇사람의 천부적 본성을 충분히 발휘하게 할 수 있고, 뭇사람의 천부적 본성을 충분히 발휘하게 할 수 있으면 곧 만물의 천부적 본성을 충분히 발휘하게 할 수 있으며, 만물의 천부적 본성을 충분히 발휘하게 할 수 있으면 곧 천지의 만물 화육을 도울 수 있고, 천지의 만물 화육을 도울 수 있으면 곧 지극히 성실한 성인의 공효가 마침내 천지와 나란할 수 있도다.

唯[1]天下至誠,[2] 爲[3]能盡[4]其性[5]; 能盡其性, 則能盡人之性; 能盡人之
유 천 하 지 성　　위 능 진 기 성　　능 진 기 성　　즉 능 진 인 지 성　　능 진 인 지
性, 則能盡物之性; 能盡物之性, 則可以贊[6]天地之化育[7]; 可以贊天
성　즉 능 진 물 지 성　능 진 물 지 성　즉 가 이 찬　천 지 지 화 육　　가 이 찬 천
地之化育, 則可以與天地參[8]矣.
지 지 화 육　즉 가 이 여 천 지 참　의

1 唯(유): 오직, 오로지.

2 至誠(지성): 지극히(가장) 성실함. 여기서는 그런 사람을 이름. 곧 앞 장에서 말한 "천부의 성실함으로 인해 사리에 밝아진(自誠明)" 성인을 일컬음.

3 爲(위): 시是와 같음. 여기서는 강조의 의미와 함께 '비로소'의 뜻도 내포함.

4 盡(진): 다함. 여기서는 (본성을) 충분히 발휘함을 이름.

5 其性(기성): 그 천성. 곧 자신의 천부적 본성을 이름.

6 贊(찬): 도움, 협조함.

7 化育(화육): 화생化生 양육養育. 천지자연의 이치로 만물을 만들어 기름을 이름.

8 與天地參(여천지참): 천지와 나란함. 곧 지극히 성실한 성인의 공효가 마침내 천지의 그것과 서로 나란함을 이름. '참'은 나란함, 병립並立함. 여기서는 특히 셋이 서로 가지런함을 이름.

해설

유가에 따르면 사람을 비롯한 만물의 본성은 '천부天賦'의 것이다. 다시 말해 천지 만물의 본성은 하나같이 '천리天理'를 내포하고 있다. 다만 그 가운데 오직 성인만이 타고난 그대로 지극히 성실해, 자신의 천성에 내재된 선한 덕성을 충분히 발휘할 수 있다. 그뿐이 아니다. 성인은 또한 추기급인推己及人의 마음으로, 정치와 교화를 통해 뭇사람의 선성善性을 충분히 발휘하게 함으로써 사람을 원만히 다스린다. 그리고 그와 같이 뭇사람의 천부적 작용과 역할을 충분히 다하게 하는 가운데 천지 만물로 하여금 각기 본연의 특성을 충분히 다하게 하는데, 그것은 바로 천지 만물의 화육을 돕는 것이다. 그러므로 성인의 작용과 역할, 공효와 공로는 실로 위대한 것으로서 가히 천지와 병립할 수 있다고까지 할 만하다. 여기서 우리는, 사람이 그처럼 천지와 나란한,

한없이 숭고한 지위에 오를 수 있음은 바로 '지극히 성실함'으로 그 본성을 충분히 발휘하는 데에서 비롯됨을 명심해야 한다.

제23장

천성적으로 지극히 성실한 성인에 다음가는 현인은 일상에서 선사 善事 그 한 방면에 진력하며 진리를 추구하나니, 그처럼 선사 한 방면에 진력하면서도 능히 성실함을 길러 갖출 수가 있다. 사람이 성실함을 갖추면 필시 밖으로 드러나게 되고, 밖으로 드러나면 점차 뚜렷이 두드러지며, 뚜렷이 두드러지면 그 광명정대 光明正大함이 찬란히 빛나게 되고, 그 광명정대함이 찬란히 빛나면 사람들을 감동시키게 되며, 사람들을 감동시키면 곧 그들의 품성을 변화시키고, 사람들의 품성을 변화시키면 마침내 그들을 감화시켜 천선 遷善하게 한다. 무릇 오로지 천하에서 지극히 성실한 사람만이 능히 사람들을 감화시켜 천선하게 할 수가 있도다.

其次¹致曲,² 曲能有誠. 誠則形,³ 形則著,⁴ 著則明,⁵ 明則動, 動則變,
기 차 치 곡   곡 능 유 성   성 즉 형   형 즉 저   저 즉 명   명 즉 동   동 즉 변
變則化.⁶ 唯天下至誠爲能化.
변 즉 화   유 천 하 지 성 위 능 화

주석

1 **其次**(기차): 그다음. 여기서는 천부적으로 지극히 성실한 '천하지성天下至誠' 즉 성인 다음 등급의 사람, 곧 현인을 일컬음. 현인은 성인이 '자성명自誠明'한 것과는 달리 '자명성自明誠', 즉 후천적으로 배움과 수양을 통해 지극히 성실하게 됨.

2 **致曲**(치곡): 특정한 한 방면에 진력함. 곧 일상의 사소한 언행에서 특히 선사善事한 방면의 이치를 탐구하는 가운데 진리를 추구함을 이름. '치'는 치력致力함, 진력함. '곡'은 구석(모퉁이의 안쪽, 사물의 한 부분), 국부局部, 한 방면.

3 **形**(형): (밖으로) 나타남, 드러남. 곧 (내심의 성실함이) 하나하나의 구체적인 행동에서 밖으로 드러남을 이름.

4 **著**(저): 현저함, 즉 두드러짐. 곧 (내심의 성실함이 구체적인 행동에서 밖으로 드러나는 효과가) 점차 뚜렷이 두드러지게 됨을 이름.

5 **明**(명): 광명光明함, 즉 밝고 환함. 여기서는 광휘를 발하며 찬란히 빛남을 이르며, 이는 또한 곧 광명정대함을 비유 형용함.

6 **化**(화): 감화함, 교화함, 화육함.

해설

자사는 앞 장에서 선천적으로 성실한 성인의 역할과 그 공효의 위대함을 논술했다. 이어 여기서는 후천적으로 배움과 수양을 통해 지극히 성실하게 되는 현인 또한 성인에 버금가는 역할을 하고, 공효를 낳을 수 있음을 역설했다. 사실 세상에 성인은 극소수이며, 절대 다수는 보통 사람들이다. 하지만 보통 사람도 일상에서 선사에 진력하며 진리를 추구한다면, 누구나 충분히 성실한 심성을 길러 가짐으로써 현인으로 거듭날 수가 있다. 그리하여 마침내 성인과 마찬가지로 사람들을 감화시켜 천선하게 할 수 있으니, 그 고귀한 의의는 진정 위대한 것이다.

제24장

　사람이 지극히 성실함의 근본 이치를 깊이 체득하면 미래의 일을 예지豫知할 수 있다. 나라가 흥성興盛하려고 할 때는 반드시 상서로운 징조가 있고, 나라가 쇠망衰亡하려고 할 때는 반드시 요괴妖怪한 조짐이 있다. 그러한 길흉의 징조는 톱풀과 거북 등딱지로 치는 점占에서 나타나며, 사람의 행동거지나 풍모에서 드러난다. 화나 복이 이르려 할 때는 좋은 일도 분명 미리 알 수 있고, 나쁜 일도 분명 미리 알 수 있다. 그러므로 지극히 성실한 사람은 신묘하기가 마치 귀신과도 같도다.

至誠之道, 可以前知.[1] 國家將興, 必有禎祥[2]; 國家將亡, 必有妖孽.[3]
지성지도　가이전지　국가장흥　필유정상　국가장망　필유요얼
見[4]乎蓍龜,[5] 動[6]乎四體.[7] 禍福將至: 善, 必先知之; 不善, 必先知之.
현　호시귀　동　호사체　화복장지　선　필선지지　불선　필선지지
故至誠如神.
고지성여신

1 前知(전지): 사전事前에 앎. 곧 미래를 예지함을 이름.

2 禎祥(정상): 상서로운 조짐, 징조.

3 妖孽(요얼): 요괴한 재앙의 징조.

4 見(현): 현現과 같음. 나타남, 드러남.

5 蓍龜(시귀): 시초蓍草(톱풀·가새풀)와 귀갑龜甲(거북의 등딱지). 옛날 사람들은 이를
이용해 길흉화복吉凶禍福을 점쳤음.

6 動(동): 움직임. 여기서는 앞의 '현見'과 같은 뜻으로, 표현됨·발현發現됨을 이름.

7 四體(사체): 사지四肢. 여기서는 사람의 행동거지와 풍모를 두고 이름.

해설

여기서 자사는 "무릇 사람의 심성이 성실하면 사리에 밝아진다(誠則
明)"(제21장)는 견지에 입각해 '지성지도至誠之道'의 신묘한 작용과 공효
를 역설했다. "사람이 지극히 성실함의 근본 이치를 깊이 체득하면 미
래의 일을 예지할 수 있다"는 것이 바로 그것이다. 나라의 흥망은 필
연적으로 그 전조前兆가 나타나기 마련이다. 물론 사람의 화복 역시
마찬가지다. 한데 사람이 그 전조를 예지하기 위해서는 무엇보다 뛰
어난 통찰력이 있어야 한다. 모름지기 사람은 성실한 품성을 한껏 갈
고 닦아 다방면에 걸친 깊고 풍부한 식견을 길러야만 비로소 만사만
물의 이치에 대한 통찰력과 미래에 대한 예지능력을 가질 수 있다. 더
욱이 '지성지도'를 깊이 체득한 사람은 누구보다도 공정 무사無私히
사리事理를 통찰하는 만큼, 어떠한 편향성도 없이 전조 현상을 있는
그대로 바르게 읽어낼 줄 안다. "모든 일은 미리 준비하면 성공할 수
있지만, 미리 준비하지 않으면 실패할 가능성이 크다(凡事豫則立, 不豫則

廢)."(제20-5장) 따라서 어떠한 전조를 예지해 미리 준비하고 대비한다면 보다 밝은 미래를 창조할 수 있음은 두말할 나위가 없다.

제25장

성실은 사람이 스스로 자신을 완미하게 하는 바탕이요, 중용의 도는 사람이 자신을 스스로 바르게 이끄는 준칙이다. 성실은 만사만물의 처음과 끝을 관통하는 실질이니, 성실하지 않으면 어떠한 사물도 있을 수 없다. 그러므로 군자는 성실함을 더없이 고귀하게 여긴다. 성실은 사람이 스스로 자신을 완성시키는 데서 그치는 것이 아니며, 또한 나아가 만사만물을 완성시킨다. 자신을 완성시키는 것은 인덕仁德의 체현이요, 만사만물을 완성시키는 것은 지혜의 실현이다. 성실은 사람의 본성에 내재된 미덕으로, 내적 덕성과 외적 사물을 하나로 융합하는 기본 원칙이다. 그러므로 성실은 언제 어디서 실천하더라도 다 알맞고 마땅하다.

誠者自成[1]也, 而道自道[2]也. 誠者, 物之終始,[3] 不誠無物. 是故君子
성자자성 야 이도자도 야 성자 물지종시 불성무물 시고군자
誠之爲貴. 誠者, 非自成己[4]而已[5]也, 所以成物也. 成己, 仁也; 成
성지위귀 성자 비자성기 이이 야 소이성물야 성기 인야 성

物, 知⁶也. 性之德⁷也, 合外内之道⁸也. 故時⁹措¹⁰之宜¹¹也.
물　지 야　성 지 덕 야　합 외 내 지 도 야　고 시 조　지 의　야

주석

1　自成(자성): (자신을) 스스로 완성함, 완전·완미完美하게 함. '성'은 아래의 '성기成己'와 같은 뜻으로 이해됨.

2　自道(자도): (자신을) 스스로 인도함. '도'는 도導와 같음. 이끎, 인도함. 주자가 이 '자도'를 사람이 마땅히 스스로 가야 할 길이라는 뜻으로 풀이한 것 또한 같은 맥락으로 이해됨.

3　物之終始(물지종시): 사물의 처음과 끝. 곧 '성실(誠)'은 모든 사물의 발단과 귀결이라는, 다시 말해 모든 사물을 관통하는 실질적인 요소라는 말임.

4　成己(성기): 자기 자신을 완성함. 곧 자신을 완미하게 함을 이름.

5　己(이): 맒, 그만둠, 그침.

6　知(지): 지智와 같음.

7　性之德(성지덕): 본성의 덕. 이는 곧 '성실'을 두고 이르는 것으로, 사람의 본성에 내재된 고유의 덕목이라는 말임. 일설에는 이를 '인仁'과 '지智'를 두고 이르는 것이라고 하나, 전후 문맥상 옳지 않음.

8　合外内之道(합외내지도): (성실은) 외적 사물과 내적 덕성을 하나로 융합하는 기본 원칙이자 동력임. '외'는 외재적인 객관 사물을 이름. '내'는 내재적인, 즉 내심의 덕성을 이름.

9　時(시): 수시隨時, 하시何時.

10　措(조): 조치措置함. 여기서는 실행, 실천함을 이름.

11　宜(의): 적의適宜함, 즉 무엇을 하기에 알맞고 마땅함.

해설

이 장은 앞 장의 논술에서 진일보해 '성실(誠)'의 작용과 공효를 역설했다. '성실'이라는 그 간단하지만 미묘한 말에 내포된 크고 심오한 뜻

을 새겨볼 때, 그야말로 안으로 "자신을 완성시키는(成己)" 인덕과 밖으로 "만사만물을 완성시키는(成物)" 지혜의 결합을 통해 이른바 '내성외왕內聖外王'(『대학』「경문」1-1절 '해설' 참조)의 이상을 실현할 수 있는 기본 덕성이요, 근본 동력임을 분명히 했다.

성실은 사람의 본성일 뿐만 아니라 세상 만사만물을 형성하고 존재하게 하는 실질(실제로 있는 본바탕)이다. 다시 말해 "성실하지 않으면 어떠한 사물도 있을 수 없다". 그러므로 군자는 성실함을 더없이 고귀하게 여기며, 한껏 성실하고 완미한 품성을 갖추고자 심력을 다한다. 또한 진정한 군자라면 그처럼 스스로 자신을 완성시키는 데 그치지 않고, 다른 사람들이 성실한 품성을 닦도록 이끌어주는가 하면, 나아가 만사만물의 원만한 형성과 발전을 도움으로써 온 국가 사회의 안정과 번영을 이룩하도록 해야 한다. 이는 곧 유가 학설이 얼마나 적극적인 현세現世 사상인지를 웅변해준다.

인성人性 본연의 고유한 미덕인 성실은 '인仁·지智'를 비롯한 일체의 덕목이 성립되고 발휘될 수 있는 기초요, 실질이다. 따라서 지극한 성실에 이른 성인군자는 그 심오한 뜻을 자기 자신으로부터 다른 사람과 만사만물에까지 미쳐가면서, "내적 덕성과 외적 사물을 하나로 융합하는" '대의大義'를 실현하는 것이다. 따라서 성실의 실천은 언제 어디서나 알맞고 마땅하지 않은 경우가 없나니, 진정 "세상 어디에 갖다 놓아도 다 꼭 들어맞는(放之四海而皆準)"(『예기』「제의祭義」) 원칙이 아닐 수 없다.

제26장

그러므로 지극한 성실은 잠시도 그침이 없는 것이다. 잠시도 그치지 아니하면 오래오래 이어갈 것이요, 오래도록 이어가면 그 효험이 나타날 것이요, 효험이 나타나면 더욱 아득히 멀리 또 오래오래 이어갈 것이요, 더욱 아득히 멀리 또 오래도록 이어가면 그 내공內功과 조예造詣가 넓디넓고 깊고도 두터워질 것이요, 내공과 조예가 넓디넓고 깊고도 두터우면 그 성취와 공적功績이 한껏 높고도 크며 밝게 빛날 것이다.

내공과 조예가 넓디넓고 깊고도 두터움은 만물을 실어 받치는 바(所)이고, 성취와 공적이 한껏 높고도 크며 밝게 빛남은 만물을 덮어 품는 바이며, 더욱 아득히 멀리 또 오래도록 이어감은 능히 만사만물을 생성하는 바이다. 지극한 성실의 내공과 조예가 넓디넓고 깊고도 두터움은 땅의 공효와 짝을 이루고, 지극한 성실의 성취와 공적이 한껏 높고도 크며 밝게 빛남은 하늘의 공효와 짝을 이루나니, 진실로 아득하게 오래오래 영영무궁하리라. 진정 이러한 경지에 이르면 애써 나타내 보이지 않아도 절로 뚜렷이 드러날 것이요, 애써 움직이지 않아도 절로 변화할 것이요, 의도적으로 어떻게 하지 않아도 절로 만사 만물을 성취할 것이다.

하늘과 땅의 이치는 곧 성실 '성誠' 한 글자로 요약할 수 있나니, 성실의 물적 속성은 진실로 한결같고 오로지함인 만큼, 그 만물 화육의 오묘함을 이루 다 가늠할 수가 없도다. 환언하면 하늘과 땅의 이치는 또한 곧 넓디넓음인가 하면 깊고도 두터움이요, 높고도 큼인가 하면 밝게 빛남이요, 아득히 멂인가 하면 한없이 오래감이다.

지금 저 하늘은 사실 수많은 작은 빛들이 모여서 이뤄진 것이나, 그 무궁무진한 천공天空으로 말하자면 해와 달과 온갖 별들이 모두 그것에 매달려 있고, 또 세상 만물이 모두 그것에 덮여 있다. 지금 저 땅은 사실 수많은 한 줌의 흙들이 모여서 이뤄진 것이나, 그 넓디넓고 깊고도 두터운 대지大地로 말하자면 서악西岳 화산華山을 싣고 있건만 전혀 무거워하지 않고, 강과 바다를 받아들였건만 물 한 방울 새지 않도록 하나니, 세상 만물이 모두 그것에 실려 있다. 그리고 지금 저 산은 사실 수많은 한 주먹만 한 작은 돌들이 쌓여서 이뤄진 것이나, 그 광활하고 고대高大한 산림으로 말하자면 초목이 그곳에서 자라고, 짐승이 그곳에서 살며, 금옥金玉 같은 보물이 그곳에서 만들어진다. 지금 저 강은 사실 수많은 한 잔의 물들이 모여서 이뤄진 것이나, 그 넓고 깊은 대하大河 장강長江으로 말하자면 큰 자라와 악어, 교룡, 물고기, 작은 자라가 모두 그곳에서 자라고, 온갖 유용한 재화가 그곳에서 증식한다.

『시경』에서 말했다. "천도天道의 운행이여 / 오, 심원한 데다 촌각ㅓ

刻도 그침이 없어라!" 이는 대개 하늘이 왜 하늘이 될 수 있는지, 그 까닭과 이치를 말한 것이다. "오호, 그 어찌 높이 드러나 빛나지 않으랴? 주 문왕이 행하신 성덕聖德의 순수 무구함이여!" 이는 대개 주 문왕이 '문文'이라는 시호로 존숭받는 까닭은, 바로 그 순수 무구할 정도로 지극한 성실 역시 천도와 마찬가지로 잠시도 그침이 없었기 때문이라는 뜻을 말한 것이다.

故至誠無息.[1] 不息則久, 久則徵,[2] 徵則悠遠,[3] 悠遠則博厚,[4] 博厚則
고 지 성 무 식　　불 식 즉 구　 구 즉 징　 징 즉 유 원　　유 원 즉 박 후　　박 후 즉

高明.[5]
고 명

博厚, 所以載物[6]也; 高明, 所以覆物[7]也; 悠久, 所以成物[8]也. 博厚
박 후　소 이 재 물 야　고 명　소 이 부 물 야　유 구　소 이 성 물 야　박 후

配地,[9] 高明配天, 悠久無疆.[10] 如此者, 不見[11]而章,[12] 不動而變, 無
배 지　고 명 배 천　유 구 무 강　　여 차 자　불 현 이 장　　부 동 이 변　무

爲[13]而成.
위 이 성

天地之道,[14] 可一言[15]而盡[16]也: 其爲物[17]不貳,[18] 則其生物[19]不測.[20]
천 지 지 도　가 일 언 이 진 야　기 위 물 불 이　　즉 기 생 물 불 측

天地之道: 博也, 厚也, 高也, 明也, 悠也, 久也.
천 지 지 도　박 야　후 야　고 야　명 야　유 야　구 야

今夫[21]天, 斯昭昭之多,[22] 及其無窮也,[23] 日月星辰[24]繫[25]焉,[26] 萬物覆
금 부 천　사 소 소 지 다　　급 기 무 궁 야　　일 월 성 신 계 언　　만 물 부

焉. 今夫地, 一撮土[27]之多, 及其廣厚,[28] 載華嶽[29]而不重, 振[30]河海
언　금 부 지　일 촬 토 지 다　급 기 광 후　　재 화 악 이 부 중　진 하 해

而不洩,[31] 萬物載焉. 今夫山, 一卷石[32]之多, 及其廣大, 草木生之,[33]
이 불 설　만 물 재 언　금 부 산　일 권 석 지 다　급 기 광 대　초 목 생 지

禽獸居之, 寶藏[34]興[35]焉. 今夫水, 一勺[36]之多, 及其不測,[37] 黿[38]鼉[39]
금 수 거 지　보 장 흥 언　금 부 수　일 작 지 다　급 기 불 측　원 타

蛟龍[40]魚鼈[41]生焉, 貨財殖焉.
교 룡 어 별 생 언　화 재 식 언

詩云: "維[42]天之命,[43] 於[44]穆[45]不已[46]!" 蓋曰天之所以[47]爲天也. "於
시 운　유 천 지 명　오 목 불 이　　개 왈 천 지 소 이 위 천 야　오

乎⁴⁸不⁴⁹顯⁵⁰！文王之德之純⁵¹！" 蓋曰文王之所以爲文也, 純亦⁵²不
호 불 현　　문왕지덕지순　　개왈문왕지소이위문야　순역　불

已.
이

주석

1 **無息**(무식): 잠시도 그침이 없음. '식'은 지식止息, 즉 진행하던 일이 잠시 그침, 멈
춤을 이름.

2 **徵**(징): 징험徵驗, 즉 어떤 징조를 경험함. 여기서는 주자가 '밖으로 증좌·보람이
나타나는 것(驗於外也)'이라고 했듯이, 곧 효험效驗, 즉 일의 좋은 보람, 또는 어떤
작용의 결과를 이름.

3 **悠遠**(유원): 유구悠久와 같음. 아득히 멂, 아득하게 오램.

4 **博厚**(박후): 광박廣博 심후深厚, 즉 넓디넓고 깊고도 두터움.

5 **高明**(고명): 고대高大 광명光明, 즉 높고 크며(숭고하고 위대하며) 밝고 환하게 빛남.

6 **載物**(재물): 만사만물을 실음.

7 **覆物**(부물): 만사만물을 덮음.

8 **成物**(성물): 만사만물을 이룸, 곧 생성, 즉 사물이 생겨 이루어지게 함을 이름.

9 **配地**(배지): 땅과 짝을 이룸. 곧 땅과 같은 공효가 있음을 이름. '배'는 서로 어울
림, 짝을 이룸.

10 **無疆**(무강): 가없음, 끝이 없음. 곧 영영무궁永永無窮·영원무궁함을 이름. '강'은
강계疆界, 지경地境, 경계, 끝.

11 **見**(현): 현現과 같음. 표현함, 나타내 보임(示).

12 **章**(장): 창彰과 같음. 뚜렷이 드러남, 두드러짐.

13 **無爲**(무위): 의도적으로 어떻게 함이 없음.

14 **道**(도): 도리, 이치, 법칙.

15 **一言**(일언): 한 글자. 여기서는 곧 '성誠' 자를 두고 하는 말임.

16 **盡**(진): 다함. 곧 다 말함, 개괄함, 요약함을 이름.

17 **爲物**(위물): 물物(인간의 감각으로 느낄 수 있는 실제적 사물. 또는 느낄 수 없어도 그 존재를
사유할 수 있는 일체의 것) 됨. 곧 물성物性, 물적 속성을 두고 이르는 것으로 이해됨.

18 不貳(불이): 이심貳心/二心, 즉 두 마음을 갖지 않음. 곧 ('성실(誠)'은 정성스럽고 참됨이) 한결같고, 전일專一함을 이름. '전일함'은 마음과 힘을 모아 오직 한곳에 씀을 이르니, 곧 오로지함, 오직 한 곳으로 함으로 이해됨. '이'는 이二와 같음.

19 生物(생물): 만물을 화육함. '생'은 생육生育. 곧 화육(천지자연의 이치로 만물을 만들어 기름)을 이름.

20 測(측): 예측함, 짐작함, 가늠함, 헤아림.

21 今夫(금부): 문두文頭 어조사 내지 발어사. 제시의 어기를 나타냄.

22 斯昭昭之多(사소소지다): 하늘은 수많은 작은 빛들이 모여서 이뤄진 것임. 이는 곧 하늘의 국부적局部的 형상에 대한 미시적微視的 관점의 고찰임. '사'는 차此와 같음. 지시대명사로, 여기서는 '하늘(天)'을 가리킴. '소소'는 밝은 모양, 빛나는 모양. 여기서는 밝게 빛나는 작은 빛, 광채를 이름.

23 及其無窮也(급기무궁야): 하늘의 무궁무진함으로 보면. 이는 곧 하늘의 전체적全體的 형상에 대한 거시적巨視的 관점의 고찰을 이름. '급'은 ~에 미침, 이름(至). 곧 ~에 대해 말하면, ~으로 말하면의 뜻을 나타냄.

24 星辰(성신): 별의 총칭.

25 繫(계): 매닮, 매달림.

26 焉(언): 어지於之의 합음자. '지'는 하늘을 가리킴.

27 一撮土(일촬토): 한 줌의 흙. '촬'은 자밤, 즉 나물 따위를 손가락을 모아서 그 끝으로 집을 만한 분량을 세는 단위. 따라서 '촬토'는 곧 한 자밤의 흙을 이르는데, 편의상 한 줌의 흙으로 옮김.

28 廣厚(광후): 박후博厚와 같음.

29 華嶽(화악): 서악西嶽/西岳 화산華山. 중국 오악五嶽/五岳의 하나로, 오늘날 섬서성陝西省 동부에 있음.

30 振(진): 거둠(收). 곧 거둬들임, 받아들임을 이름.

31 洩(설): 누설漏洩/漏泄. (물이) 샘.

32 一卷石(일권석): 한 주먹만 한 작은 돌. '권'은 권拳과 같음.

33 生之(생지): '생어지生於之'의 생략. 그곳에서 생장함. '지'는 산을 가리킴.

34 寶藏(보장): 세상 사람들이 보물로 여겨 간직하는 것들로, 곧 금은보화 따위를 이름.

35 興(흥): 읾, 일어남. 곧 (금은보화가) 잉태孕胎됨, 만들어짐을 이름.

36 一勺(일작): '일작수一勺水'의 생략. 한 잔의 물. '작'은 구기, 즉 술이나 국 따위를 뜰 때 쓰는 작은 국자 같은 도구임. 따라서 '일작'은 곧 한 구기의 물을 이르는 데, 편의상 한 잔의 물로 옮김.

37 不測(불측): 헤아릴 수 없음. 곧 강물의 한없이 넓고 깊음을 두고 이름.

38 黿(원): 큰 자라.

39 鼉(타): 악어.

40 蛟龍(교룡): 고대 전설에 등장하는 용의 일종으로, 특히 홍수와 풍랑을 일으킨다고 함.

41 鼈(별): 자라.

42 維(유): 구절 첫머리의 발어사로, 특별한 뜻은 없음.

43 天之命(천지명): 천명. 여기서는 천도를 이름.

44 於(오): 구절 첫머리의 어조사로, 감탄의 어기를 나타냄.

45 穆(목): 심원함, 즉 헤아리기 어려울 만큼 깊음.

46 不已(불이): 그치지 않음, 그침이 없음. 곧 영원무궁함을 이름. '이'는 그침(止).
 • 이상의 "유천維天…" 2구는 주 문왕의 공덕을 찬송한 『시경』「주송周頌 유천지명편維天之命篇」의 구절임. 아래의 "오호於乎…" 2구도 이와 같음.

47 所以(소이): 까닭, 이유, 이치.

48 於乎(오호): 오호嗚呼와 같음. 감탄사.

49 不(불): 여기서는 기불豈不의 뜻으로, 어찌 ~하지 아니하랴? 일설에는 비조와 통하여 크게(大)라는 뜻이라고 함.

50 顯(현): 현혁顯赫함, 즉 (이름이나 덕망이) 높이 드러나 빛남.

51 純(순): 순수純粹 무구無垢(때가 묻지 않고 맑고 깨끗함). 이는 곧 '지성至誠', 즉 지극한 성실을 두고 하는 말임.

52 亦(역): 역시. 여기서는 곧 '천도와 마찬가지로'라는 뜻을 내포함.

해설

자사는 여기서도 계속해서 '지성至誠', 즉 지극한 성실의 작용과 공효를 역설하면서, 사람들이 보다 적극적으로 그리고 끊임없이 '지성'을 추구할 것을 독려했다.

지극한 성실은 '무식無息', 즉 잠시도 그침이 없는데, 그 같은 '지성'의 도道는 바로 천지의 도(이치)와 상통한다. 따라서 '지성'의 조예와 성취는 천지의 덕행과 짝을 이루듯 하늘과 땅의 이치에 부합하며 "진실로 아득하게 오래오래 영영무궁하리라."

천지의 도는 사실상 성실 '성誠' 한 글자로 개괄할 수 있다. '성실'은 그야말로 천지의 운행과 만물 화육의 원동력이다. 다시 말해 '성실'은 곧 천지 만물의 본질적 속성인가 하면, 또한 곧 인생의 과정이자 사람이 부단히 자아 수양을 강화해가는 과정이다. 그러니 '지성'에 어찌 그침이 있을 수 있겠는가? 사람이 만약 지극한 성실성을 지녔다면, 그것은 곧 하늘과 같이 광박하고 땅과 같이 심후하며, 산과 같이 고대高大하고 강과 같이 유원悠遠한 품성을 갖춘 것이나 다름이 없다. 그런 만큼 능히 만물을 실어주고 덮어주며 생장시키나니, 진정 위대한 품성과 자질이 아닐 수 없다. 그러므로 현덕賢德을 지닌 성인의 '지성무식至誠無息'의 도는 천지와 짝을 이루며 만사만물을 주재할 수 있는 것이다. 유가에서는 이른바 천인합일天人合一, 즉 하늘과 사람, 천도天道와 인도人道가 하나임을 일관되게 주장해왔는데, 그야말로 인간과 천지가 상통 상응하며 상호작용하고 영향을 미치는 밀접한 관계임을 알 수 있다.

제27장

　위대하여라, 성인의 도여! 천지간에 한껏 충만하여 만물을 생장 발육시킴에 그 숭고함이 하늘 높이 다다랐도다. 진실로 넉넉하고 광대하여라! 예법禮法의 대강은 300가지요, 예법의 세목細目은 3,000가지이나니, 그 모두는 성인군자가 출현한 다음에야 비로소 행해질 수 있다. 그러므로 '사람이 만약 지극한 덕을 갖추고 있지 않으면, 지극한 도가 그에게 깊이 체득되지 않는다'고 말한다. 따라서 군자는 천부의 덕성을 받들어 따르며 묻고 배우는 데에 심력을 다하여, 그 높고 크며 밝게 빛나는 이치를 터득하고 불편부당한 중용의 길을 따라가며, 이미 배운 것을 거듭 익혀서 새로운 것을 깨달아 알고, 또 돈독하고 후덕한 자세로 예의 규범을 숭상 봉행奉行한다. 그렇기 때문에 군자는 윗자리에서는 교만하지 않고, 아랫자리에서는 도리를 어기지 않는다. 또한 나라에 바른 도가 행해지는 치세에는 그의 언론이 족히 나라를 흥성하게 하고, 바른 도가 행해지지 않는 난세에는 그의 침묵이 족히 자신을 보전하게 한다.『시경』에서 "총명하고도 지혜로우니 / 능히 그 자신을 보전하도다"라고 하였는데, 그것은 아마도 바로 이러한 뜻을 말한 것이렷다!

大哉, 聖人之道[1]! 洋洋乎,[2] 發育萬物, 峻極于天.[3] 優優[4]大哉! 禮儀[5]
대재 성인지도   양양호   발육만물 준극우천   우우 대재 예의

三百, 威儀[6]三千, 待其人[7]而後行. 故曰: 苟[8]不至德,[9] 至道[10]不凝[11]
삼백 위의 삼천 대기인 이후행 고왈 구부지덕 지도 불응

焉.[12] 故君子尊[13]德性[14]而道[15]問學,[16] 致廣大[17]而盡精微,[18] 極[19]高明
언 고군자존 덕성 이도 문학   치광대 이진정미 극 고명

而道中庸, 溫故而知新,[20] 敦厚以崇禮. 是故居上[21]不驕, 爲下[22]不
이도중용 온고이지신 돈후이숭례 시고거상 불교 위하 불

倍.[23] 國有道,[24] 其言[25]足以[26]興; 國無道, 其默足以容.[27] 詩曰: "旣明
배 국유도 기언 족이 흥 국무도 기묵족이용 시왈   기명

且哲,[28] 以保其身."[29] 其[30]此之謂與[31]!
차 철   이보기신   기 차지위여

주석

1 聖人之道(성인지도): 이는 아래에서 말하는 '지도至道'를 이르며, 그것은 또한 곧 지성至誠의 도이자 중용의 도임.

2 洋洋乎(양양호): 충만해 흘러넘치는 모양. 또 성대한 모양, 광대한 모양. '호'는 연然과 같은 형용사형 어미.

3 峻極于天(준극우천): 그 고대高大함·숭고함이 하늘까지 닿음. '준'은 높음. 곧 고대함, 즉 높고 큼을 이르니, 또한 곧 숭고함을 이르는 것으로 이해됨. '극'은 이름(至), 다다름. '우'는 어於와 같음.

4 優優(우우): 넉넉하고 여유로우며 풍부한 모양.

5 禮儀(예의): 경례經禮라고도 함. 곧 고대 예절·예법의 주요 규칙·규범, 즉 대강을 이름.

6 威儀(위의): 곡례曲禮라고도 함. 곧 고대 예절·예법의 세부 규칙·규범, 즉 세목을 이름.

7 待其人(대기인): 그 사람을 기다림. 이는 곧 성인군자가 출현함을 두고 이름. '대'

는 기다림. '기인'은 그 사람이니, 곧 아래에서 말하는 '지덕至德'을 갖춘 사람, 즉 성현·성인군자를 이름.

8 苟(구): 만약, 진실로 ~라면.

9 至德(지덕): 지극한 덕. 곧 최고의 덕성을 이름.

10 至道(지도): 지극한 도. 곧 최고의 도로, 중용의 도이자 성인의 도를 이름.

11 凝(응): 응집凝集됨, 모임(聚), 이룸(成). 여기서는 도를 닦아 이룸, 깊이 체득함을 이름.

12 焉(언): 어지於之의 합음자.

13 尊(존): 존숭함. 이는 곧 받들어 따른다, 지킨다, 견지堅持한다는 뜻을 내포함.

14 德性(덕성): 인간의 천부적인 '지성至誠'의 덕성. 곧 사람의 천성, 본성을 이름.

15 道(도): 말미암음. 곧 가야 할 길로 삼음을 이르고, 또한 곧 진력함, 치력致力함, 심력心力을 다함을 이름.

16 問學(문학): 묻고 배움. 곧 학문學問함을 이름.

17 致廣大(치광대): 광대함을 다함. 곧 '지도至道'·대도大道의 광대한(광박하고 고대高大한) 거시적 경지를 한껏 추구함을 이름.

18 盡精微(진정미): 정미함을 다함. 곧 '지도'·대도의 정미한(정밀하고 미세한) 미시적 경지를 한껏 추구함을 이름.

19 極(극): 여기서는 다다름, 통달함, 터득함을 이름.

20 溫故而知新(온고이지신): 이미 배운 것을 거듭 익혀서 새로운 것을 깨달아 앎. 이는 본디 『논어』 「위정편」에서 공자가 스승의 필수 자질로 제시한 말임. '온'은 온습溫習, 즉 복습함, 거듭 익힘. '고'는 주자가 '예전에 들은 것(舊所聞)'이라고 했듯이, 이미 배운 지식이나 이치를 말함. 한편 이 '고'를 흔히 '옛것'으로 풀이하나, 오로지 옛 문물만을 높여 소중히 여긴다는 폐단이 있어 적절치 않음. '지'는 여기서는 (배우지 않은 것을) 스스로 깨달아 앎을 이름. '신'은 주자가 '지금 새로이 터득한 것(今所得)'이라고 했듯이, (이전에 배운 적이 없는) 새로운 지식이나 이치를 말함.

21 居上(거상): 상위上位에 거함. 곧 윗자리·높은 자리에 있음을 이름.

22 爲下(위하): 아랫사람이 됨. 곧 아랫자리·낮은 자리에 있음을 이름.

23 倍(배): 배背와 같음. 위배違背함·위반함. 곧 (아랫사람의) 도리와 예절을 어김을 이름.

24 國有道(국유도): 나라에 도가 있음, 나라에 바른 도가 행해짐. 곧 치세를 이름.

25 其言(기언): 그 언론. 곧 국정에 대한 그의 견해와 제안을 이름.

26 足以(족이): 충분히 ~할 수 있음.

27 其默足以容(기묵족이용): 그의 침묵이 족히 자신을 보전하게 함. '묵'은 침묵. '용'은 용신容身, 즉 세상에 몸을 붙이고 살아감. 곧 자신의 신명身命을 보전함을 이름. 이는 곧 무도한 집정자執政者에게 극렬히 저항하며 과격한 비판을 하지 않기 때문에 화禍를 면한다는 말임.

28 旣明且哲(기명차철): 명철明哲, 즉 총명하고 지혜로움. '기A차B'는 A하기도 하고 또 B하기도 함을 뜻함. '명'은 총명·현명함. '철'은 지혜로움, 사리에 밝음.

29 "旣明(기명)…" 2구: 이는 주 선왕宣王의 현신賢臣 중산보仲山甫를 찬미한 『시경』「대아大雅 증민편蒸民篇」의 구절임.

30 其(기): 추측의 어기 부사. 아마(도).

31 與(여): 여歟와 같음. 감탄의 어조사. 일설에는 의문의 어조사.

해설

자사는 여기서 현명하고 슬기로운 군자는 위대한 성인의 도를 충실히 배우고 성실히 실행하기 때문에, 어떤 상황에서도 적정한 처신·처사로 자신을 잘 보전할 수 있음을 역설했다. 물론 이 역시 '지성至誠'과 중용의 도가 낳은 공효임은 두말할 나위가 없다.

제28장

공자께서 말씀하셨다. "사람이 어리석으면서도 스스로 옳다고 여기며 자기 생각대로만 행동하거나, 비천하면서도 남의 말은 들으려 하지 않고 오직 혼자서 결단해 행동하는가 하면, 지금의 세상에 살면서 굳이 옛날의 제도와 법도를 회복해 시행하고자 한다면, 그런 사람은 필시 재화災禍가 그 신변에 미칠 것이다."

무릇 천자가 아니면 예법을 왈가왈부하지 않고, 법도를 제정하지 않으며, 문자를 바로잡지 않는다. 오늘날은 천하의 수레를 운행함에 두 바퀴 간격을 같게 하고, 글을 씀에 문자를 통일하며, 행동거지에 동일한 윤리 규범을 준수한다. 설령 천자의 지위에 있다고 하더라도 성인의 덕성을 지니고 있지 않으면 감히 예악 제도를 제정하지 못하며, 설령 성인의 덕성을 지니고 있다고 하더라도 천자의 지위에 있지 않으면 또한 감히 예악 제도를 제정하지 못한다.

공자께서 말씀하셨다. "나는 하나라의 예법 제도를 설명할 수 있는데, 하나라의 후예인 기杞나라에서 그것을 실증할 수는 없다. 나는 은 나라의 예법 제도를 배우는데, 은나라의 후예인 송宋나라에는 관련 자료가 일부 보존되어 있다. 나는 또 주나라의 예법 제도를 배우는데, 현재 모두가 그것을 활용하고 있으니, 나 역시 주나라의 예법을 받들어 따르리라."

子曰: "愚而好¹自用,² 賤而好自專,³ 生乎今之世, 反⁴古之道,⁵ 如此
자왈   우이호자용   천이호자전   생호금지세 반고지도   여차
者, 烖⁶及其身者也."
자 재 급 기 신 자 야

非天子, 不議禮,⁷ 不制度,⁸ 不考文.⁹ 今天下車同軌¹⁰ 書同文,¹¹ 行
비천자 불의례   부제도   불고문   금천하거동궤   서동문   행
同倫.¹² 雖有其位,¹³ 苟無其德,¹⁴ 不敢作禮樂焉¹⁵; 雖有其德, 苟無其
동륜   수유기위   구무기덕   불감작예악언   수유기덕 구무기
位, 亦不敢作禮樂焉.
위 역불감작예악언

子曰: "吾說¹⁶夏¹⁷禮, 杞¹⁸不足徵¹⁹也; 吾學殷²⁰禮, 有宋²¹存焉²²; 吾
자왈   오설 하 례 기 부족징 야   오학은 례 유송 존언   오
學周²³禮, 今用之, 吾從周."
학주 례 금용지 오종주

주석

1 好(호): 좋아함.

2 自用(자용): 스스로 사용함. 곧 자기 스스로 옳다고 여긴 나머지 남의 말은 듣지 않고 자기 생각대로만 행동하고 처사함을 이름.

3 自專(자전): 스스로 오로지함. 곧 독단전행獨斷專行, 즉 남의 말은 들으려고도 하지 않고 오직 혼자서 결단해 행함을 이름.

4 反(반): 반返과 같음. 회복함. 곧 회복시켜 시행함을 이름.

5 道(도): 여기서는 예악 제도를 두고 이름.

6 烖(재): 재災와 같음. 재앙, 재화災禍.

7 議禮(의례): 예제禮制를 의론함. 곧 기존의 예제(예의禮儀 제도 내지 예법禮法)에 대해

왈가왈부해 끝내 수정修訂을 함을 이름.

8 **制度**(제도): 법도를 새로 제정함. 여기서 '제'는 동사이고, '도'는 그 목적어임.

9 **考文**(고문): 문자를 고정考訂함. 곧 문자의 필획筆劃이나 모양을 자세히 살펴 연구해 바로잡음.

10 **車同軌**(거동궤): 수레의 두 바퀴 사이의 간격을 동일하게 함. 곧 수레바퀴 간격에 동일한 표준을 제정해 시행했다는 말. '궤'는 수레의 왼쪽 바퀴와 오른쪽 바퀴 사이의 거리를 이름.

11 **書同文**(서동문): 글을 씀에 문자를 동일하게 함. 곧 문자 통일을 이루었다는 말.

12 **行同倫**(행동륜): 행위는 그 윤리 도덕의 규범을 동일하게 함. 곧 행위 규범상 동일한 윤리 도덕을 준수하고 있다는 말. '륜'은 윤리 도덕. • 이상의 '거동궤·서동문·행동륜'은 분명 천하 통일의 모습인바, 자사가 분명 주나라의 예법 제도를 두고 이른 것으로 이해됨. 한편 일부 논자들은 이상의 세 가지 현상은 진시황秦始皇이 천하를 통일한 이후에 비로소 나타난 것이며, 따라서 이는 통일 진秦나라 이후의 유자儒者가 덧붙인 것이거나, 아니면 『중용』 자체가 진한秦漢시대에 지어진 것이라고 함. 하지만 『관자管子』「군신 상편君臣上篇」에도 '서동문·거동궤' 표현이 보이는 것을 볼 때, 설득력이 떨어짐.

13 **其位**(기위): 그 지위. 곧 천자의 지위를 이름.

14 **其德**(기덕): 그에 상응하는 덕. 곧 성인·성군의 덕성·덕행을 이름.

15 **焉**(언): 어조사. 여기서는 사실에 대한 확인 내지 강한 긍정의 어기를 나타냄.

16 **說**(설): 말함, 설명함. 일설에는 열悅과 같고, 좋아한다는 뜻이라고 함.

17 **夏**(하): 중국 역사상 최초의 왕조. 기원전 21세기에 우가 순임금으로부터 제위를 물려받아 새 나라를 열고, 안읍安邑(지금의 산서성 하현夏縣 북쪽 지역)에 도읍했으며, 폭군 걸왕 때 상 탕왕에게 망함.

18 **杞**(기): 나라 이름. 주 무왕 때 하나라 왕실의 후예를 봉한 제후국으로, 지금의 하남성 기현杞縣에 있었음. 전국시대 초에 초나라에게 망함. 앞일에 대해 쓸데없는 걱정을 함을 이르는 '기우杞憂'라는 말은 바로 기나라 사람의 이야기에서 유래한 것임.

19 **徵**(징): 증명함, 실증함, 검증함.

20 **殷**(은): 중국 상고시대 기원전 16세기에 탕이 하나라 폭군 걸왕을 멸한 후 박亳(지금의 하남성 상구현商丘縣 서남쪽 지역)에 도읍해 세운 왕조. 원래의 국호는 '상'이

었으며, 제17대 임금 반경盤庚 때에 은殷(지금의 하남성 안양현安陽縣 소둔촌小屯村 지역)으로 천도한 후 국호를 '은'으로 고쳐 부름. 후세에는 이 왕조를 '은상殷商'이라 일컫기도 함.

21 宋(송): 주 무왕 때 은나라 왕실의 후예를 봉한 제후국으로, 지금의 하남성 상구현商邱縣 남쪽에 있었으며, 전국시대 말에 제나라에게 망함.

22 存焉(존언): 은나라 예법 관련 자료를 일부 보존하고 있음. '존'은 보존함. 여기서는 일부 자료를 보존함을 이름. '언'은 지之와 같은 말로, 곧 은나라 예법에 관한 자료를 가리킴. 이상과 같은 풀이는 『논어』 「팔일편」에서 공자가 "은나라의 예법 제도를 내가 설명할 수는 있으나, 그 후예인 송나라에서 그것을 검증할 수가 없다. 왜냐하면 그들의 문헌 자료와 원로 현인이 부족하기 때문이니니, 만약 문헌과 현인만 충분하다면 내가 그것을 다 실증할 수 있을 것이다(殷禮, 吾能言之, 宋不足徵也. 文獻不足故也, 足則吾能徵之矣)"라고 한 데에 근거한 것임.

23 周(주): 기원전 11세기에 무왕이 은나라 폭군 주왕을 멸한 후, 호경鎬京(지금의 섬서성 장안현長安縣 서쪽 지역)에 도읍해 세운 왕조. 평왕平王 때 낙읍洛邑(지금의 하남성 낙양洛陽)으로 천도한 이전을 서주西周, 이후를 동주東周라고 함. 동주는 다시 춘추시대와 전국시대로 나뉨. 기원전 256년에 진秦나라에게 망함. 『대학』 「전문」 제2장 주석 8 참조.

해설

이 장에서는 공자의 말을 두 차례 인용해, "지금의 세상에 살면서 굳이 옛날의 제도와 법도를 회복해 시행하고자 한다면", 그것은 곧 '시중時中'(제2장) 원칙에 맞지 않는 처사임을 강조했다. 이는 물론 중용의 도의 또 다른 공용功用을 역설함으로써, 모름지기 사람은 중용의 도를 따르고 지키며 시의時宜에 맞게 행동할 줄 알아야 함을 일깨운 것이다.

자사는 이러한 견지에서 공자의 말을 빌려 사람, 특히 통치자가 자신의 분수를 모르고 경거망동해서는 안 됨을 강조했다. 사람이 우매무덕하면서도 스스로 옳다고 여기며 제멋대로 행동하거나, 비천 무위無位하면서도 남의 말은 듣지도 않고 독단 전횡을 서슴지 않으면서, '시중'에 맞지 않는 제도와 법도를 강제한다면 재앙을 피하기 어렵다는 지적이다. 왜냐하면 적어도 한 국가의 예악 제도는 천자의 지위와 성인의 덕성을 아울러 갖춘 사람이 주도적으로 제정해야만 비로소 중용의 도와 정신에 부합해 그 권위가 살고, 실효를 거둘 수 있기 때문이다.

예컨대 하 걸왕이나 은 주왕 같은 이는 비록 천자의 지위에 있었지만 성인의 덕성이 없는 우매 무덕한 군주로서 무도히 망동을 일삼았으니, 망국의 화를 당한 것은 당연지사였다. 반면 공자 같은 성인은 비록 성명聖明한 덕성을 지니고 있었지만 천자의 지위에 있지 않았으므로, 당시 주나라의 예법 제도를 충실히 따를 뿐 결코 스스로 예악 제도를 새롭게 제정해 시행하고자 하지 않았다. 공자의 이 같은 자세는 바로 예악 제도는 반드시 시대적 변화와 발전에 순응해 중용의 도가 추구하는 '시중'의 이상理想을 실현할 수 있어야 함을 솔선率先으로 보여준 것이다. 이른바 예란 조화와 질서를 핵심 정신으로 추구하는, 사회 구성원 모두가 반드시 준수해야 하는 행위 규범이다. 공자의 제자 유자有子가 말했다. "예의 작용은 조화를 귀중히 여긴다[禮之用, 和爲貴]."(『논어』 「학이」) 다시 말해 예악 제도의 고귀한 의의는 곧 궁극적으로 인심人心에 순응 부합하는 조화와 질서로 사람들이 모두 마음의 평화와 안정을 얻는 사회를 이룩함에 있다. 따라서 유가에서 말하는 예악·예법은 사실상 중용의 도의 구체적 실현인 것이다.

제29장

　군왕이 왕위에 올라 천하를 다스림에 있어서는 무엇보다 예법을 의론하고, 법도를 제정하며, 문자를 바로잡는 세 가지 중요한 일을 잘해야 하며, 그러면 사람들의 과오를 줄일 수 있으리라! 윗자리의 군왕은 비록 인품이 훌륭하더라도 그 자체로는 검증할 길이 없고, 군왕의 훌륭함이 검증이 되지 않으면 사람들의 신임을 얻지 못하며, 사람들의 신임을 얻지 못하면 백성들은 결코 따르지 않는다. 아랫자리의 성인은 비록 인품이 훌륭하더라도 지위가 존귀하지 않고, 지위가 존귀하지 않으면 사람들의 신임을 얻지 못하며, 사람들의 신임을 얻지 못하면 백성들은 결코 따르지 않는다. 그러므로 군자가 천하를 다스리는 이치는 무엇보다 자신의 품성 수양을 근본으로 하여 널리 선정善政을 베풀어 백성들에게 검증과 신임을 받음으로써, 하·상·주 삼대三代 선왕先王들의 선정과 견주어 고찰해도 어긋나지 않고, 천지간天地間에 세워 시행해도 어그러지지 않으며, 귀신에게 물어도 의문을 사지 않고, 백세百世 뒤에 성인이 출현하기를 기다려도 의혹하지 않도록 하는 것이다.

　귀신에게 물어도 의문을 사지 않음은 천도天道와 천리天理를 알기 때문이요, 백세 뒤에 성인이 출현하기를 기다려도 의혹하지 않음은 인도人道와 사리事理를 알기 때문이다. 그러므로 군자의 거동은 세세世世 대대代代로 천하의 법칙이 되고, 행위는 세세 대대로 천하의 법도가 되며, 언론은 세세 대대로 천하의 준칙이 된다. 그런 만큼 군자를 멀리서 바라보면 절로 앙망仰望의 정情이 일고, 가까이서 대하면 도무지 싫증이 나지 않는다.

　『시경』에서 말했다. "이 제후들이 저기 자신들의 본국에 있어도 아무도 이들을 미워하는 이 없고／여기 주나라 왕실 조정에 있어도 아무도 이들을 싫어하는 이 없도다／거의 이른 아침부터 밤늦게까지 정사에 힘쓰나니／길이길이 뭇사람들로부터 받는 아름다운 성예聲譽를 이어가리라." 군자가 이와 같이 하지 않고서도 온 천하에 아름다운 성예를 얻었던 이는 없도다.

王[1]天下有三重[2]焉，[3] 其[4]寡過[5]矣乎[6]! 上焉者，[7] 雖善無徵，[8] 無徵不信，
왕 천하유삼중 언　기 과과 의호　상언자　수선무징　무징불신
不信民弗[9]從; 下焉者，[10] 雖善不尊，[11] 不尊不信, 不信民弗從. 故君
불신민불종　하언자　수선부존　부존불신　불신민불종. 고군
子[12]之道，[13] 本諸身，[14] 徵諸庶民，[15] 考[16]諸三王[17]而不繆，[18] 建諸天地
자 지도　본저신　징저서민　고 저삼왕 이불무　건저천지
而不悖，[19] 質諸鬼神而無疑，[20] 百世以俟[21]聖人而不惑.
이불패　질저귀신이무의　　백세이사　성인이불혹

質諸鬼神而無疑, 知天也; 百世以俟聖人而不惑, 知人也. 是故君
질저귀신이무의　지천야　백세이사성인이불혹　지인야　시고군
子動而世爲天下道，[22] 行而世爲天下法, 言而世爲天下則. 遠之則
자동이세위천하도　　행이세위천하법　언이세위천하칙　원지즉

有望, 近之則不厭.
유 망 근 지 즉 불 염

詩曰: "在彼無惡,²³ 在此²⁴無射²⁵; 庶幾²⁶夙夜,²⁷ 以永終譽²⁸!" 君子
시 왈   재 피 무 오   재 차 무 역   서 기 숙 야   이 영 종 예   군 자

未有不如此而蚤²⁹有譽於天下者也.
미 유 불 여 차 이 조   유 예 어 천 하 자 야

주석

1 **王**(왕): 여기서는 동사로, 왕이 됨, 왕 노릇함. 곧 천하를 다스림을 이름.

2 **三重**(삼중): 세 가지 중요한 일로, 곧 앞 장에서 말한 '의례議禮·제도制度·고문考文'을 두고 이름.

3 **焉**(언): 어조사. 여기서는 의矣와 같이 문장 끝에서 긍정 내지 단정의 어기를 나타냄.

4 **其**(기): 추측의 어기 부사.

5 **寡過**(과과): 허물·과오를 줄임. '과寡'는 적음(少). 여기서는 적게 함, 감소시킴을 이름.

6 **矣乎**(의호): 복합 어조사로, 긍정과 감탄에 가벼운 추측의 어기를 아울러 나타냄.

7 **上焉者**(상언자): 윗자리(上位)에 있는 사람. 곧 군왕을 이름. 한편 주자는 윗대의 군왕이 제정한 예악 제도로, 앞 장에서 말한 '하나라의 예법 제도(夏禮)'와 '은나라의 예법 제도(殷禮)' 같은 것을 이른다고 풀이함. 하지만 앞 장에서 공자가 고례古禮나 고제古制를 회복 시행하는 것은 '시중時中'의 원칙에 어긋나는 처사임을 강조한 것을 감안하면, 자사가 여기서 '하례'와 '은례'의 준수를 염두에 두고 말했다고 보기 어렵고, 또 아래의 '하언자下焉者'와 의미상 대우對偶를 이루지 못한다는 폐단이 있어 적절치 않음.

8 **無徵**(무징): 검증할 길이 없음. 이는 곧 앞에서 말한 '세 가지 중요한 일'을 잘 처리하는 실천적 노력을 통해서만 군왕의 훌륭한 인품을 검증해 보일 수 있다는 뜻을 내포함. '징'은 징험徵驗함, 실증함, 검증함.

9 **弗**(불): 불不과 같음.

10 **下焉者**(하언자): 아랫자리(下位)에 있는 사람. 곧 신하를 이름. 여기서는 전후 문맥상 주자가 이른 대로, 공자 같은 성인을 두고 하는 말로 이해됨.

11 尊(존): 존귀함. 이는 곧 그 지위를 두고 하는 말임.

12 君子(군자): 여기서는 곧 앞에서 말한 '왕천하王天下', 즉 왕위에 올라 천하를 다스리는 사람을 두고 이름.

13 道(도): 이치. 여기서는 곧 앞에서 말한 '삼중三重', 즉 세 가지 중요한 일을 두고 이름.

14 本諸身(본저신): 수신에 그 근본을 둠. 곧 천하를 다스리는 이치에 있어 무엇보다 자신의 품성 수양을 근본으로 한다는 말. '저'는 지어之於의 합음자.

15 徵諸庶民(징저서민): 일반 백성들에게 검증을 받음. 곧 널리 만백성에게 선정을 베풀어 그 은택의 실효가 나타나게 함으로써 군왕의 훌륭함을 검증받는다는 말. '서민'은 일반 백성, 평민.

16 考(고): 상고相考, 즉 서로 견주어 고찰함.

17 三王(삼왕): 하·상(은)·주 삼대三代의 개국 군주, 즉 하 우왕禹王·상 탕왕·주 문왕과 무왕을 일컬음.

18 繆(무): 무/류謬와 같음. 틀림, 어긋남. 곧 서로 달라서 어긋남을 이름.

19 建諸天地而不悖(건저천지이불패): 그것을 천지간에 세워도 어긋나지 않음. 곧 군자의 도는 천지자연의 객관 법칙에도 부합한다는 말. '건'은 세움(立). '패'는 어그러짐, 어긋남. 곧 맞지 않음, 부합하지 않음을 이름.

20 質諸鬼神而無疑(질저귀신이무의): (점을 쳐서) 귀신에게 물어봐도 의문을 사지 않음. 곧 군자의 도가 천지신명의 뜻과 이치에도 부합한다는 말. '질'은 질문함.

21 俟(사): 기다림.

22 道(도): 도, 정리正理, 법칙. 일설에는 도導와 같아서 선도先導의 뜻이라고 함.

23 在彼無惡(재피무오): 그들이 저곳에 있을 때는 아무도 그들을 미워하지 않음. 곧 기나라와 송나라 제후들이 본국에 있을 때(아래 주석 28 참조) 그들을 미워하는 사람은 아무도 없었음을 이름. '피'는 저곳. 여기서는 제후국 기나라와 송나라를 가리킴. '오'는 증오함, 미워함.

24 此(차): 이곳. 여기서는 천자의 나라 주 왕실 조정을 가리킴(아래 주석 28 참조).

25 射(역): 싫어함.

26 庶幾(서기): 거의.

27 夙夜(숙야): 이른 아침과 깊은 밤. 곧 이른 아침부터 밤늦게까지 정사政事에 힘씀을 이름. '숙'은 아침 일찍.

28 終譽(종예): 뭇사람들로부터 받는 성예, 즉 명성과 영예. '종'은 중衆의 가차假借. 뭇사람. 일설에는 본의대로 끝까지 유지한다는 뜻으로 풀이함. 그러면 '종예' 는 아름다운 성예를 끝까지 이어간다는 뜻으로 이해됨. •이상의 "재피在彼…" 4구는 주 천자가 하·상 왕조의 후예인 기·송 두 나라의 제후가 주 조정에 와서 천자의 제사를 돕는 것을 치하致賀한 『시경』 「주송 진로편振鷺篇」의 구절임.

29 蚤(조): 조早와 같음. 일찍, 일찍이(이르게), 조기早期에.

해설

일국의 군왕은 기본적으로 "군자는 윗자리에서는 교만하지 않는(居上 不驕)"(제27장) 자세로 자신의 심신을 수양하며 단속함을 근본으로 하 면서, "예법을 의론하고, 법도를 제정하며, 문자를 바로잡는 세 가지 중요한 일을 잘해야" 한다. 또한 그 모든 처신·처사는 바로 중용의 도 를 성실히 지키고 따라서 해야 함은 두말할 나위가 없다.

일국의 최고 통치자가 행하는 모든 조치와 정책은 반드시 만백성의 복지福祉 증진을 위한 것이어야 한다. 그리하여 널리 뭇사람들로부터 그 진정성에 대한 검증과 신임을 받음으로써 강력한 정치 사회적 지 지 기반을 확고히 다져야 한다. 그뿐이 아니다. 최고 통치자의 일언일 행一言一行은 당시 사람들은 물론 후세 사람들에게도 훌륭한 본보기가 돼야 한다. 그리하여 나라를 대표하는 상징적 형상이 되고, 또 세세 대 대로 법칙과 법도, 준칙이 돼야 한다. 그것은 바로 천도와 천리, 인도 와 사리에 대한 심후한 이해와 체득이 있어야 가능한 일이다.

제30장

공자께서는 요임금과 순임금의 도를 받들어 전술傳述하고, 주 문왕과 무왕의 문물제도를 본받으며, 위로는 자연의 변화를 따르고, 아래로는 지리 환경에 순응하였다. 이는 비유하자면 마치 천지가 만물을 실어 떠받치지 않는 것이 없고, 만물을 덮어 품지 않는 것이 없는 것과 같다. 또 비유하자면 사시四時가 번갈아 교체되고, 일월日月이 번갈아 밝게 비추는 것과 같다. 무릇 천지 만물은 함께 나고 자라지만 서로 방해하지 않고, 천지 대도大道는 함께 운행하지만 서로 충돌하지 않는다. 천지의 소덕小德은 냇물이 흐르듯 끊임없이 만물을 적셔주고 천지의 대덕大德은 진정 돈후히 만물을 화육하나니, 그것이 바로 천지가 위대한 까닭이로다.

仲尼祖述¹堯舜,² 憲章³文武; 上律⁴天時,⁵ 下襲⁶水土.⁷ 辟⁸如天地之
중 니 조 술 요 순   헌 장 문 무   상 률 천 시   하 습 수 토   비 여 천 지 지
無不持載,⁹ 無不覆幬,¹⁰ 辟如四時之錯行,¹¹ 如日月之代明.¹² 萬物
무 부 지 재   무 불 부 도   비 여 사 시 지 착 행   여 일 월 지 대 명   만 물

竝育¹³而不相害, 道¹⁴竝行而不相悖.¹⁵ 小德¹⁶川流, 大德¹⁷敦化.¹⁸ 此
병 육　이 불 상 해　도　병 행 이 불 상 패　　소 덕　천 류　대 덕　돈 화　　차

天地之所以爲大也.
천 지 지 소 이 위 대 야

주석

1 祖述(조술): 선인先人의 도道, 즉 행위와 사상·학설을 받들어 전술함. 이에는 곧
본받고 따른다는 의미를 내포함.

2 堯舜(요순): 『대학』 「전문」 제9장 주석 20, 『중용』 제6장 주석 1 참조.

3 憲章(헌장): 본받으며 널리 알려 칭송함. '헌'은 본받음. '장'은 표장表章, 즉 훌륭
한 일을 널리 알려 칭찬함.

4 律(률): 본받음, 따름.

5 天時(천시): 때를 따라서 돌아가는 자연의 변화. 곧 계절, 밤과 낮, 더위와 추위 따
위를 이름.

6 襲(습): 인습因襲함. 여기서는 곧 부합함, 순응함을 이름.

7 水土(수토): 물과 흙, 또는 물과 풍토. 여기서는 곧 지리 환경을 이름.

8 辟(비): 비譬와 같음. 비유함.

9 持載(지재): (땅이 만물을) 실음, 실어서 떠받침.

10 覆幬(부도): (하늘이 만물을) 덮음, 덮어 가림, 덮어서 품어줌.

11 錯行(착행): 번갈아 운행함. 이는 곧 사시의 운행과 교체가 순환 반복됨을 두고
이름.

12 代明(대명): 번갈아 빛남, 비춤. '대'는 교대로. '명'은 밝게 빛남, 밝은 빛을 비춤.

13 竝育(병육): 함께 나서 자람. '병'은 나란히, 함께, 동시에. '육'은 생육, 생장함.

14 道(도): 천지 대도. 여기서는 곧 일월·사시의 운행과 변화의 법칙을 두고 이름.

15 悖(패): 어그러짐. 곧 충돌함, 부조화함을 이름.

16 小德(소덕): 주자가 천지 전체의 분파分派·분산分散이라 했으니, 곧 장거정이 이
른 대로 천지조화의 분파로 이해됨.

17 大德(대덕): 주자가 만물 만수萬殊(각양각색으로 서로 다름)의 근본이라 했으니, 곧
장거정이 이른 대로 천지조화의 본원本源·본산本山으로 이해됨.

18 敦化(돈화): 돈후하게 만물을 화육함.

해설

자사는 공자의 도덕이 천지의 도덕에 비견할 정도로 위대한 것임을 역설했다. 공자는 멀리는 요임금과 순임금의 도통道統, 즉 중용의 도 (일찍이 요임금은 순에게 제위를 물려주며 진실로 중정中正의 원칙을 받들어 행할 것을 훈계한 바 있음. 제6장 '해설' 참조)를 받들어 잇고, 가까이는 주 문왕과 무왕의 문물제도를 왕도정치의 전범典範으로 받들어 본받았다. 또한 그 바탕 위에 천지자연의 법칙과 사회 환경의 원리를 종합적으로 분석 탐구해 '인仁'을 핵심 취지로 하고, '중용'을 그 구현 방법으로 하는 유가 사상을 창시했다. 공자가 주창한 '인'의 도덕과 사상은 곧 '화이부동和而不同'(『논어』「자로」), 즉 다른 사람이나 사물과 잘 조화하지만 부화뇌동하지는 않는 원칙하에 만사만물의 이치와 원리를 포괄했다. 그리하여 당신께서는 마침내 세상 사람들을 깨우쳐 바르게 인도하는 목탁이 됐으니, 진정 만물을 싣고 덮어주며 지극히 조화로이 생장하게 하는 천지의 공덕만큼이나 위대하다 할 것이다.

제31장

　오로지 천하의 지극히 성명聖明한 성인만이 진실로 능히 총명하고 예지睿智로워 족히 높은 자리에서 아래로 만백성을 다스릴 수 있고, 너그럽고 넉넉하며 온화하고 부드러워 족히 천하 만물을 포용할 수 있고, 분발奮發 자강自强하는가 하면 의지가 굳세고 강직하여 족히 천하 대사大事를 결단 수행할 수 있고, 모든 일에 삼가며 정성을 다하면서 위엄威嚴한가 하면 불편부당하여 족히 사람들의 존경을 받을 수 있고, 생각에 조리가 있는가 하면 사물을 세밀하고도 똑똑히 살펴 족히 시비곡직是非曲直을 분별할 수 있다.

　지극히 성명한 성인의 미덕은 넓고도 넓으며 깊고도 두터운가 하면 또한 수시로 밖으로 발현하나니, 그 넓고도 넓음은 마치 광활한 하늘과도 같고, 그 깊고도 두터움은 마치 깊디깊은 못과도 같다. 그런 까닭에 지극히 성명한 성인이 풍채를 드러내면 백성들이 경복敬服하지 않는 이가 없고, 말을 하면 백성들이 신복信服하지 않는 이가 없으며, 행동을 하면 백성들이 열복悅服하지 않는 이가 없도다. 그러므로 그 아름다운 명성이 온 중원中原에 떨치는가 하면, 멀리 사방의 이민족 지역까지 널리 드날리도다. 무릇 배와 수레가 다다를 수 있는 곳, 사람의 힘으로 통행할 수 있는 곳, 푸른 하늘이 덮어 품는 곳, 넓은 땅이 실어 받치는 곳, 해와 달이 비추는 곳, 서리와 이슬이 내리는 곳에는 모든 살아 있는 사람들이 지극히 성명한 성인을 존경하고 친애하지 않는 이가 없으며, 그러므로 지극히 성명한 성인의 미덕은 하늘의 공효와 짝을 이룬다고 할 것이다.

唯天下至聖,[1] 爲能聰明睿知,[2] 足以有臨[3]也; 寬裕[4]溫柔, 足以有容
유 천 하 지 성   위 능 총 명 예 지   족 이 유 림 야   관 유 온 유   족 이 유 용
也; 發强[5]剛毅,[6] 足以有執[7]也; 齊莊[8]中正,[9] 足以有敬; 文理[10]密察,[11]
야   발 강 강 의   족 이 유 집 야   재 장 중 정   족 이 유 경   문 리 밀 찰
足以有別[12]也.
족 이 유 별 야

溥博[13]淵泉,[14] 而時出[15]之. 溥博如天, 淵泉如淵.[16] 見[17]而民莫不敬,
부 박 연 천   이 시 출 지   부 박 여 천   연 천 여 연   현 이 민 막 불 경
言而民莫不信, 行而民莫不說.[18] 是以[19]聲名洋溢[20]乎[21]中國,[22] 施[23]
언 이 민 막 불 신   행 이 민 막 불 열   시 이 성 명 양 일 호 중 국   이
及蠻貊.[24] 舟車所至, 人力所通, 天之所覆, 地之所載, 日月所照, 霜
급 만 맥   주 거 소 지   인 력 소 통   천 지 소 복   지 지 소 재   일 월 소 조   상
露所隊,[25] 凡有血氣者,[26] 莫不尊親, 故曰配天.[27]
로 소 추   범 유 혈 기 자   막 부 존 친   고 왈 배 천

주석

---

1 **至聖**(지성): 지극히 성명한, 즉 그 덕이 지극히 거룩하고 슬기로운 성인. 곧 덕행과 슬기가 모두 지극한 경지에 이른 위대한 성인을 이름.

2 **睿知**(예지): 예지로움, 즉 슬기나 지혜가 특별히 밝거나 뛰어남. 여기서 '지'는 지智와 같음.

3 **臨**(임): 위(높은 데)에서 아래(낮은 데)를 굽어봄. 여기서는 곧 높디높은 왕위에 올

라 천하 만민을 다스림을 이름.

4 寬裕(관유): 마음이 너그럽고 넉넉함.

5 發强(발강): 분발 자강(스스로 힘써 몸과 마음을 가다듬음)함.

6 剛毅(강의): 의지가 굳세고 강직해 굽힘이 없음.

7 執(집): 잡음, 장악함. 여기서는 결단 집행·수행遂行함을 이름.

8 齊莊(재장): 경건敬虔하고 위엄함, 즉 매사에 공경하며 삼가는 데다 존경할 만한 위세가 있어 점잖고 엄숙함. '재'는 재齋와 같음. 재계齋戒, 즉 옛날에 제사를 앞두고 몸과 마음을 정결히 하고 부정不淨한 일을 멀리함으로써 경건히 온 정성을 다함. '장'은 장엄莊嚴함, 위엄함.

9 中正(중정): 불편부당, 즉 지극히 적중適中(지나치거나 부족함이 없이 꼭 알맞음)·공정公正(공평하고 올바름)해 어느 쪽으로도 치우침이 없음.

10 文理(문리): 문장文章 조리條理. 곧 말이나 생각에 조리가 있음을 이름.

11 密察(밀찰): 세밀細密 명찰明察. 곧 사물을 세밀하고도 똑똑히 살핌을 이름.

12 別(별): 변별함, 분별함. 이는 곧 시비곡직·사정邪正을 두고 하는 말임.

13 溥博(부박): 광박廣博함, 즉 넓디넓음. 곧 모든 것에 두루 널리 미치거나 통함을 이름. '부'는 넓음, 광대함, 두루 미침.

14 淵泉(연천): 심천深泉, 즉 깊은 샘. 또 심연深淵·심담深潭, 즉 깊은 못. 곧 사려나 사상이 심원·심후함, 즉 깊디깊고, 깊고도 두터움을 비유함. '연'은 깊음(深).

15 時出(시출): 수시로 표출·발현함.

16 淵(연): 심연.

17 見(현): 현現과 같음. (모습·풍채를) 표현함, 드러냄.

18 說(열): 열悅과 같음. 기뻐함. 또 열복, 즉 기쁜 마음으로 복종함.

19 是以(시이): 그러므로.

20 洋溢(양일): 가득 차서 흘러넘침. 여기서는 곧 명성을 떨침을 이름.

21 乎(호): 어於와 같음.

22 中國(중국): 옛날에 한족漢族 거주지였던 중원 지역, 곧 황하 유역을 이르던 말.

23 施(이): 뻗음, 뻗어 나감. 여기서는 곧 명성이 널리 퍼짐, 드날림을 이름.

24 蠻貊(만맥): 남만南蠻 북맥北貊. 곧 옛날 중원의 한족이 남쪽과 북쪽 변방의 다른 민족을 낮잡아 이르던 말. 여기서는 이로써 중원 주변 사방의 이민족을 통틀어 일컬음.

25 隊(추): 추墜와 같음. 떨어짐.
26 有血氣者(유혈기자): 혈맥血脈과 기식氣息이 있는 자. 곧 생명이 있는 사람을 이르는 말.
27 配天(배천): 하늘의 공효와 짝을 이룸. 제26장 주석 9 참조.

해설

여기서 자사는 앞 장에서 말한 "천지의 소덕小德은 냇물이 흐르듯 끊임없이 만물을 적셔준다(小德川流)"는 의미를 이어받아 '천하지성天下至聖' 공자를 예로 들어 중용의 도의 의의를 총결했다.

이른바 '지성至聖', 즉 지극히 성명한 성인은 그야말로 성聖·인仁·의義·예禮·지智의 오덕五德을 겸비한 천하에서 가장 위대한 성인이다. 여기서 말하는 '지성'은 사실상 자사가 공자를 두고 이른 것이다. 아무튼 '지성'은 능히 총명하고 예지로운 성덕聖德이 있음은 물론이거니와, 너그럽고 넉넉하며 온화하고 부드러운 인덕仁德과 분발 자강하는가 하면 의지가 군세고 강직한 의기義氣, 범사에 삼가며 정성을 다하면서 위엄한가 하면 불편부당한 예의禮儀, 생각에 조리가 있는가 하면 사물을 세밀하고도 똑똑히 살피는 지혜智慧를 두루 갖추었다. 오직 이같은 '지성'만이 능히 천하의 왕자王者로서 만민을 화육해 태평성세를 이룩할 수 있다는 것이 자사의 생각이다.

지극히 성명한 성인의 미덕은 진정 하늘처럼 광박하고, 심연처럼 심원한 데다 언제 어디서나 수시로 발현해 만인을 어루만진다. 그 때문에 백성들은 너나없이 그의 일거일동一擧一動·일언일행을 경신敬信하며 열복하지 않는 이가 없다. 또한 그 아름다운 명성이 마침내 중원

은 물론 변방 너머 이민족 지역까지 널리 널리 퍼져 세상 모든 사람들이 '지성'의 학설과 사상을 신봉하고, 인격과 덕성을 존경하기에 이르렀다. "그러므로 지극히 성명한 성인의 미덕은 하늘의 공효와 짝을 이룬다고 할 것이다." 실제로 공자의 사상은 자사가 살았던 춘추시대 말엽과 전국시대 초엽에 걸쳐 급속도로 널리 전파됐고, 유가의 사상 학설은 이미 당대當代의 현학顯學(세상에 이름 높은 학설·학파)이 됐다. 자사가 여기서 '천하지성' 공자의 지덕至德을 부각 역설한 것은 두말할 나위 없이 사람들이 더욱 열심히 공자가 온몸으로 보여준 중용의 도를 본받고 배우기를 바랐기 때문이다.

제32장

오로지 천하의 지극히 성실한 성인만이 진실로 능히 천하의 대법大
法을 창제하고, 천하의 대본大本을 확립하며, 천지의 만물 화육의 법칙
을 터득할 수 있다. 무릇 그가 지극한 성실 말고 달리 의지할 바가 또
무엇이 있겠는가? 진정 간곡하고 지극하여라, 그 인심仁心이여! 깊디
깊어라, 그 심연 같은 사려여! 넓디넓어라, 그 하늘 같은 공덕이여! 만
약 진실로 총명하고 예지로워서 사람의 천부적 덕성을 통달한 이가
아니라면, 어느 누가 능히 천하의 지극히 성실한 성인의 경지를 이해
할 수 있겠는가?

唯天下至誠,¹ 爲能經綸²天下之大經,³ 立天下之大本,⁴ 知⁵天地之化
유 천 하 지 성   위 능 경 륜 천 하 지 대 경   입 천 하 지 대 본   지 천 지 지 화
育. 夫⁶焉⁷有所倚⁸? 肫肫⁹其仁, 淵淵¹⁰其淵,¹¹ 浩浩¹²其天¹³! 苟¹⁴不
육   부 언 유 소 의   순 순 기 인   연 연 기 연   호 호 기 천   구 불
固¹⁵聰明聖知¹⁶達天德¹⁷者, 其孰¹⁸能知之¹⁹?
고   총 명 성 지   달 천 덕 자   기 숙 능 지 지

276

1 **至誠**(지성): 지극히 성실한 성인. 곧 그 품성의 성실함이 지극한 경지에 이른 위대한 성인을 이름.

2 **經綸**(경륜): 본뜻은 명주실로 천을 짜기 전에 실 가닥을 정리함이나, 흔히 전의되어 일정한 포부를 가지고 일을 조직적으로 계획함, 창제創制/創製함, 경영함, 세상을 다스림을 이름.

3 **大經**(대경): 사람이 지켜야 할 큰 도리. 여기서는 특히 '평천하', 즉 천하를 태평하게 다스리는 대법(가장 중요하고 기본이 되는 법)을 이름.

4 **大本**(대본): 가장 근본이 되는 원칙.

5 **知**(지): 앎, 터득함. 이는 또한 성실히 본받아 실행한다는 뜻을 내포함.

6 **夫**(부): 발어사.

7 **焉**(언): 무엇, 어찌.

8 **倚**(의): 의지함.

9 **肫肫**(순순): 간곡하고 지극한 모양, 정성스러운 모양, 성의를 다하는 모양.

10 **淵淵**(연연): 물이 깊고 그윽한 모양. 곧 사려가 심원함을 비유 형용함.

11 **其淵**(기연): 앞 장에서 "(지극히 성명한 성인의 미덕은) 그 깊고도 두터움은 마치 깊디깊은 못과도 같다(淵泉如淵)"라고 했듯이, 이는 곧 '천하지성天下至誠'의 심연 같은 사려와 사상을 이름.

12 **浩浩**(호호): 광대·광활한 모양.

13 **其天**(기천): 앞 장에서 "(지극히 성명한 성인의 미덕은) 그 넓고도 넓음은 마치 광활한 하늘과도 같고(溥博如天)"라고 했듯이, 이는 곧 '천하지성'의 하늘 같은 품성과 공덕을 이름.

14 **苟**(구): 만약, 진실로 ~라면.

15 **固**(고): 실實과 같음. 진실로, 참으로.

16 **聖知**(성지): 성지聖智. 여기서는 곧 앞 장에서 말한 '예지睿知', 즉 예지로움을 이르는 것으로 이해됨.

17 **天德**(천덕): 사람의 천부적 미덕. 곧 인의예지신仁義禮智信을 이름. 일설에는 하늘(天) 또는 하늘과 땅(天地)의 덕성으로, 곧 천지의 지성지덕至誠之德, 즉 지극히 성실한 덕성을 이른다고 함. 하지만 이는 전후 문맥상 생뚱한 감이 있어 적절치 않음.

18 孰(숙): 누구.
19 之(지): 지시대명사로, 곧 '천하지성'을 가리킴.

해설

자사는 여기서는 지성지도至誠之道의 본질과 작용(공용)을 설명하면
서, '성誠'의 측면에서 성인의 위대성을 역설했다. 성인의 천성은 하늘
이 사람에게 부여한 본성 그대로 진실로 지성무위至誠無僞(지극히 성실
하며 결코 허위가 없음)하여 어떠한 사심도 없고, 아무런 사욕도 없다. 그
러므로 능히 천부적 인성人性의 본질에 입각해 천하 만인이 함께 준수
할 준칙과 규범을 제정 확립해 사람을 다스리고 나라를 다스리는가
하면, 세상 만물을 화육할 수 있다. 사실 천하를 다스리는 근본 덕목
인 인의예지신仁義禮智信은 본디 사람의 천성에 내재되어 있는 것이다.
성인은 바로 지성무위한 품성을 적극 발현함으로써 그 사람의 천부
적 미덕을 오롯이 발휘하며, 또한 나아가 '당신 자신으로부터 미루어
〔推己〕 뭇사람들에게 미칠〔及人〕' 뿐만 아니라 마침내 '세상 만물에까지
미친다〔及物〕'. 이 모두는 오로지 성인이 천부적 인성을 다하고 성실을
지극히 한 공덕일 뿐이며, 다른 그 무엇에 의지한 것이 아니다.

한데 문제는 이 같은 '천하지성天下至誠'의 도덕은 결코 아무나 쉽게
알고 행할 수 있는 게 아니라는 것이다. 유가의 성현이 일관되게 사람
들에게 심신을 닦고 품성을 도야하며 총명과 예지를 기르기를 권면한
것은 바로 그 때문이다. 주자가 이른 대로, 앞 장에서는 지성지덕至聖
之德을 논하고 이 장에서는 지성지도를 논했는데, 지성지도는 지극히
성명한 성인이 아니면 알지 못하고 지성지덕은 지극히 성실한 성인이

아니면 행하지 못한다. 이러한 견지에서 볼 때, 자사는 곧 성인이 거듭 출현해 선성先聖의 도덕을 잇고 발전시켜 끊임없이 실행하기를 바란 것이다.

제33장

『시경』에서 말했다. "비단옷을 입고 그 위에 삼베 홑옷을 덧입었네." 그것은 비단옷의 채색 무늬가 너무 두드러져 화려하게 보이는 걸 싫어해서로다. 그러므로 군자의 도는 일견 어둑하지만 날로 맑고 밝게 드러나고, 소인의 도는 일견 선명하지만 날로 빛을 잃고 흐려진다. 군자의 도는 담박하지만 밉지 않고, 간소하지만 문채가 있으며, 온후하지만 조리가 있나니, 무릇 먼 것은 가까운 것에서부터 비롯함을 알고, 뭇사람을 교화하는 것은 자기 자신으로부터 시작해야 함을 알며, 은미하고 미묘함은 결국 밖으로 뚜렷이 드러남을 안다면 더불어 성인의 도덕의 숭고한 경지에 들 수 있다.

『시경』에서 말했다. "물속으로 가라앉아 숨은 물고기가 비록 몸을 깊이 숨겼겠지만／그래도 결국은 아주 분명히 드러나도다!" 그러므로 군자는 마음속 깊이 자신을 돌이켜 보아도 양심의 가책을 느끼지 않고, 마음에 부끄러움이 없다. 범인凡人이 군자에게 미칠 수 없는 까닭은 아마 군자는 다른 사람이 보지 않는 데에도 한껏 스스로 삼가기 때문이리라!『시경』에서 말했다. "그대 홀로 방안에 있을 때를 보는데/ 더욱 신명神明께 부끄럽지 않도록 해야 하리라." 그러므로 군자는 행동을 하지 않을 때에도 삼가는 마음을 가지고, 말을 하지 않을 때에도 신실한 마음을 갖는다.

『시경』에서 말했다. "주제主祭가 경건히 제사 올리며 신의 감응에 감격해 묵묵히 말이 없으매/당시 제사 참석자들 모두 숙연해져 전혀 다툼이 없도다." 그러므로 군자는 상을 주어 칭찬하지 않아도 백성들이 절로 고무 격려되고, 화를 내지 않아도 백성들이 작두나 도끼 같은 형구刑具보다 두려워한다.『시경』에서 말했다. "천자가 훌륭한 덕성을 충실히 드러내면/사방의 제후들이 모두 본받을 것이다." 그러므로 군자는 범사에 삼가고 공경함을 돈독히 하는 까닭에 천하가 절로 태평하게 다스려지는 것이다.

『시경』에서 말했다. "나 상제上帝는 문왕의 밝고 아름다운 덕행이 그립나니/그대는 결코 목소리를 사납게 높이거나 표정을 무섭게 짓지를 않았도다." 공자께서 말씀하셨다. "사나운 목소리와 무서운 표정을 쓰는 것은 백성을 교화하는 데에 있어 최最하류의 방법이다."『시경』에서 말했다. "미덕은 깃털같이 가볍도다." 하지만 깃털 같다고 함은 오히려 비유할 것이 있는 것이다. 그에 반해 "하늘이 만물을 실어 화육함은/소리도 없고 냄새도 없도다"라는 것이야말로 진정 도덕의 지극한 경지로다.

詩曰 "衣錦尙絅."[1] 惡[2]其文[3]之著[4]也. 故君子之道, 闇然[5]而日章[6];
시왈　의금상경　오기문지저야　고군자지도　암연이일장
小人之道, 的然[7]而日亡.[8] 君子之道, 淡而不厭,[9] 簡而文, 溫而理,[10]
소인지도　적연이일망　군자지도　담이불염　간이문　온이리

知遠之近, 知風¹¹之自, 知微¹²之顯, 可與入德矣.
지원지근 지풍 지자 지미 지현 가여입덕의

詩云: "潛¹³雖伏¹⁴矣, 亦孔¹⁵之昭¹⁶!" 故君子內省¹⁷不疚,¹⁸ 無惡於
시운 잠 수복 의 역공 지소 고군자내성 불구 무오어

志.¹⁹ 君子之所不可及者,²⁰ 其唯人之所不見乎²¹! 詩云: "相²²在爾
지 군자지소불가급자 기유인지소불견호 시운 상 재이

室,²³ 尚²⁴不愧于屋漏.²⁵" 故君子不動而敬,²⁶ 不言而信.
실 상 불괴우옥루 고군자부동이경 불언이신

詩曰: "奏假²⁷無言,²⁸ 時靡有²⁹爭.³⁰" 是故君子不賞³¹而民勸,³² 不怒
시왈 주격 무언 시미유 쟁 시고군자불상 이민권 불노

而民威³³於³⁴鈇鉞.³⁵ 詩曰: "不顯³⁶惟³⁷德, 百辟³⁸其刑³⁹之." 是故君
이민위 어 부월 시왈 비현 유 덕 백벽 기형 지 시고군

子篤恭⁴⁰而天下平.
자독공 이천하평

詩云: "予⁴¹懷⁴²明德,⁴³ 不大聲以色.⁴⁴" 子曰: "聲色之於以化民, 末⁴⁵
시운 여 회 명덕 부대성이색 자왈 성색지어이화민 말

也." 詩曰: "德輶⁴⁶如毛." 毛猶有倫.⁴⁷ "上天之載,⁴⁸ 無聲無臭.⁴⁹"
야 시왈 덕유 여모 모유유륜 상천지재 무성무취

至矣!
지 의

주석

1 衣錦尚絅(의금상경): 비단옷을 입고 그 위에 삼베 홑옷을 덧입음. '의'는 동사로,
옷을 입음. '금'은 채색 무늬를 수놓은 비단옷. '상'은 더함(加). '경'은 경褧과 같음.
삼베 홑옷. •이는 위衛 장공莊公의 부인 장강莊姜을 찬미한『시경』「위풍衛風 석
인편碩人篇」의 '의금경의衣錦褧衣' 구절을 변용한 것임.

2 惡(오): 싫어함, 꺼림.

3 文(문): 문채, 무늬.

4 著(저): 현저顯著함, 즉 뚜렷이 드러남, 두드러짐. 곧 (채색 무늬가) 선명함, 눈부심,
화려함을 이름.

5 闇然(암연): 어두운, 어둑한 모양. 여기서는 도광韜光, 즉 재능이나 학식 따위를
깊이 감추고 드러내지 않는 모양을 이름.

6 章(장): 창彰과 같음. 나타남, 드러남.

7 的然(적연): 선명한, 현저한 모양. '적'은 밝음, 환히 나타남.

8 亡(망): 없어짐, 사라짐. 곧 흐려짐, 빛을 잃음을 이름.

9 厭(염): 싫음, 미움, 물림.

10 理(리): 조리, 즉 말이나 글 또는 일이나 행동에서 앞뒤가 들어맞고 체계가 서는 갈피.

11 風: 풍교風敎·풍화風化, 즉 교육이나 정치의 힘으로 민중의 풍습을 교화함.

12 微(미): 은미함, 미묘함, 희미함.

13 潛(잠): 잠어潛魚, 즉 물속에 깊이 숨어 있는 물고기. 일설에는 잠장潛藏, 즉 몰래 숨음.

14 伏(복): 숨음, 숨김.

15 孔(공): 매우, 대단히.

16 昭(소): 『시경』에는 본디 '소炤'로 되어 있음. 밝음, 밝게 드러남. •이상의 "잠수潛雖…" 2구는 주 유왕의 폭정에 대한 우려와 분개의 정을 토로한 『시경』 「소아 정월편正月篇」의 구절임.

17 内省(내성): 내심으로 반성함. 곧 마음 깊이 자신의 언행을 돌이켜 살펴봄을 이르는 말.

18 疚(구): 꺼림함. 곧 거리끼거나 부끄러워 양심의 가책을 느낌을 이름.

19 無惡於志(무오어지): 무괴어심無愧於心과 같음. 언행이 발라서 마음에 부끄러움이 없음. '오'는 부끄러움, 부끄러워함. 일설에는 불만함, 미흡함.

20 君子之所不可及者(군자지소불가급자): '범인지소불가급군자자凡人之所不可及君子者'의 생략 및 도치. 곧 범인이 군자에게 미칠 수 없는 것(까닭)이라는 말. '소'는 여기서는 소이所以의 뜻으로 이해됨. 까닭, 이유. '급'은 미침, 따라잡음.

21 其唯人之所不見乎(기유인지소불견호): 아마도 바로 다른 사람이 보지 않는 바에 있으리라! 곧 군자는 다른 사람이 보지 않는 데에도 한껏 스스로 삼가며 수신·수덕하기 때문이라는 말. 이는 곧 '신독愼獨'(『대학』 「전문」 제6장 및 『중용』 제1장 참조)의 수양을 두고 이름. '기'는 추측의 어기 부사. '유'는 이以와 같음. ~때문임. 『국어國語』 「진어晉語」에서 "덕이 없기 때문이다(唯無德也)"라고 함. '호'는 감탄의 어조사.

22 相(상): 봄(視).

23 在爾室(재이실): 그대의 방에 있음. 이는 그대가 혼자서 방안에 거처함을 두고 이른 말임. '이'는 제이인칭대명사. 너, 그대.

24 尙(상): 오히려. 여기서는 (오히려) 더욱 ~해야 함을 뜻함.

25 屋漏(옥루): 집의 서북쪽 구석의 지붕창(天窓)을 이르는 말. 옛날에는 가옥의 서북쪽 구석 위 지붕에 천창을 내어 햇볕도 들고 공기나 연기도 드나들게 했으므로 '옥루'라고 함. 그곳에는 또 신주神主를 모셔놓고 때맞춰 제사를 지내기도 함. 그 때문에 여기서는 곧 '옥루'로 신명神明을 대신 일컬음. •이상의 "상재相在…" 2구는 주왕周王의 수덕修德과 근언謹言·신행愼行을 경계한 『시경』「대아 억편」의 구절임.

26 敬(경): 경신敬愼, 즉 공경하며 삼감. •이 구 "고군자부동이경故君子不動而敬"은 곧 군자는 행동을 할 때는 말할 것도 없고, 행동을 하지 않을 때에도 또한 공경하고 삼가는 마음을 견지한다는 말임. 아래 구 "불언이신不言而信"도 이와 같은 맥락으로 풀이됨.

27 奏假(주격): 경건히 제사 올리며 신명의 감응에 감격함. '주'는 나아감. 곧 신전神前에 나아가 제사하며 기도함을 이름. '격'은 격格과 같음. 감격感格. 곧 감격感激함, 감동함을 이름.

28 無言(무언): 묵묵히 말이 없음. 여기서는 곧 은근히 감화받은 모양을 형용함.

29 靡有(미유): 없음. '미'는 무無와 같음.

30 爭(쟁): 쟁집爭執, 즉 서로 자기 의견을 고집해 옥신각신 다툼. •이상의 "주격奏假…" 2구는 은상의 개국 군주인 탕왕에게 제사 올리며 노래한 『시경』「상송商頌 열조편烈祖篇」의 구절임.

31 賞(상): 상사賞賜(상을 주어 칭찬함), 상찬賞讚(좋은 것을 기리어 칭찬함)함.

32 勸(권): 권면, 권려勸勵. 곧 고무 격려됨을 이름.

33 威(위): 두려워함(畏).

34 於(어): 비교의 어조사. ~보다.

35 鈇鉞(부월): '부'는 작두(작도). '월'은 큰 도끼. 이는 모두 옛날에 죄인을 사형에 처할 때 쓴 형구임.

36 不顯(비현): 크게(충실히) 발현함, 드러냄. '비'는 비조와 같음. 제26장 주석 49, 50 참조.

37 惟(유): 구절 중에 쓰이는 어조사로, 음절을 조정하는 작용을 함.

38 百辟(백벽): 제후. '벽'은 군왕, 군주.

39 刑(형): 형型과 같음. 여기서는 동사로, 본받음. • 이상의 "비현不顯…" 2구는 주 성왕 때 선왕에게 제사하며 여러 제후들을 권면 경계하는 뜻을 노래한 『시경』 「주송 열문편」의 구절임.

40 篤恭(독공): 공경을 돈독히(도탑고 성실하게) 함. 곧 주자가 이른 대로, '비현기경不 顯其敬', 즉 범사에 삼가고 공경함을 크게 드러냄을 말함. 일설에는 독실하고 공 경함이라고 함.

41 予(여): 나. 여기서는 상제上帝, 즉 하느님의 자칭.

42 懷(회): 생각함, 그리워함. 이는 곧 마음에 들어한다는 말임.

43 明德(명덕): 밝은 덕행. 이는 주 문왕의 덕성·덕행을 두고 이름.

44 大聲以色(대성이색): 음성과 용색容色을 크게 함. 이는 목소리를 사납게 높이고, 표정을 무섭게 짓는다는 뜻으로, 곧 크게 호령하며 무서운 기세와 서슬로 백성 을 다스림을 두고 이름. '색'은 용색, 즉 용모와 안색. 곧 표정을 이름. '이'는 여與 와 같음. ~와·과. • 이상의 "여회予懷…" 2구는 주 왕조 선조의 개국·창업의 역 사를 서술한 『시경』 「대아 황의편皇矣篇」의 구절임.

45 末(말): 말단, 하류下流. 곧 하책下策, 하계下計라는 말.

46 輶(유): 가벼움(輕). • 이 구 "덕유여모德輶如毛"는 주 선왕 때의 현신 중산보의 재덕이 출중함을 찬미한 『시경』 「대아 증민편」의 구절임.

47 倫(윤): 비(유)함, 견줌.

48 載(재): 실음. 하늘이 만물을 실어 화육함을 이름.

49 臭(취): 냄새. • 이상의 "상천上天…" 2구는 주 문왕의 공덕을 찬송한 『시경』 「대 아 문왕편」의 구절임.

해설

자사는 여기서 『시경』의 관련 구절을 두루 인용해 군자가 추구 견수 堅守하는 중용의 도를 총괄 논술함으로써 『중용』 전권을 총결했다. 그 내용은 대략 다음과 같이 요약된다.

첫째, 군자의 도와 소인의 도를 대비하는 가운데 중용의 도야말로 진정 고귀한 것으로서 성덕聖德에 드는 근본임을 역설했다. 군자의 수덕은 내실, 즉 내적인 가치와 충실성에 주력할 뿐이며, 화이부실華而不實한 외표外表를 추구하지 않는다. 군자는 겸허한 마음으로 남몰래 공력을 다하며 내실을 다지는 까닭에, 처음에는 그 고귀하고 심원한 진상眞像이 잘 드러나지 않는다. 하지만 "군자의 도는 담박하지만 밉지 않고, 간소하지만 문채가 있으며, 온후하지만 조리가 있나니", 외표는 비록 담소淡素하고 무던하나 내실은 더없이 심후하고 정치精緻하며 다채롭기가 마치 비단옷 위에 삼베 홑옷을 덧입은 듯하다. 그런 만큼 시간이 지나면서 그 성실하고 돈독한 덕성은 날로 사람들을 매료하며 점차 광휘를 발하게 된다. 반면 유명무실한 외표에 힘을 쏟는 소인의 경우에는 사람을 매혹하는 그 화려함은 잠시이며, 시간이 지나면서 외화내빈外華內貧의 본질이 여실히 드러나면서 곤혹한 지경에 처하게 될 따름이다. 요컨대 사람은 군자의 수신·수덕에 내재된 이치를 깊이 깨닫고 부단히 정진한다면, 그 도덕이 날로 증진되어 궁극에는 성인의 숭고한 경지에까지 이를 수 있을 것이다.

둘째, 신독愼獨 존양存養(천부의 선성善性을 보존하며 공명정대한 원기元氣를 함양함)이 군자가 도덕을 수양하는 기본 방법이자 핵심 조예임을 역설했는데, 이는 곧 『중용』첫머리에서 제시한 신독의 의의에 호응한 것이다. 무릇 다른 사람의 이목이 있는 상황에서는, 사람은 대개 언행을 삼가고 자신을 분식粉飾하기도 한다. 하지만 군자의 신독은 다른 누구도 알지 못하고 오직 자기 자신만이 아는 상황에서 한껏 삼가며 스스로 깊이 성찰해 한 점 부끄러움이 없기를 추구하는 것이다. 그야말로 언제 어디서나 한 치의 소홀과 태만도 용납하지 않아서, 심지어 말하거나 행동하지 않을 때에도 삼가고 신실한 마음을 잃지 않는다. 그러니 범인이 어찌 군자에게 미칠 수 있겠는가?

셋째, 군자의 신독 수신을 바탕으로 한 덕화德化(덕행으로 다른 사람을 감화함)의 정치적 작용과 효과를 역설했다. 군자, 다시 말해 유덕한 군주는 일언일행이 지극히 참되고 정성스러워 만인의 귀감이 되면서 저절로 무한한 감화력을 발휘한다. 이는 마치 탕왕 제사를 주제主祭하는 군주가 신의 감응에 감격을 금치 못하매 어느 누구도 감히 쟁집하지 못하는 것과 같다. 이러한 덕화의 힘은 실로 막대해 사람들로 하여금 스스로 깨달아 개과천선하게 하며, 군왕이 굳이 상을 주어 권선勸善하거나 형벌로 징악懲惡할 필요가 없다. 요컨대 천자는 스스로 힘써 덕성을 완미完美하게 하는가 하면, 범사에 한껏 삼가고 공경함으로써 훌륭한 덕성을 충실히 드러내어야 한다. 그러면 뭇 제후들이 모두 깊이 감화돼 본받을 테니 천하는 자연스레 태평해질 것이다.

넷째, 중용의 도가 발휘하는 덕화의 위대함을 역설 찬탄했다. 무릇 돈후한 덕행으로 백성을 감화하는 것이 위정 치국의 근본이라면, 무서운 형벌로 백성을 다스리는 것은 그 하책下策이다. 여기서 미덕이 깃털같이 가볍다고 한 『시경』의 말을 인용한 것은 미덕을 가볍게 여기는 뜻을 표현하고자 한 것이 아니다. 미덕은 그야말로 지극한 도의 발현으로서 형질이 없는 것이지만, 깃털은 비록 가볍기는 하나 형질이 있는 것이다. 그러므로 자사는 "하늘이 만물을 실어 화육함은/소리도 없고 냄새도 없도다"라는 『시경』의 말을 인용해 대비시킴으로써 도덕의 본질적 특성을 부각 설명한 것이다. 요컨대 중용의 도의 지극한 경지는 가히 은연隱然히 만물을 화육하는 하늘의 공덕에 비견할 수 있다. 자사는 이같이 중용의 도가 천인합일天人合一의 신묘한 작용과 효험을 불러일으킬 수 있음을 역설함으로써『중용』전권의 주지主旨를 총결했다.

주자가 이른 대로, 이렇듯 거듭거듭 정녕히 사람들을 일깨우는 뜻이 한없이 깊고 절실하거니, 배우는 이가 어찌 심력을 다해 정진하지 않을 수 있겠는가?

참고 문헌

이 책으로『대학』과『중용』을 역주 해설하면서 직·간접적으로 참고하며 특히 많은 도움을 받은 문헌은 아래와 같다.(중국인의 이름은 편의상 청대淸代 이전 사람은 한글 독음으로, 현대인은 중국어 독음으로 표기함)

고대 중국

전국戰國시대 공문孔門 후학後學·전한前漢 대성戴聖,『예기禮記』

당唐 공영달孔穎達,『예기정의禮記正義』

송宋 주자朱子,『대학장구집주大學章句集註』·『중용장구집주中庸章句集註』

명明 장거정張居正,『장거정강평대학중용張居正講評大學中庸』

고대 한국

조선 퇴계退溪 이황李滉,『대학석의大學釋義』·『중용석의中庸釋義』

현대 중국

쉬루쫑徐儒宗,『대학大學·중용中庸』

라이커훙來可泓,『대학직해大學直解·중용직해中庸直解』

장바오취안張葆全,『대학중용역해大學中庸譯解』

한웨이즈韓維志,『대학중용大學中庸』

스구이룽師貴龍,『대학중용大學中庸』

옌페이진顔培金·왕첸王謙, 『대학중용大學中庸』

왕쿤王錕, 『대학중용강독大學中庸講讀』

이 밖에도 국내외의 많은 『대학』·『중용』 역주본과 『주역周易』, 『상서尙書』, 『논어論語』, 『맹자孟子』, 『효경孝經』, 『순자荀子』, 『사기史記』, 허신許愼의 『설문해자說文解字』, 육덕명陸德明의 『경전석문經典釋文』을 비롯한 다수의 고금 전적을 직·간접적으로 참고했다.

옮긴이 **박삼수**

경북 예천에서 태어났다. 경북대학교, 타이완대학교, 성균관대학교에서 각
각 중문학 학사, 석사, 박사 학위를 받았다. 울산대학교 중문학과 교수와 출판
부장, 미국 메릴랜드대학교 동아시아언어학과 방문교수를 거쳤다. 현재 울산
대학교 명예교수로 있으며, 중국 산동사범대학교 대학원 교외 논문 지도교수
를 겸임하고 있다. 옮긴 책으로는 『논어』(상·하), 『노자』, 『장자』, 『손자병법』(이
상 '쉽고 바르게 읽는 고전' 시리즈), 『왕유 시전집』, 『왕유 시선』, 『주역』, 『맹자의 왕
도주의』 등이 있으며, 지은 책으로는 『공자와 논어, 얼마나 바르게 알고 있는
가?』, 『논어 읽기』, 『당시의 거장 왕유의 시세계』, 『고문진보의 이해와 감상』,
『동양의 고전을 읽는다 3』(공저) 등이 있다.

이메일 sspark@ulsan.ac.kr

쉽고 바르게 읽는 고전

대학·중용

1판 1쇄 발행 2023년 4월 6일

지은이 증자·자사
옮긴이 박삼수
펴낸곳 (주)문예출판사 ｜ 펴낸이 전준배
출판등록 2004. 02. 12. 제 2013-000360호(1966. 12. 2. 제 1-134호)
주소 04001 서울시 마포구 월드컵북로 21
전화 393-5681 ｜ 팩스 393-5685
홈페이지 www.moonye.com ｜ 블로그 blog.naver.com/imoonye
페이스북 www.facebook.com/moonyepublishing ｜ 이메일 info@moonye.com

ISBN 978-89-310-2311-4 (04150)
ISBN 978-89-310-2270-4 (세트)

∘ 잘못 만든 책은 구입하신 서점에서 바꿔드립니다.
♣ 문예출판사 상표등록 제 40-0833187호, 제 41-0200044호